CHINA TRANSPORT STATISTICAL YEARBOOK 2010

2010 中国交通运输统计年鉴

中华人民共和国交通运输部 编

Compiled by Ministry of Transport of the People’s Republic of China

人民交通出版社

图书在版编目（CIP）数据

2010中国交通运输统计年鉴/中华人民共和国交通运输部编．—北京：人民交通出版社．2011.12
ISBN 978-7-114-09517-7

Ⅰ.①2…　Ⅱ.①中…　Ⅲ.①交通运输业—统计资料—中国—2010—年鉴　Ⅳ.①F512.3-54

中国版本图书馆CIP数据核字（2011）第255253号

书　　　名：	2010中国交通运输统计年鉴
著　作　者：	中华人民共和国交通运输部
责任编辑：	张征宇　刘永芬
出版发行：	人民交通出版社
地　　　址：	（100011）北京市朝阳区安定门外外馆斜街3号
网　　　址：	http://www.ccpress.com.cn
销售电话：	（010）59757969、59757973
总　经　销：	人民交通出版社发行部
经　　　销：	各地新华书店
印　　　刷：	北京盛通印刷股份有限公司
开　　　本：	880×1230　1/16
印　　　张：	18.5
字　　　数：	550千
版　　　次：	2011年12月　第1版
印　　　次：	2011年12月　第1次印刷
书　　　号：	ISBN 978-7-114-09517-7
定　　　价：	300.00元

（有印刷、装订质量问题的图书由本社负责调换

本书附同版本CD-ROM一张，光盘内容以书面文字为准）

《2010中国交通运输统计年鉴》
编委会和编辑工作人员

编　委　会

主　　　　任：李盛霖　交通运输部　部　长
副　主　任：翁孟勇　交通运输部　副部长
编　　　　委：孙国庆　交通运输部综合规划司　　　　司　长
　　　　　　　柯春林　交通运输部政策法规司　　　　副司长
　　　　　　　陈　健　交通运输部财务司　　　　　　司　长
　　　　　　　陈瑞生　交通运输部人事劳动司　　　　司　长
　　　　　　　李　华　交通运输部公路局　　　　　　局　长
　　　　　　　宋德星　交通运输部水运局　　　　　　局　长
　　　　　　　李　刚　交通运输部道路运输司　　　　司　长
　　　　　　　王金付　交通运输部安全监督司　　　　司　长
　　　　　　　洪晓枫　交通运输部科技司　　　　　　副司长
　　　　　　　局志成　交通运输部国际合作司　　　　司　长
　　　　　　　梁晓安　交通运输部机关党委　　　　　常务副书记、纪委书记
　　　　　　　翟久刚　交通运输部搜救中心　　　　　总值班室主任
　　　　　　　李彦武　交通运输部工程质量监督局　　局　长
　　　　　　　钟　华　交通运输部纪检组监察局　　　局　长
　　　　　　　陈爱平　交通运输部海事局　　　　　　常务副局长
　　　　　　　宋家慧　交通运输部救助打捞局　　　　局　长
　　　　　　　李作敏　交通运输部科学研究院　　　　院　长
　　　　　　　刁永海　中国民用航空局发展计划司　　司　长
　　　　　　　邢小江　国家邮政局政法司　　　　　　司　长

编辑工作人员

总　编　辑：孙国庆

副 总 编 辑：任锦雄　于胜英　蔡玉贺

编 辑 部 主 任：蒋　琢

编辑部副主任：陈　钟　郑文英　付冬梅

编 辑 人 员：郭晓平　李永松　余芳芳　战榆林　程伟力　刘秀华

　　　　　　　姚　飞　杨华雄　李　奇　刘　斌　黄窈蕙　岑晏青

　　　　　　　曹　沫　杨新征　万　颖　王俊波　张若旗　余丽波

　　　　　　　王望雄　张子晗　陈　捷　马海燕　王　哲　史　颖

　　　　　　　武瑞利　赵　源　梁仁鸿　龙博学　徐瑞光　潘　伟

　　　　　　　冯永楠　冯　宇　宋晓丽　宋肖红

编 者 说 明

一、为全面反映我国公路、水路交通运输业发展状况，方便各界了解中国交通运输建设与发展现状，交通运输部组织编辑了《2010交通运输统计年鉴》，以后年鉴每年出版一次，供社会广大读者作为资料性书籍使用。

二、《2010交通运输统计年鉴》收录了2010年交通运输主要指标数据，正文内容具体分为交通运输综合指标、公路运输、水路运输、城市客运、港口吞吐量、交通固定资产投资、交通运输科技、救助打捞、邮政业务等九篇。附录简要列示了1978年以来的交通运输主要指标，各篇前设简要说明，简要概述本部分的主要内容、资料来源、统计范围、统计方法以及历史变动情况等；各篇末附主要统计指标解释。

三、本资料的统计数据来自于交通运输部综合规划司、道路运输司、科技司、救捞局、中国海上搜救中心、中国民用航空局、国家邮政局等；个别指标数据引自国家统计局的统计资料。统计数据由交通运输部科学研究院交通信息中心负责整理和汇总。

四、本资料中所涉及的全国性统计资料，除国土面积外，均未包括香港和澳门特别行政区以及台湾省的数据。

五、本资料部分数据对因计算单位取舍不同或计算时四舍五入而产生的计算误差未做调整。

六、本资料的符号使用说明：

"-"表示该项数据为零，或没有该项数据，或该项数据不详；

"/"表示该项不宜比较；

"…"表示该项数据不足最小单位数；

"#"表示其中的主要项；

"*"或"①、②、…"表示有注解。

中华人民共和国交通运输部

二〇一一年十月

目　录
CONTENTS

一、交通运输综合指标

　　简要说明 ……………………………………………………………………………………（2）
　1-1　国民经济和综合运输主要指标 …………………………………………………………（3）
　1-2　公路水路交通运输主要指标 ……………………………………………………………（5）
　1-3　航空运输主要指标 ………………………………………………………………………（12）
　1-4　邮政行业主要指标 ………………………………………………………………………（13）

二、公路运输

　　简要说明 ……………………………………………………………………………………（16）
　2-1　全国公路里程（按行政等级分）………………………………………………………（17）
　2-2　全国公路里程（按技术等级分）………………………………………………………（18）
　2-3　国道里程（按技术等级分）……………………………………………………………（19）
　2-4　省道里程（按技术等级分）……………………………………………………………（20）
　2-5　县道里程（按技术等级分）……………………………………………………………（21）
　2-6　乡道里程（按技术等级分）……………………………………………………………（22）
　2-7　专用公路里程（按技术等级分）………………………………………………………（23）
　2-8　村道里程（按技术等级分）……………………………………………………………（24）
　2-9　全国公路里程（按路面类型分）………………………………………………………（25）
　2-10　国道里程（按路面类型分）……………………………………………………………（26）
　2-11　省道里程（按路面类型分）……………………………………………………………（27）
　2-12　县道里程（按路面类型分）……………………………………………………………（28）
　2-13　乡道里程（按路面类型分）……………………………………………………………（29）
　2-14　专用公路里程（按路面类型分）………………………………………………………（30）
　2-15　村道里程（按路面类型分）……………………………………………………………（31）
　2-16　全国公路养护里程 ……………………………………………………………………（32）
　2-17　全国公路绿化里程 ……………………………………………………………………（33）
　2-18　全国高速公路里程 ……………………………………………………………………（34）
　2-19　全国公路密度及通达率 ………………………………………………………………（35）
　2-20　公路桥梁（按使用年限分）……………………………………………………………（37）
　2-21　公路桥梁（按跨径分）…………………………………………………………………（38）

2-22	公路隧道、渡口	(40)
2-23	全国公路营运车辆拥有量	(42)
2-24	公路客、货运输量	(44)
2-25	交通拥挤度情况	(45)
2-26	道路运输经营业户数	(46)
2-27	道路运输相关业务经营业户数	(48)
2-28	道路客运线路班次	(50)
2-29	道路运输从业人员数	(52)
2-30	汽车维修业及汽车综合性能检测站	(53)
2-31	2010年、2009年出入境汽车运输对比表	(56)
2-32	出入境汽车运输——分国家（特别行政区）运输完成情况	(58)
2-33	出入境汽车运输——中方完成运输情况	(60)
	主要统计指标解释	(62)

三、水路运输

	简要说明	(64)
3-1	全国内河航道通航里程数（按技术等级分）	(65)
3-2	全国内河航道通航里程数（按水系分）	(66)
3-3	全国内河航道通航里程数（按水域类型分）	(67)
3-4	各水系内河航道通航里程数（按技术等级分）	(68)
3-5	各水域类型内河航道通航里程数（按技术等级分）	(68)
3-6	全国内河航道枢纽及通航建筑物数（按行政区域分）	(69)
3-7	全国水路运输工具拥有量	(70)
3-8	远洋运输工具拥有量	(74)
3-9	沿海运输工具拥有量	(78)
3-10	内河运输工具拥有量	(82)
3-11	水路客、货运输量	(86)
3-12	水路旅客运输量（按航区分）	(87)
3-13	水路货物运输量（按航区分）	(88)
3-14	海上险情及搜救活动	(89)
	主要统计指标解释	(90)

四、城市客运

	简要说明	(92)
4-1	全国城市客运经营业户	(93)
4-2	全国城市客运从业人员	(95)
4-3	全国城市客运设施	(96)
4-4	全国公共汽电车数量	(97)
4-5	全国公共汽电车数量（按长度分）	(98)
4-6	全国公共汽电车数量（按燃料类型分）	(99)

4-7	全国公共汽电车数量（按排放标准分）	（100）
4-8	全国公共汽电车场站及线路	（101）
4-9	全国公共汽电车客运量	（102）
4-10	全国出租汽车车辆数	（103）
4-11	全国出租汽车运量	（104）
4-12	全国轨道交通运营车辆数	（105）
4-13	全国轨道交通运营线路条数	（106）
4-14	全国轨道交通运营线路里程	（107）
4-15	全国轨道交通运量	（108）
4-16	全国城市客运轮渡船舶及航线数	（109）
4-17	全国城市客运轮渡运量	（110）
4-18	城市客运经营业户	（111）
4-19	城市客运从业人员	（113）
4-20	城市客运设施	（114）
4-21	城市公共汽电车数量	（115）
4-22	城市公共汽电车数量（按长度分）	（116）
4-23	城市公共汽电车数量（按燃料类型分）	（117）
4-24	城市公共汽电车数量（按排放标准分）	（118）
4-25	城市公共汽电车场站及线路	（119）
4-26	城市公共汽电车客运量	（120）
4-27	城市出租汽车车辆数	（121）
4-28	城市出租汽车运量	（122）
4-29	城市轨道交通运营车辆数	（123）
4-30	城市轨道交通运营线路条数	（124）
4-31	城市轨道交通运营线路里程	（125）
4-32	城市轨道交通运量	（126）
4-33	城市客运轮渡船舶及航线数	（127）
4-34	城市客运轮渡运量	（128）
4-35	中心城市城市客运经营业户	（129）
4-36	中心城市城市客运从业人员	（131）
4-37	中心城市城市客运设施	（132）
4-38	中心城市公共汽电车数量	（133）
4-39	中心城市公共汽电车数量（按长度分）	（134）
4-40	中心城市公共汽电车数量（按燃料类型分）	（135）
4-41	中心城市公共汽电车数量（按排放标准分）	（136）
4-42	中心城市公共汽电车场站及线路	（137）
4-43	中心城市公共汽电车客运量	（138）
4-44	中心城市出租汽车车辆数	（139）
4-45	中心城市出租汽车运量	（140）
4-46	中心城市轨道交通运营车辆数	（141）
4-47	中心城市轨道交通运营线路条数	（142）
4-48	中心城市轨道交通运营线路里程	（143）
4-49	中心城市轨道交通运量	（144）
4-50	中心城市客运轮渡船舶及航线数	（145）

4-51	中心城市客运轮渡运量	(146)
	主要统计指标解释	(147)

五、港口吞吐量

	简要说明	(150)
5-1	全国港口生产用码头泊位拥有量	(151)
5-2	全国港口吞吐量	(152)
5-3	全国港口货物吞吐量	(153)
5-4	规模以上港口旅客吞吐量	(154)
5-5	规模以上港口货物吞吐量	(158)
5-6	规模以上港口分货类吞吐量	(162)
5-7	沿海规模以上港口分货类吞吐量	(163)
5-8	内河规模以上港口分货类吞吐量	(164)
5-9	规模以上港口煤炭及制品吞吐量	(165)
5-10	规模以上港口石油、天然气及制品吞吐量	(169)
5-11	规模以上港口原油吞吐量	(173)
5-12	规模以上港口金属矿石吞吐量	(177)
5-13	规模以上港口钢铁吞吐量	(181)
5-14	规模以上港口矿建材料吞吐量	(185)
5-15	规模以上港口水泥吞吐量	(189)
5-16	规模以上港口木材吞吐量	(193)
5-17	规模以上港口非金属矿石吞吐量	(197)
5-18	规模以上港口化学肥料及农药吞吐量	(201)
5-19	规模以上港口盐吞吐量	(205)
5-20	规模以上港口粮食吞吐量	(209)
5-21	规模以上港口机械、设备、电器吞吐量	(213)
5-22	规模以上港口化工原料及制品吞吐量	(217)
5-23	规模以上港口有色金属吞吐量	(221)
5-24	规模以上港口轻工、医药产品吞吐量	(225)
5-25	规模以上港口农、林、牧、渔业产品吞吐量	(229)
5-26	规模以上港口其他吞吐量	(233)
5-27	规模以上港口集装箱吞吐量	(237)
5-28	规模以上港口集装箱吞吐量（重箱）	(241)
	主要统计指标解释	(245)

六、交通固定资产投资

	简要说明	(248)
6-1	交通固定资产投资额（按地区和使用方向分）	(249)
6-2	公路建设投资完成额	(250)
6-3	公路建设投资完成额（按设施分）	(252)
	主要统计指标解释	(254)

七、交通运输科技

简要说明	（256）
7-1 交通系统科研机构及人员基本情况	（257）
7-2 交通系统科研机构人员的专业技术职务及文化程度	（257）
7-3 交通系统科研机构开展课题情况	（257）
7-4 交通系统科研机构研究课题情况及科技成果	（258）

八、救助打捞

简要说明	（260）
8-1 救助任务执行情况	（261）
8-2 救捞系统船舶情况	（262）
8-3 救助飞机情况	（262）
8-4 救助飞机飞行情况	（263）
8-5 捞、拖完成情况	（263）
主要统计指标解释	（264）

九、邮政业务

简要说明	（266）
9-1 分省邮政行业业务总量及业务收入	（267）
9-2 分省普遍服务业务量	（268）
9-3 分省规模以上快递服务企业业务量	（269）
9-4 分省规模以上快递服务企业业务收入	（270）
主要统计指标解释	（271）

附录 交通运输历年主要指标数据

简要说明	（274）
附录1-1 全国公路总里程（按行政等级分）	（275）
附录1-2 全国公路总里程（按技术等级分）	（276）
附录1-3 全国公路密度及通达情况	（277）
附录1-4 全国内河航道里程及构筑物数量	（278）
附录1-5 公路客、货运输量	（279）
附录1-6 水路客、货运输量	（280）
附录2-1 沿海规模以上港口泊位及吞吐量	（281）
附录2-2 内河规模以上港口泊位及吞吐量	（282）
附录3-1 交通固定资产投资（按使用方向分）	（283）

一、交通运输综合指标

简 要 说 明

本篇资料反映我国国民经济和交通运输的主要指标。

国民经济和综合运输主要指标包括：国内生产总值、固定资产投资、人口数、运输线路长度、全社会运输量、运输装备等。

公路水路交通运输主要指标包括：公路基础设施、港口设施、公路水路运输装备、公路水路运输量、城市客运、港口生产、交通固定资产投资等。

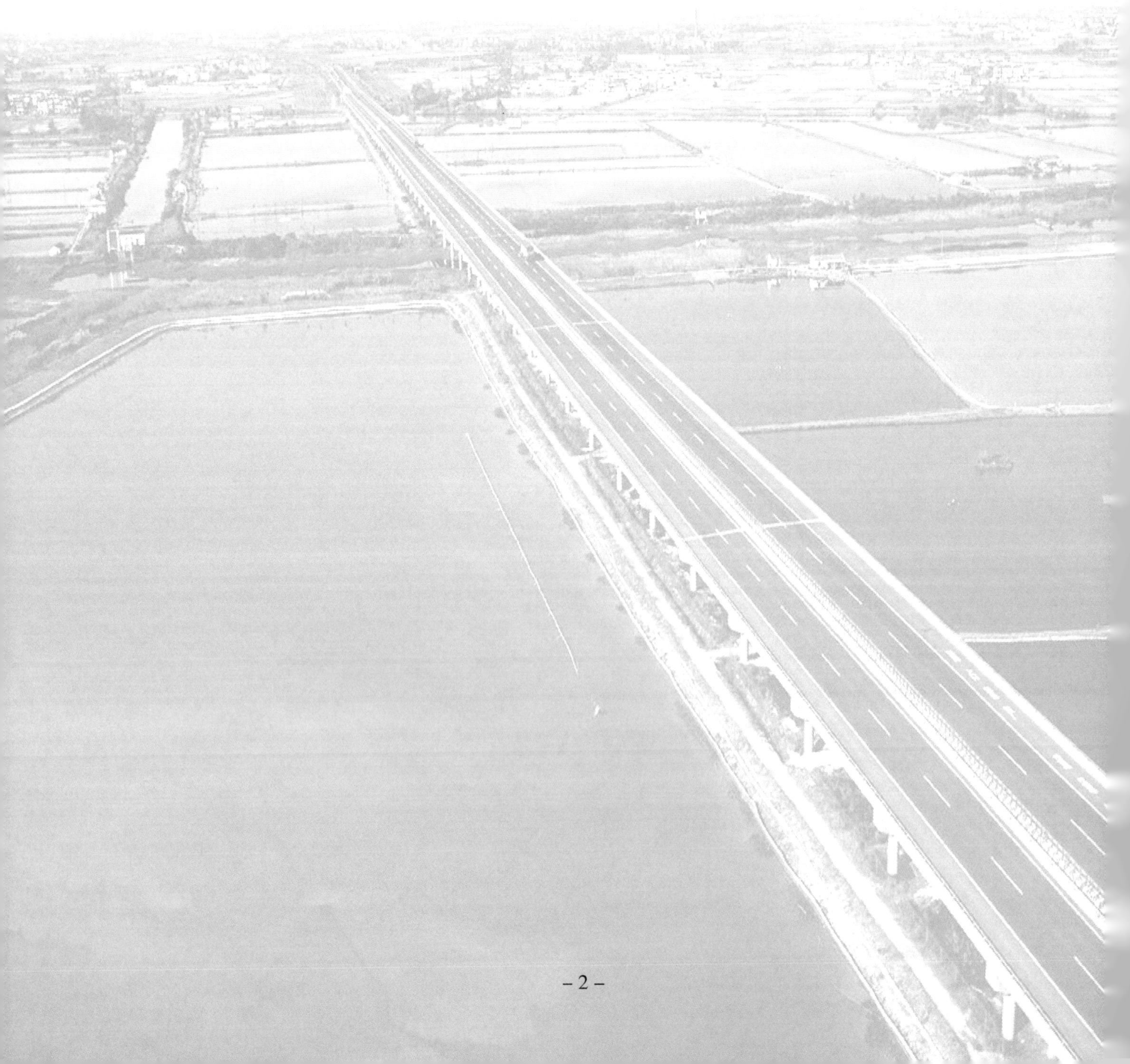

1-1　国民经济和综合运输主要指标

指　　标	单　位	1995年	2000年	2005年	2009年	2010年	2010年为2009年%
一、国内生产总值（按当年价格计算）	亿元	**60 794**	**99 215**	**184 937**	**340 903**	**397 983**	**110.3**
第一产业	亿元	12 136	14 945	22 420	35 226	40 497	104.3
第二产业	亿元	28 680	45 556	87 598	157 639	186 481	112.2
第三产业	亿元	19 979	38 714	74 919	148 038	171 005	109.5
# 交通运输仓储和邮政业	亿元	3 244	6 161	10 666	16 727	18 969	108.9
二、全社会固定资产投资额	亿元	**20 019**	**32 918**	**88 774**	**224 599**	**278 140**	**123.8**
# 交通运输仓储和邮政业	亿元	1 588	3 642	9 614	23 271	27 820	119.5
三、对外贸易总额	亿美元	**2 809**	**4 743**	**14 219**	**22 075**	**29 728**	**134.7**
进口	亿美元	1 321	2 251	6 600	10 059	13 948	138.7
出口	亿美元	1 488	2 492	7 620	12 016	15 779	131.3
四、全国人口数	万人	**121 121**	**126 743**	**130 756**	**133 474**	**133 972**	**100.4**
就业人员人数	万人	62 388	72 085	68 065	77 995	－	/
城镇人口数	万人	35 174	45 906	56 212	62 186	66 557	107.0
五、运输线路长度							
铁路营业里程	万公里	6.2	6.9	7.5	8.6	9.1	106.7
公路里程	万公里	115.7	140.3	334.5	386.1	400.8	103.8
公交专用车道长度	公里	－	－	－	－	3 726.0	/
内河航道通航里程	万公里	11.1	11.9	12.3	12.4	12.4	100.5
民航航线里程	万公里	112.9	150.3	199.9	234.5	276.5	117.9
输油（气）管道里程	万公里	1.7	2.5	4.4	6.9	7.9	113.6
六、邮路及农村投递路线总长度	万公里	523.2	643.8	697.1	770.4	832.6	108.1
七、交通运输量							
客运量	万人	**1 172 596**	**1 478 573**	**1 847 018**	**2 976 898**	**3 269 508**	**109.8**
#铁路	万人	102 745	105 073	115 583	152 451	167 609	109.9
公路	万人	1 040 810	1 347 392	1 697 381	2 779 081	3 052 738	109.8
水运	万人	23 924	19 386	20 227	22 314	22 392	100.3
民航	万人	5 117	6 722	13 827	23 052	26 769	116.1
旅客周转量	亿人公里	**9 002**	**12 261**	**17 467**	**24 835**	**27 894**	**112.3**
#铁路	亿人公里	3 546	4 533	6 062	7 879	8 762	111.2
公路	亿人公里	4 603	6 657	9 292	13 511	15 021	111.2

1-1 续表（一）

指　　标	单　位	1995 年	2000 年	2005 年	2009 年	2010 年	2010 年为 2009 年 %
水运	亿人公里	172	101	68	69	72	104.2
民航	亿人公里	681	971	2 045	3 375	4 039	119.7
货运量	**万吨**	**1 234 938**	**1 358 682**	**1 862 066**	**2 825 222**	**3 241 807**	**114.7**
＃铁路	万吨	165 982	178 581	269 296	333 348	364 271	109.3
公路	万吨	940 387	1 038 813	1 341 778	2 127 834	2 448 052	115.0
水运	万吨	113 194	122 391	219 648	318 996	378 949	118.8
民航	万吨	101.1	196.7	306.7	445.5	563.0	126.4
管道	万吨	15 274	18 700	31 037	44 598	49 972	112.0
货物周转量	**亿吨公里**	**35 909**	**44 321**	**80 258**	**122 133**	**141 838**	**116.1**
＃铁路	亿吨公里	13 049	13 770	20 726	25 239	27 644	109.5
公路	亿吨公里	4 695	6 129	8 693	37 189	43 390	116.7
水运	亿吨公里	17 552	23 734	49 672	57 557	68 428	118.9
民航	亿吨公里	22.3	50.3	78.9	126.2	178.9	141.7
管道	亿吨公里	590	636	1 088	2 022	2 197	108.6
八、铁路客车数量	**辆**	**32 663**	**37 249**	**41 974**	**49 354**	**50 246**	**101.8**
铁路货车数量	**辆**	**436 414**	**443 902**	**548 368**	**601 412**	**622 284**	**103.5**
民用汽车拥有量	**万辆**	**1 040.0**	**1 608.9**	**3 159.7**	**6 280.6**	**7 801.8**	**124.2**
＃载客汽车	万辆	417.9	853.7	2 132.5	4 845.1	6 124.1	126.4
载货汽车	万辆	585.4	716.3	955.6	1 368.6	1 597.6	116.7
＃私人汽车	万辆	250.0	625.3	1 848.1	4 574.9	5 938.7	129.8
九、民用运输船舶拥有量	**艘**	**364 968**	**229 676**	**207 294**	**176 932**	**178 407**	**100.8**
＃机动船	艘	299 717	185 018	165 900	149 367	155 624	104.2
驳船	艘	57 998	44 658	41 394	27 565	22 783	82.7
＃私人运输船舶	艘	196 736	142 117	95 838	52 645	45 786	87.0
民用飞机架数	**架**	**852**	**982**	**1 386**	**2 181**	**2 203**	**101.0**
运输飞机	架	416	527	863	1 417	1 597	112.7
通用航空飞机	架	306	301	383	555	606	109.2
教学校验飞机	架	130	154	140	209	202	96.7
十、沿海规模以上港口货物吞吐量	**万吨**	**80 166**	**125 603**	**292 777**	**475 481**	**548 358**	**115.3**

注：1. 表内数据来自国家统计局。
　　2. 国内生产总值及各产业增长速度按可比价格计算。

1-2 公路水路交通运输主要指标

指 标 名 称	计算单位	2010年	2009年	2010年比2009年增减	2010年为2009年%
一、全国公路里程	公里	4 008 229	3 860 823	147 406	103.82
1.按技术等级分					
(1)等级公路	公里	3 304 709	3 056 265	248 444	108.13
高速公路	公里	74 113	65 055	9 058	113.92
一级公路	公里	64 430	59 462	4 968	108.35
二级公路	公里	308 743	300 686	8 057	102.68
三级公路	公里	387 967	379 023	8 944	102.36
四级公路	公里	2 469 456	2 252 038	217 418	109.65
(2)等外公路	公里	703 520	804 558	-101 038	87.44
等级公路占总里程比重	%	82.4	79.2	3.3	/
＃二级及以上公路	%	11.2	11.0	0.1	/
2.按路面类型分					
有铺装路面里程	公里	1 917 981	1 719 959	198 022	111.51
简易铺装路面里程	公里	524 234	532 532	-8 298	98.44
未铺装路面里程	公里	1 566 014	1 608 331	-42 317	97.37
铺装路面里程（含简易）占总里程比重	%	60.9	58.3	2.6	/
3.按行政等级分					
国道	公里	164 048	158 520	5 528	103.49
省道	公里	269 834	266 049	3 785	101.42
县道	公里	554 047	519 492	34 555	106.65
乡道	公里	1 054 826	1 019 550	35 276	103.46
专用公路	公里	67 736	67 174	562	100.84
村道	公里	1 897 738	1 830 037	67 701	103.70
4.高速公路车道里程	公里	328 642	—	—	/
5.高速公路ETC收费车道	条	2 010	—	—	/
6.公路养护里程	公里	3 875 853	3 688 336	187 517	105.08
7.公路绿化里程	公里	1 943 406	1 772 915	170 491	109.62
二、公路桥梁、隧道、渡口					
1.公路桥梁　　数量	座	658 126	621 907	36 219	105.82
长度	米	30 483 094	27 260 625	3 222 469	111.82
其中：危桥　数量	座	93 525	95 742	-2 217	97.68
长度	米	2 613 334	2 762 373	-149 039	94.60
按跨径分					
特大桥　数量	座	2 051	1 699	352	120.72
长度	米	3 469 779	2 886 594	583 185	120.20

1-2 续表（一）

指 标 名 称	计算单位	2010 年	2009 年	2010 年比 2009 年增减	2010 年为 2009 年 %
大桥　数量	座	49 489	42 859	6 630	115.47
长度	米	11 670 425	9 818 990	1 851 435	118.86
中桥　数量	座	142 423	135 023	7 400	105.48
长度	米	7 504 264	7 073 999	430 265	106.08
小桥　数量	座	464 163	442 326	21 837	104.94
长度	米	7 838 625	7 481 043	357 582	104.78
2. 公路隧道　数量	处	7 384	6 139	1 245	120.28
长度	米	5 122 551	3 941 996	1 180 555	129.95
其中：特长隧道　数量	处	265	190	75	139.47
长度	米	1138 047	821 110	316 937	138.60
长隧道　数量	处	1 218	905	313	134.59
长度	米	2 020 802	1 500 687	520 115	134.66
中隧道　数量	处	1 357	1 086	271	124.95
长度	米	963 271	769 297	193 974	125.21
短隧道　数量	处	4 544	3 958	586	114.81
长度	米	1000 432	850 902	149 530	117.57
3. 公路渡口	处	4 376	3 979	397	109.98
# 机动渡口	处	1 850	1 565	285	118.21
三、公路密度及通达情况					
公路密度　以国土面积计算	公里 / 百平方公里	41.8	40.2	1.5	103.80
以人口计算	公里 / 万人	30.0	29.2	0.8	102.77
不通公路的乡镇数量	个	13	155	– 142	8.39
通公路的乡镇比重	%	99.97	99.60	0.37	/
不通公路的建制村数量	个	5 075	27 186	–22 111	18.67
通公路的建制村比重	%	99.21	95.77	3.44	/
四、全国内河航道通航里程	**公里**	**124 242**	**123 683**	**559**	**100.45**
其中：库区航道里程	公里	9 593	9 021	572	106.34
1. 按等级分					
(1) 等级航道	公里	62 290	61 546	744	101.21
一级	公里	1 385	1 385	–	100.00
二级	公里	3 008	2 741	267	109.73
三级	公里	4 887	4 716	171	103.63
四级	公里	7 802	7 402	399	105.39
五级	公里	8 177	8 521	–344	95.96

1-2 续表（二）

指 标 名 称	计算单位	2010 年	2009 年	2010 年比 2009 年增减	2010 年为 2009 年 %
六级	公里	18 806	18 433	374	102.03
七级	公里	18 226	18 348	– 122	99.33
⑵ 等外航道	公里	61 952	62 137	– 186	99.70
等级航道占总里程比重	%	50.1	49.8	0.4	/
# 三级及以上航道	%	7.5	7.1	0.3	/
五级及以上航道	%	20.3	20.0	0.3	/
2. 通航河流上永久性构筑物数量					
船闸	座	860	847	13	101.53
升船机	座	43	42	1	102.38
碍航闸坝	座	1 825	1 809	16	100.88
五、全国港口码头泊位					
生产用码头泊位个数	个	31 634	31 429	205	100.65
沿海	个	5 453	5 320	133	102.50
内河	个	26 181	26 109	72	100.28
按靠泊能力分					
1 万吨级以下（不含 1 万）	个	29973	29875	98	100.33
1 万吨级以上（含 1 万）	个	1661	1554	107	106.89
1~3 万吨级（不含 3 万）	个	692	682	10	101.47
3~5 万吨级（不含 5 万）	个	297	276	21	107.61
5~10 万吨级（不含 10 万）	个	476	427	49	111.48
10 万吨级及以上	个	196	169	27	115.98
# 沿海港口					
1 万吨级以下（不含 1 万）	个	4 110	4 059	51	101.26
1 万吨级以上（含 1 万）	个	1 343	1 261	82	106.50
1~3 万吨级（不含 3 万）	个	538	533	5	100.94
3~5 万吨级（不含 5 万）	个	207	193	14	107.25
5~10 万吨级（不含 10 万）	个	407	371	36	109.70
10 万吨级及以上	个	191	164	27	116.46
沿海港口万吨级以上泊位按主要用途分					
通用散货泊位	个	234	215	19	108.84
通用件杂货泊位	个	236	219	17	107.76
专业化泊位	个	757	725	32	104.41
# 滚装泊位	个	22	21	1	104.76
客泊位	个	7	7	–	100.00
客货泊位	个	9	7	2	128.57
多用途泊位	个	78	70	8	111.43

1-2 续表（三）

指 标 名 称	计算单位	2010 年	2009 年	2010 年比 2009 年增减	2010 年为 2009 年 %
其他泊位	个	29	25	4	116.00
六、全国民用汽车拥有量	万辆	7 801.8	6 280.6	1521.2	124.22
货车	万辆	1 597.6	1 368.6	229.0	116.73
客车	万辆	6 124.1	4 845.1	1279.0	126.40
其中：公路营运汽车	万辆	1 133.3	1 087.4	/	/
货车	万辆	1 050.2	906.6	143.6	115.84
	万吨位	5 999.8	4 655.2	1344.6	128.88
客车	万辆	83.1	180.8	–	/
	万客位	2 017.1	2 799.7	–	/
七、全国营业性民用运输轮驳船拥有量					
艘数	万艘	17.8	17.7	0.1	100.83
净载重量	万吨位	18 040.9	14 608.8	3432.1	123.49
载客量	万客位	100.4	98.2	2.2	102.25
集装箱箱位	万 TEU	132.4	119.1	13.4	111.21
总功率	万千瓦	5 330.4	4 620.9	709.5	115.35
1. 机动船					
艘数	万艘	15.6	14.9	0.6	104.19
净载重量	万吨位	16 898.6	13 338.5	3560.1	126.69
载客量	万客位	100.1	97.9	2.2	102.25
集装箱箱位	万 TEU	132.1	118.8	13.3	111.21
总功率	万千瓦	5 330.4	4 620.9	709.5	115.35
2. 驳船					
艘数	万艘	2.3	2.8	−0.5	82.65
净载重量	万吨位	1 142.3	1 270.3	−128.0	89.92
载客量	万客位	0.23	0.22	0.01	104.34
集装箱箱位	万 TEU	0.31	0.28	0.03	110.02
八、全社会公路、水路运输量					
1. 全社会公路客运量	亿人	305.3	277.9	27.4	109.85
占全社会客运量的比重	%	93.4	93.4	…	/
全社会公路旅客周转量	亿人公里	15 020.8	13 511.4	1509.4	111.17
占全社会旅客周转量的比重	%	53.8	54.4	−0.6	/
平均运距	公里	49.2	48.6	0.6	101.21
2. 全社会公路货运量	亿吨	244.8	212.8	32.0	115.05
占全社会货运量的比重	%	75.5	75.3	0.2	/
全社会公路货物周转量	亿吨公里	43 389.7	37 188.8	6200.9	116.67

1-2 续表（四）

指 标 名 称	计算单位	2010年	2009年	2010年比2009年增减	2010年为2009年 %
占全社会货物周转量的比重	%	30.6	30.4	0.1	/
平均运距	公里	177.2	174.8	2.5	101.41
3. 全社会水路客运量	亿人	2.2	2.2	…	100.35
占全社会客运量的比重	%	0.7	0.7	−0.1	/
全社会水路旅客周转量	亿人公里	72.3	69.4	2.9	104.17
占全社会旅客周转量的比重	%	0.3	0.3	…	/
平均运距	公里	32.3	31.1	1.2	103.80
4. 全社会水路货运量	亿吨	37.9	31.9	6.0	118.79
占全社会货运量的比重	%	11.7	11.3	0.4	/
全社会水路货物周转量	亿吨公里	68 427.5	57 556.7	10 870.9	118.89
占全社会货物周转量的比重	%	48.2	47.1	1.1	/
平均运距	公里	1 805.7	1 804.3	1.4	100.08
5. 水运分航区货物运输量					
(1)货运量总计	万吨	378 949	318 996	59 953	118.79
远洋	万吨	58 054	51 733	6 321	112.22
沿海	万吨	132 316	110 431	21 885	119.82
内河	万吨	188 579	156 832	31 747	120.24
(2)货物周转量总计	亿吨公里	68 428	57 557	10 871	118.89
远洋	亿吨公里	45 999	39 524	6 475	116.38
沿海	亿吨公里	16 893	13 400	3 493	126.07
内河	亿吨公里	5 536	4 633	903	119.49
6. 水运分航区旅客运输量					
(1)客运量总计	万人	22 392	22 314	78	100.35
远洋	万人	863	797	66	108.28
沿海	万人	9 355	10 121	−766	92.43
内河	万人	12 174	11 396	778	106.83
(2)旅客周转量总计	亿人公里	72.3	69.4	2.9	104.17
远洋	亿人公里	10.0	8.2	1.8	121.27
沿海	亿人公里	32.7	33.6	−0.8	97.55
内河	亿人公里	29.5	27.6	2.0	107.11
九、城市客运					
全国公共汽车、无轨电车运营车辆数	万辆	42.05	41.19	0.86	102.08
	万标台	45.82	44.39	1.43	103.23
全国轨道交通运营车辆数	辆	8 285	5479	2 806	151.21
	标台	21165	13 585	7580	155.80
全国出租汽车运营车辆数	万辆	122.57	119.31	3.26	102.73

1-2 续表（五）

指 标 名 称	计算单位	2010年	2009年	2010年比2009年增减	2010年为2009年 %
全国客运轮渡营运船舶	艘	1 192	1 356	-164	87.91
全国公共汽车、无轨电车运营线路总长度	万公里	63.37	—	—	/
全国公交专用车道长度	公里	3 726.00	2 805.00	921.00	132.83
全国轨道交通运营线路长度	公里	1 471.30	1 011.00	460.30	145.53
全国公共交通客运量	亿人次	1 073.98	1 080.12	-6.14	99.43
#公共汽车、无轨电车客运总量	亿人次	670.12	677.09	-6.96	98.97
轨道交通客运总量	亿人次	55.68	36.58	19.10	152.22
出租汽车客运总量	亿人次	346.28	363.54	-17.26	95.25
客运轮渡客运总量	亿人次	1.90	2.91	-1.02	65.10
城市公共汽车、无轨电车运营车数	万辆	37.49	36.52	0.97	102.66
	万标台	42.19	40.53	1.66	104.08
城市轨道交通运营车数	辆	8 285	5 479	2 806	151.21
	标台	21 165	13 585	7 580	155.80
城市出租汽车运营车数	万辆	98.62	97.16	1.46	101.50
城市客运轮渡运营船数	艘	959	885	74	108.36
城市公共汽车、无轨电车运营线路总长度	万公里	48.88	—	—	/
城市公交专用车道长度	公里	3 512.50	2 805.00	707.50	125.22
城市轨道交通运营线路长度	公里	1 471.00	1 011.00	460.00	145.50
城市公共交通客运量	亿人次	970.91	966.39	4.52	100.47
#公共汽车、无轨电车	亿人次	631.07	640.18	-9.11	98.58
轨道交通	亿人次	55.68	36.58	19.10	152.22
出租汽车	亿人次	282.41	286.97	-4.56	98.41
客运轮渡	亿人次	1.75	2.66	-0.91	65.79
十、港口生产					
1.全国港口货物吞吐量	万吨	893 223	765 708	127 515	116.65
沿海	万吨	564 464	487 371	77 093	115.82
内河	万吨	328 759	278 337	50 422	118.12
2.全国港口外贸货物吞吐量	万吨	250 068	217 976	32 092	114.72
沿海	万吨	228 810	199 398	29 412	114.75
内河	万吨	21 258	18 578	2 680	114.43
3.全国港口集装箱吞吐量	万 TEU	14 613	12 240	2 373	119.39
沿海	万 TEU	13 145	11 020	2 125	119.28
内河	万 TEU	1 468	1 220	248	120.33
4.全国港口旅客吞吐量	万人	17 692	18 005	-313	98.26
沿海	万人	7 332	8 303	-971	88.31
内河	万人	10 360	9 702	658	106.78

1-2 续表（六）

指 标 名 称	计算单位	2010年	2009年	2010年比2009年增减	2010年为2009年%
5.全国港口货物吞吐量					
液体散货	万吨	85 396	74 216	11 180	115.06
干散货	万吨	515 318	440 442	74 876	117.00
件杂货	万吨	95 448	86 049	9 399	110.92
集装箱	万TEU	14 613	12 240	2 373	119.39
	万吨	153 180	127 528	25 652	120.11
滚装汽车	万辆	1 410	1 276	134	110.50
	万吨	43 882	37 478	6 404	117.09
十一、交通固定资产投资总额	亿元	13 212.78	11 142.80	2 069.98	118.58
占全社会固定资产投资比重	%	4.75	4.96	−0.21	/
1.按使用方向分					
(1)沿海建设	亿元	836.87	758.32	78.56	110.36
#沿海港口	亿元	723.04	674.93	48.12	107.13
(2)内河建设	亿元	334.53	301.57	32.97	110.93
#内河航道	亿元	162.47	140.66	21.80	115.50
(3)公路建设	亿元	11 482.28	9 668.75	1813.52	118.76
重点公路	亿元	6 200.89	4 321.35	1879.54	143.49
路网建设	亿元	3 357.56	3 214.51	143.05	104.45
农村公路	亿元	1 923.82	2 132.88	−209.07	90.20
(4)其他建设	亿元	559.10	414.16	144.94	135.00
2.按构成分					
(1)建筑、安装工程	亿元	10 870.33	8 962.89	1907.44	121.28
(2)设备、器具购置	亿元	416.28	402.78	13.50	103.35
(3)其他	亿元	1 926.17	1 777.13	149.04	108.39
3.按建设性质分					
(1)新建	亿元	8 930.86	7 338.86	1592.00	121.69
(2)改（扩）建	亿元	3 797.25	3 417.40	379.85	111.12
(3)单纯购置	亿元	380.32	292.76	87.56	129.91
(4)其他	亿元	104.35	93.79	10.57	111.27
十二、交通系统国有经济单位从业人员					
交通运输部直属单位	万人	6.1	5.8	0.3	105.41
地方交通系统及脱钩企业	万人	286.0	226.1	59.9	126.48

注：1. 表中民用汽车数据来自国家统计局，其他数据来自交通运输部相关业务司局。
　　2. 高速公路ETC收费车道数指高速公路电子不停车收费专用车道的数量。
　　3. 自2010年起，公路营运车辆中不包含公路运输管理部门管理并注册登记的公共汽车和出租汽车，将其纳入《城市（县城）客运统计报表制度》统计。

1-3 航空运输主要指标

指 标 名 称	计算单位	2010年	2009年	2010年比2009年增减	2010年为2009年 %
一、运输（颁证）机场	个	175	166	9	105.4
二、民用飞机拥有量	架	2 203	2 181	22	101.0
1.运输飞机	架	1 597	1 417	180	112.7
2.通用航空飞机	架	606	555	51	109.2
3.教学校验飞机	架	202	209	-7	96.7
三、定期航线					
1.航线条数	条	1 880	1 592	288	118.1
国内航线	条	1 578	1 329	249	118.7
其中：港澳台航线	条	85	72	13	118.1
国际航线	条	302	263	39	114.8
2.航线里程					
重复距离	万公里	398.1	333.1	65	119.5
国内航线	万公里	271.4	220.0	51	123.4
其中：港澳台航线	万公里	12.4	11.0	1	112.7
国际航线	万公里	126.6	113.1	14	111.9
不重复距离	万公里	276.5	234.5	42	117.9
国内航线	万公里	169.5	142.5	27	118.9
其中：港澳台航线	万公里	12.1	10.7	1	113.1
国际航线	万公里	107.0	92.0	15	116.3
四、生产指标					
1.旅客运输量	万人	2.68	2.31	0.37	116.1
国内航线	万人	2.48	2.16	0.32	114.9
其中：港澳台航线	万人	0.07	0.05	0.02	135.4
国际航线	万人	0.19	0.15	0.04	128.9
2.货邮运输量	万吨	563.0	445.5	118	126.4
国内航线	万吨	370.4	319.4	51.0	116.0
其中：港澳台航线	万吨	21.7	15.9	5.8	136.5
国际航线	万吨	192.6	126.1	66.5	152.7
3.运输总周转量	亿吨公里	538.5	427.1	111.4	126.1
国内航线	亿吨公里	345.5	297.1	48.4	116.3
其中：港澳台航线	亿吨公里	11.6	8.9	2.7	130.2
国际航线	亿吨公里	193.0	130.0	63.0	148.4

1-4 邮政行业主要指标

指 标	单 位	本 年	上 年
一、邮政行业			
1.业务收入	亿元	1 276.8	1 094.7
2.业务总量	亿元	1 985.3	1 632.1
二、普遍服务业务			
函件	万件	740 141.0	753 244.8
包裹	万件	6 642.5	7 229.6
订销报纸	万份	1 717 080.6	1 621 040.2
订销杂志	万份	104 756.3	102 073.1
汇兑	万笔	28 032.0	27 177.4
三、快递业务			
1.快递业务量	万件	233 892.0	185 784.81
同城	万件	53 605.8	43 728.27
异地	万件	167 324.7	130 803.6
国际及港澳台	万件	12 961.4	11 253.92
2.快递业务收入	亿元	574.6	479.0
同城	亿元	41.5	34.2
异地	亿元	314.5	264.31
国际及港澳台	亿元	178.8	155.1
其他	亿元	39.8	25.39

注：1.邮政行业业务总量计算使用 2000 年不变单价。
2.邮政行业业务收入中未包含邮政储蓄银行直接营业收入。

二、公路运输

简 要 说 明

一、本篇资料反映我国公路基础设施、运输装备和公路运输发展的基本情况。主要包括：公路里程、营运车辆拥有量、公路旅客运输量、货物运输量、交通量、道路运输统计资料。

二、公路里程为年末通车里程，不含在建和未正式投入使用的公路里程。从 2006 年起，村道正式纳入公路里程统计。农村公路（县、乡、村道）的行政等级依据《全国农村公路统计标准》确定。"公路通达"指标包括因村道而通达的乡镇和建制村。乡镇和建制村是否通达公路依据《全国农村公路统计标准》确定。

三、根据 2010 年修订的《交通运输综合统计报表制度》，公路营运车辆中不包含公路运输管理部门管理并注册登记的公共汽车和出租汽车，将其纳入《城市（县城）客运统计报表制度》统计。

四、"道路运输营业户数"表是按营业户道路运输经营许可证中核定的经营范围分类统计并汇总。

五、"道路客运线路班次"因各省级统计单位分别对跨省线路进行统计，故汇总后跨省线路是实际跨省线路的 2 倍。

六、公路运输量是通过抽样调查方法，按运输工具经营权和到达量进行统计，范围原则上为所有在公路上产生运输量的营运车辆。

七、出入境汽车运输量统计的是由中、外双方承运者完成的通过我国已开通汽车运输边境口岸公路的旅客、货物运输量。

2-1 全国公路里程（按行政等级分）

单位：公里

地区	总计	国道	国家高速公路	省道	县道	乡道	专用公路	村道
全国总计	4 008 229	164 048	57 734	269 834	554 047	1 054 826	67 736	1 897 738
北京	21 114	1 314	552	2 148	3 708	7 991	509	5 443
天津	14 832	866	410	2 589	1 236	3 317	1 017	5 807
河北	154 344	7 684	2 990	13 347	13 133	44 068	1 432	74 682
山西	131 644	4 881	1 654	10 190	19 631	46 703	577	49 662
内蒙古	157 994	8 583	2 030	11 628	25 892	35 658	5 005	71 227
辽宁	101 545	6 450	2 793	8 914	12 626	30 881	929	41 745
吉林	90 437	4 332	1 515	9 061	6 169	27 200	3 887	39 788
黑龙江	151 945	5 269	1 332	8 107	8 574	54 768	12 312	62 916
上海	11 974	613	446	974	2 456	6 829	-	1 102
江苏	150 307	4 825	2 751	8 164	23 079	52 644	166	61 429
浙江	110 177	4 171	2 421	6 031	27 234	18 435	715	53 592
安徽	149 382	5 037	2 594	7 375	23 970	36 226	1 004	75 771
福建	91 015	4 206	2 073	6 150	13 485	35 676	486	31 012
江西	140 597	5 740	2 630	8 394	20 554	29 010	611	76 288
山东	229 859	7 503	3 296	16 614	22 711	31 906	2 373	148 752
河南	245 089	6 852	3 165	15 951	21 004	40 334	1 456	159 492
湖北	206 211	6 358	2 726	11 303	20 026	58 603	810	109 112
湖南	227 998	6 072	2 069	8 867	55 843	55 741	749	100 725
广东	190 144	7 091	2 993	15 017	17 682	91 839	375	58 139
广西	101 782	6 814	2 373	6 818	24 311	28 068	569	35 202
海南	21 236	1 621	582	1 695	2 789	5 215	25	9 890
重庆	116 949	3 109	1 752	8 155	12 047	15 119	546	77 973
四川	266 082	7 618	2 162	11 734	40 384	49 980	4 933	151 433
贵州	151 644	3 924	1 259	7 463	17 311	18 465	697	103 785
云南	209 231	8 132	2 286	19 977	39 953	101 093	4 421	35 655
西藏	60 810	5 618	-	6 294	12 150	15 605	2 391	18 751
陕西	147 461	7 085	3 145	5 596	17 241	23 961	1 806	91 773
甘肃	118 879	6 663	1 814	6 197	15 695	12 309	3 132	74 883
青海	62 185	4 477	137	8 842	9 267	12 256	875	26 468
宁夏	22 518	2 075	1 026	2 341	1 615	7 740	716	8 030
新疆	152 843	9 064	758	13 899	22 270	57 185	13 214	37 210

2-2 全国公路里程（按技术等级分）

单位：公里

地区	总计	等级公路 合计	高速	一级	二级	三级	四级	等外公路
全国总计	4 008 229	3 304 709	74 113	64 430	308 743	387 967	2 469 456	703 520
北京	21 114	20 920	903	924	3 196	3 728	12 169	193
天津	14 832	14 832	982	1 040	3 165	1 275	8 371	–
河北	154 344	146 053	4 307	4 037	15 872	16 318	105 520	8 291
山西	131 644	127 664	3 003	1 939	14 163	16 858	91 701	3 980
内蒙古	157 994	144 395	2 365	3 387	12 443	26 842	99 357	13 598
辽宁	101 545	84 757	3 056	2 876	17 135	31 382	30 308	16 789
吉林	90 437	81 002	1 850	1 855	9 087	10 461	57 748	9 435
黑龙江	151 945	118 917	1 357	1 451	9 063	32 128	74 918	33 028
上海	11 974	11 974	775	335	3 065	2 602	5 197	–
江苏	150 307	141 706	4 059	9 514	21 328	15 258	91 547	8 601
浙江	110 177	105 851	3 383	4 293	9 101	7 721	81 353	4 326
安徽	149 382	142 341	2 925	499	10 504	15 306	113 106	7 042
福建	91 015	70 655	2 351	603	7 373	6 419	53 910	20 360
江西	140 597	101 455	3 051	1 386	9 340	6 670	81 008	39 142
山东	229 859	227 719	4 285	8 088	23 862	24 154	167 331	2 140
河南	245 089	182 560	5 016	564	24 040	18 049	134 890	62 529
湖北	206 211	187 812	3 674	2 210	16 159	12 144	153 625	18 400
湖南	227 998	184 045	2 386	838	8 018	6 939	165 863	43 953
广东	190 144	170 144	4 839	10 126	19 082	16 089	120 008	19 999
广西	101 782	81 239	2 574	876	8 646	7 942	61 200	20 543
海南	21 236	21 012	660	278	1 382	1 457	17 235	224
重庆	116 949	77 175	1 861	561	7 474	5 070	62 209	39 773
四川	266 082	205 983	2 682	2 637	13 074	11 395	176 195	60 099
贵州	151 644	72 557	1 507	153	3 578	8 222	59 096	79 087
云南	209 231	158 120	2 630	733	5 771	9 329	139 656	51 111
西藏	60 810	36 229	–	–	956	7 101	28 172	24 581
陕西	147 461	134 498	3 403	787	7 235	14 791	108 282	12 964
甘肃	118 879	85 733	1 993	161	5 768	14 078	63 734	33 147
青海	62 185	47 604	235	209	5 351	6 091	35 717	14 582
宁夏	22 518	21 198	1 159	669	2 531	6 169	10 670	1 320
新疆	152 843	98 560	843	1 399	10 979	25 979	59 360	54 283

2-3 国道里程（按技术等级分）

单位：公里

地区	总计	等级公路 合计	高速	一级	二级	三级	四级	等外公路
全国总计	164 048	163 024	58 814	20 567	60 024	19 370	4 249	1 024
北京	1 314	1 314	633	263	378	39	-	-
天津	866	866	410	257	199	-	-	-
河北	7 684	7 684	2 990	1 553	2 170	968	4	-
山西	4 881	4 881	1 654	780	2 239	197	11	-
内蒙古	8 583	8 583	2 059	1 978	3 909	577	61	-
辽宁	6 450	6 450	2 806	830	2 724	90	-	-
吉林	4 332	4 332	1 515	909	1 497	412	-	-
黑龙江	5 269	5 269	1 332	921	2 027	965	23	-
上海	613	613	446	52	114	-	-	-
江苏	4 825	4 825	2 789	1 541	495	-	-	-
浙江	4 171	4 171	2 421	1 060	682	7	-	-
安徽	5 037	5 037	2 594	279	1 906	136	122	-
福建	4 206	4 206	2 073	82	2 000	27	25	-
江西	5 740	5 740	2 630	731	2 211	160	9	-
山东	7 503	7 503	3 296	2 812	1 332	63	-	-
河南	6 852	6 852	3 218	252	3 049	332	-	-
湖北	6 358	6 358	2 751	617	2 985	6	-	-
湖南	6 072	6 072	2 069	267	2 490	789	457	-
广东	7 091	7 091	3 331	2 263	1 349	96	52	-
广西	6 814	6 769	2 373	534	3 032	736	94	45
海南	1 621	1 621	582	80	704	245	10	-
重庆	3 109	3 109	1 790	60	1 154	80	25	-
四川	7 618	7 618	2 296	595	3 337	760	630	-
贵州	3 924	3 924	1 307	58	995	1 555	10	-
云南	8 132	7 999	2 471	336	1 430	1 780	1 982	133
西藏	5 618	5 250	-	-	889	3 959	402	368
陕西	7 085	7 085	3 147	243	2 327	1 339	28	-
甘肃	6 663	6 661	1 826	77	3 213	1 302	242	2
青海	4 477	4 477	137	159	3 841	339	-	-
宁夏	2 075	2 075	1 054	107	748	166	-	-
新疆	9 064	8 588	815	868	4 598	2 245	62	476

2-4 省道里程（按技术等级分）

单位：公里

地区	总计	等级公路						等外公路
		合计	高速	一级	二级	三级	四级	
全国总计	269 834	263 301	15 048	24 085	133 900	57 565	32 703	6 532
北京	2 148	2 148	269	378	1 146	356	-	-
天津	2 589	2 589	571	651	1 142	200	24	-
河北	13 347	13 347	1 317	1 917	8 026	2 050	37	-
山西	10 190	10 190	1 349	637	6 587	1 379	238	-
内蒙古	11 628	11 624	287	988	4 361	5 279	709	4
辽宁	8 914	8 914	250	1 290	6 864	510	-	-
吉林	9 061	8 996	335	661	5 186	1 965	849	64
黑龙江	8 107	8 054	-	189	5 248	2 022	595	53
上海	974	974	329	159	450	36	-	-
江苏	8 164	8 164	1 263	3 805	2 960	136	-	-
浙江	6 031	6 009	962	1 052	2 832	696	467	22
安徽	7 375	7 375	332	191	6 040	516	296	-
福建	6 150	6 021	243	164	3 359	893	1 362	129
江西	8 394	8 317	413	489	4 906	1 577	933	77
山东	16 614	16 614	989	4 358	10 182	1 063	21	-
河南	15 951	15 855	1 798	267	12 128	1 154	508	96
湖北	11 303	11 266	815	839	9 207	210	195	36
湖南	8 867	8 737	318	308	4 220	1 965	1 927	129
广东	15 017	14 825	1 509	3 230	7 445	1 701	941	193
广西	6 818	6 773	202	136	3 885	1 742	809	45
海南	1 695	1 610	77	169	517	548	299	85
重庆	8 155	8 103	62	261	4 868	1 303	1 609	52
四川	11 734	11 551	349	736	5 390	1 843	3 234	183
贵州	7 463	7 439	200	44	2 130	3 433	1 632	24
云南	19 977	19 299	160	226	3 472	4 578	10 865	677
西藏	6 294	3 697	-	-	67	1 808	1 822	2 597
陕西	5 596	5 568	255	375	2 415	2 365	157	29
甘肃	6 197	6 122	166	34	2 002	3 594	325	75
青海	8 842	7 911	98	43	1 329	4 376	2 066	931
宁夏	2 341	2 341	105	66	981	1 160	30	-
新疆	13 899	12 869	28	422	4 554	7 112	753	1 030

2-5 县道里程（按技术等级分）

单位：公里

地区	总计	等级公路						等外公路
		合计	高速	一级	二级	三级	四级	
全国总计	554 047	526 606	108	11 038	76 585	162 749	276 125	27 441
北京	3 708	3 708	-	215	1 088	2 236	170	-
天津	1 236	1 236	-	64	406	450	317	-
河北	13 133	12 874	-	114	3 628	6 923	2 209	259
山西	19 631	19 514	-	251	3 919	9 504	5 840	116
内蒙古	25 892	24 773	19	284	2 845	13 325	8 300	1 119
辽宁	12 626	12 626	-	711	6 701	5 041	174	-
吉林	6 169	6 153	-	129	1 835	3 305	884	16
黑龙江	8 574	8 540	-	82	1 097	5 874	1 486	34
上海	2 456	2 456	-	124	1 261	1 062	9	-
江苏	23 079	22 716	7	2 670	10 959	6 156	2 924	363
浙江	27 234	27 101	-	2 045	4 366	4 763	15 927	133
安徽	23 970	23 966	-	28	2 396	13 390	8 151	5
福建	13 485	13 104	35	315	1 443	4 607	6 703	381
江西	20 554	18 676	-	66	1 794	4 242	12 574	1 878
山东	22 711	22 711	-	462	6 536	9 410	6 303	-
河南	21 004	20 483	-	-	6 525	7 870	6 088	521
湖北	20 026	19 999	-	458	3 212	7 997	8 332	26
湖南	55 843	52 706	-	251	1 268	4 055	47 132	3 137
广东	17 682	17 513	-	1 359	5 132	6 524	4 498	169
广西	24 311	22 303	-	187	1 549	5 073	15 494	2 008
海南	2 789	2 704	-	13	92	461	2 139	85
重庆	12 047	11 740	10	123	1 138	2 534	7 936	307
四川	40 384	36 723	37	744	3 464	6 476	26 002	3 661
贵州	17 311	17 189	-	29	254	2 770	14 136	121
云南	39 953	36 433	-	161	728	2 571	32 973	3 520
西藏	12 150	7 524	-	-	-	984	6 540	4 627
陕西	17 241	17 212	-	37	1 689	7 242	8 244	29
甘肃	15 695	14 536	-	29	303	5 938	8 267	1 158
青海	9 267	8 860	-	7	129	1 094	7 629	407
宁夏	1 615	1 615	-	53	203	1 292	67	-
新疆	22 270	18 909	-	28	625	9 580	8 676	3 361

2-6 乡道里程（按技术等级分）

单位：公里

地区	总计	等级公路 合计	高速	一级	二级	三级	四级	等外公路
全国总计	1 054 826	924 769	–	4 697	20 401	101 120	798 552	130 057
北京	7 991	7 991	–	31	250	865	6 845	–
天津	3 317	3 317	–	6	229	196	2 885	–
河北	44 068	41 717	–	243	1 146	4 609	35 720	2 350
山西	46 703	45 785	–	153	871	3 667	41 093	919
内蒙古	35 658	33 629	–	25	888	5 022	27 694	2 029
辽宁	30 881	30 881	–	22	651	22 785	7 424	–
吉林	27 200	25 817	–	99	362	3 993	21 362	1 383
黑龙江	54 768	49 352	–	73	476	15 391	33 413	5 416
上海	6 829	6 829	–	–	1 206	1 412	4 212	–
江苏	52 644	51 586	–	833	3 653	5 502	41 598	1 058
浙江	18 435	18 067	–	41	440	1 159	16 427	369
安徽	36 226	34 795	–	–	105	749	33 940	1 431
福建	35 676	28 990	–	42	418	636	27 894	6 685
江西	29 010	21 809	–	55	234	394	21 126	7 201
山东	31 906	31 906	–	129	2 049	5 722	24 006	–
河南	40 334	37 088	–	–	1 333	6 816	28 939	3 246
湖北	58 603	56 516	–	47	466	3 032	52 970	2 086
湖南	55 741	46 333	–	6	26	87	46 214	9 408
广东	91 839	88 908	–	2 405	3 877	6 349	76 277	2 931
广西	28 068	23 182	–	16	113	266	22 787	4 886
海南	5 215	5 197	–	3	61	90	5 043	18
重庆	15 119	12 195	–	32	105	617	11 441	2 925
四川	49 980	35 500	–	281	519	1 467	33 232	14 481
贵州	18 465	15 027	–	17	102	203	14 704	3 438
云南	101 093	78 789	–	10	91	255	78 432	22 305
西藏	15 605	8 938	–	–	–	148	8 790	6 667
陕西	23 961	23 182	–	19	231	2 264	20 668	778
甘肃	12 309	9 991	–	1	57	1 843	8 090	2 318
青海	12 256	8 861	–	–	5	209	8 646	3 395
宁夏	7 740	7 669	–	105	274	2 798	4 493	71
新疆	57 185	34 923	–	1	160	2 573	32 188	22 262

2-7 专用公路里程（按技术等级分）

单位：公里

地区	总计	等级公路						等外公路
		合计	高速	一级	二级	三级	四级	
全国总计	67 736	44 775	142	931	3 908	10 742	29 051	22 961
北京	509	509	-	36	298	103	71	-
天津	1 017	1 017	-	58	600	155	204	-
河北	1 432	1 373	-	39	117	351	865	59
山西	577	559	-	7	37	278	237	17
内蒙古	5 005	4 705	-	-	203	971	3 531	300
辽宁	929	909	-	11	73	380	445	20
吉林	3 887	3 780	-	20	29	151	3 580	107
黑龙江	12 312	2 710	25	186	149	1 258	1 093	9 602
上海	-	-	-	-	-	-	-	-
江苏	166	165	-	14	19	76	56	1
浙江	715	630	-	17	24	90	499	85
安徽	1 004	993	-	-	24	83	887	11
福建	486	386	-	-	20	11	355	100
江西	611	405	8	6	28	31	331	206
山东	2 373	2 373	-	41	104	346	1 881	-
河南	1 456	1 306	-	45	340	391	530	150
湖北	810	791	108	-	43	79	561	19
湖南	749	487	-	6	-	2	479	262
广东	375	321	-	16	61	45	200	54
广西	569	367	-	-	43	50	274	202
海南	25	25	-	-	-	-	25	-
重庆	546	397	-	7	33	83	274	148
四川	4 933	1 960	-	17	75	132	1 736	2 972
贵州	697	684	1	4	33	172	474	13
云南	4 421	2 919	-	-	42	133	2 744	1 502
西藏	2 391	1 098	-	-	-	161	937	1 293
陕西	1 806	1 742	-	7	133	312	1 290	64
甘肃	3 132	2 395	-	5	115	897	1 378	737
青海	875	478	-	-	41	44	393	397
宁夏	716	695	-	309	200	135	51	21
新疆	13 214	8 597	-	79	1 024	3 822	3 672	4 617

2-8 村道里程（按技术等级分）

单位：公里

地区	总计	等级公路						等外公路
		合计	高速	一级	二级	三级	四级	
全国总计	1 897 738	1 382 233	–	3 112	13 925	36 421	1 328 775	515 504
北京	5 443	5 250	–	2	36	130	5 083	193
天津	5 807	5 807	–	2	590	275	4 941	–
河北	74 682	69 059	–	171	787	1 416	66 686	5 623
山西	49 662	46 734	–	110	510	1 833	44 281	2 928
内蒙古	71 227	61 081	–	113	237	1 668	59 062	10 146
辽宁	41 745	24 976	–	13	122	2 576	22 266	16 769
吉林	39 788	31 923	–	37	178	636	31 072	7 865
黑龙江	62 916	44 993	–	–	67	6 618	38 308	17 923
上海	1 102	1 102	–	–	34	92	975	–
江苏	61 429	54 251	–	651	3 242	3 388	46 969	7 178
浙江	53 592	49 874	–	78	756	1 006	48 033	3 718
安徽	75 771	70 175	–	–	33	432	69 711	5 595
福建	31 012	17 948	–	–	132	245	17 571	13 064
江西	76 288	46 508	–	39	166	267	46 035	29 781
山东	148 752	146 612	–	284	3 658	7 550	135 119	2 140
河南	159 492	100 975	–	–	664	1 487	98 824	58 516
湖北	109 112	92 880	–	248	245	820	91 567	16 232
湖南	100 725	69 709	–	–	14	41	69 654	31 016
广东	58 139	41 487	–	853	1 218	1 376	38 040	16 653
广西	35 202	21 845	–	3	24	76	21 743	13 357
海南	9 890	9 855	–	13	8	113	9 721	35
重庆	77 973	41 632	–	79	177	453	40 923	36 342
四川	151 433	112 631	–	264	288	717	111 361	38 802
贵州	103 785	28 295	–	2	64	89	28 140	75 490
云南	35 655	12 681	–	–	9	12	12 660	22 974
西藏	18 751	9 721	–	–	–	40	9 681	9 030
陕西	91 773	79 708	–	106	440	1 268	77 895	12 064
甘肃	74 883	46 027	–	15	78	503	45 431	28 856
青海	26 468	17 016	–	–	6	28	16 982	9 452
宁夏	8 030	6 802	–	30	126	618	6 029	1 228
新疆	37 210	14 674	–	–	18	647	14 009	22 536

2-9 全国公路里程（按路面类型分）

单位：公里

地区	总计	有铺装路面（高级）			简易铺装路面（次高级）	未铺装路面（中级、低级、无路面）
		合计	沥青混凝土	水泥混凝土		
全国总计	4 008 229	1 917 981	542 457	1 375 524	524 234	1 566 014
北京	21 114	17 967	13 374	4 594	1 865	1 281
天津	14 832	14 538	11 589	2 949	61	234
河北	154 344	112 533	50 016	62 517	13 857	27 954
山西	131 644	81 900	22 468	59 432	27 488	22 256
内蒙古	157 994	37 134	30 263	6 871	17 364	103 495
辽宁	101 545	37 176	33 731	3 445	26 148	38 222
吉林	90 437	62 192	18 541	43 651	77	28 168
黑龙江	151 945	88 259	10 102	78 157	1 499	62 187
上海	11 974	11 883	4 745	7 138	50	41
江苏	150 307	129 014	39 234	89 780	3 149	18 144
浙江	110 177	98 742	28 414	70 328	6 142	5 293
安徽	149 382	74 349	8 410	65 939	31 949	43 084
福建	91 015	64 541	2 645	61 896	4 966	21 508
江西	140 597	82 345	7 975	74 370	8 170	50 082
山东	229 859	128 585	57 432	71 154	79 147	22 127
河南	245 089	112 589	34 794	77 794	53 355	79 145
湖北	206 211	131 993	12 394	119 599	23 838	50 380
湖南	227 998	131 036	6 548	124 488	7 057	89 905
广东	190 144	123 784	9 448	114 336	5 721	60 638
广西	101 782	31 639	4 529	27 110	20 591	49 553
海南	21 236	19 694	3 075	16 619	735	807
重庆	116 949	31 425	9 591	21 834	6 010	79 513
四川	266 082	105 145	23 418	81 726	24 273	136 664
贵州	151 644	10 474	3 663	6 810	26 589	114 581
云南	209 231	37 863	28 910	8 953	12 429	158 939
西藏	60 810	6 439	6 212	226	1 998	52 373
陕西	147 461	76 296	19 974	56 322	22 619	48 547
甘肃	118 879	18 425	8 170	10 255	30 109	70 345
青海	62 185	14 052	7 921	6 131	5 541	42 592
宁夏	22 518	6 956	6 359	597	7 561	8 000
新疆	152 843	19 012	18 511	501	53 875	79 956

2-10 国道里程（按路面类型分）

单位：公里

地区	总计	有铺装路面（高级）			简易铺装路面（次高级）	未铺装路面（中级、低级、无路面）
		合计	沥青混凝土	水泥混凝土		
全国总计	164 048	144 931	122 128	22 802	15 593	3 524
北京	1 314	1 314	1 305	8	–	–
天津	866	866	866	1	–	–
河北	7 684	7 650	7 417	232	34	–
山西	4 881	4 764	4 453	310	118	–
内蒙古	8 583	7 922	7 872	50	601	61
辽宁	6 450	6 022	6 014	8	429	–
吉林	4 332	4 332	4 268	64	–	–
黑龙江	5 269	4 583	2 560	2 024	130	555
上海	613	613	580	33	–	–
江苏	4 825	4 825	4 728	96	–	–
浙江	4 171	4 169	3 560	610	1	–
安徽	5 037	4 717	3 753	964	320	–
福建	4 206	4 206	1 899	2 307	–	–
江西	5 740	5 500	3 943	1 558	240	–
山东	7 503	7 445	7 282	163	59	–
河南	6 852	6 670	6 229	441	182	–
湖北	6 358	5 794	5 013	781	539	25
湖南	6 072	5 603	2 730	2 873	469	–
广东	7 091	7 036	3 492	3 545	54	–
广西	6 814	5 595	2 165	3 431	1 181	37
海南	1 621	1 273	881	393	348	–
重庆	3 109	3 109	2 801	308	–	–
四川	7 618	6 753	5 499	1 255	779	86
贵州	3 924	2 004	1 806	199	1 920	–
云南	8 132	5 331	5 064	267	2 155	646
西藏	5 618	3 502	3 437	65	947	1 169
陕西	7 085	6 979	6 511	467	106	–
甘肃	6 663	4 185	4 159	27	2 474	4
青海	4 477	3 944	3 793	151	448	85
宁夏	2 075	1 692	1 677	15	383	–
新疆	9 064	6 530	6 374	156	1 677	856

2-11　省道里程（按路面类型分）

单位：公里

地区	总计	有铺装路面（高级）			简易铺装路面（次高级）	未铺装路面（中级、低级、无路面）
		合计	沥青混凝土	水泥混凝土		
全国总计	269 834	198 440	148 332	50 107	52 687	18 708
北　京	2 148	2 130	2 127	2	19	-
天　津	2 589	2 589	2 584	5	-	-
河　北	13 347	13 049	12 036	1 014	297	-
山　西	10 190	9 525	8 680	845	664	-
内蒙古	11 628	7 121	6 865	256	4 207	299
辽　宁	8 914	7 649	7 632	17	1 265	-
吉　林	9 061	8 405	5 826	2 580	-	655
黑龙江	8 107	6 352	1 751	4 601	-	1 755
上　海	974	974	868	105	-	-
江　苏	8 164	8 155	7 871	285	9	-
浙　江	6 031	5 988	4 430	1 558	43	-
安　徽	7 375	4 495	2 742	1 752	2 880	-
福　建	6 150	4 638	329	4 309	1 416	96
江　西	8 394	5 261	2 532	2 729	2 914	218
山　东	16 614	14 831	14 053	778	1 782	-
河　南	15 951	15 003	13 748	1 255	673	275
湖　北	11 303	8 020	4 235	3 785	3 215	68
湖　南	8 867	6 663	2 060	4 604	1 918	286
广　东	15 017	13 737	3 317	10 419	1 281	-
广　西	6 818	3 034	1 411	1 623	3 597	188
海　南	1 695	1 414	892	522	210	72
重　庆	8 155	6 880	4 166	2 715	911	364
四　川	11 734	9 757	7 311	2 446	1 446	532
贵　州	7 463	2 036	1 603	433	5 041	386
云　南	19 977	11 783	11 192	591	5 766	2 428
西　藏	6 294	1 321	1 287	35	243	4 730
陕　西	5 596	5 174	4 949	225	351	71
甘　肃	6 197	1 995	1 876	119	3 467	736
青　海	8 842	3 900	3 434	466	1 428	3 515
宁　夏	2 341	1 211	1 189	22	1 085	45
新　疆	13 899	5 349	5 337	12	6 560	1 990

2-12 县道里程（按路面类型分）

单位：公里

地区	总计	有铺装路面（高级）			简易铺装路面（次高级）	未铺装路面（中级、低级、无路面）
		合计	沥青混凝土	水泥混凝土		
全国总计	554 047	301 518	124 980	176 538	151 116	101 413
北京	3 708	3 578	3 525	53	87	42
天津	1 236	1 222	1 183	39	14	–
河北	13 133	9 781	6 995	2 786	2 188	1 164
山西	19 631	10 310	5 726	4 584	8 335	986
内蒙古	25 892	12 194	9 751	2 443	7 025	6 673
辽宁	12 626	7 324	7 192	132	5 180	122
吉林	6 169	5 865	3 346	2 519	14	290
黑龙江	8 574	6 257	1 467	4 790	387	1 929
上海	2 456	2 454	1 981	474	2	–
江苏	23 079	22 200	14 381	7 819	302	578
浙江	27 234	23 627	11 849	11 778	3 576	31
安徽	23 970	7 319	1 672	5 647	15 812	839
福建	13 485	10 645	350	10 295	2 211	629
江西	20 554	13 871	1 092	12 779	3 576	3 106
山东	22 711	15 698	10 901	4 797	6 616	398
河南	21 004	13 540	6 422	7 117	6 402	1 063
湖北	20 026	10 720	2 276	8 444	8 360	946
湖南	55 843	39 312	1 629	37 683	4 468	12 063
广东	17 682	14 663	1 158	13 505	1 971	1 048
广西	24 311	6 284	806	5 478	13 013	5 013
海南	2 789	1 919	1 100	818	140	731
重庆	12 047	8 165	1 672	6 493	1 666	2 216
四川	40 384	21 563	6 331	15 232	8 251	10 570
贵州	17 311	1 200	116	1 084	13 229	2 882
云南	39 953	14 079	10 598	3 480	3 341	22 534
西藏	12 150	917	869	48	459	10 774
陕西	17 241	8 613	5 156	3 457	7 403	1 225
甘肃	15 695	2 160	1 349	812	9 579	3 955
青海	9 267	2 437	578	1 859	2 549	4 281
宁夏	1 615	720	719	1	856	40
新疆	22 270	2 881	2 789	92	14 106	5 283

2-13 乡道里程（按路面类型分）

单位：公里

地区	总计	有铺装路面（高级）			简易铺装路面（次高级）	未铺装路面（中级、低级、无路面）
		合计	沥青混凝土	水泥混凝土		
全国总计	1 054 826	522 276	75 658	446 618	130 691	401 860
北京	7 991	6 386	4 313	2 072	1 299	307
天津	3 317	3 238	2 436	801	11	69
河北	44 068	31 250	9 877	21 373	5 714	7 104
山西	46 703	26 550	2 143	24 407	10 892	9 261
内蒙古	35 658	6 723	4 163	2 560	4 028	24 908
辽宁	30 881	12 706	10 526	2 180	13 954	4 221
吉林	27 200	22 312	3 757	18 556	8	4 881
黑龙江	54 768	40 108	2 434	37 674	812	13 848
上海	6 829	6 740	1 207	5 533	48	41
江苏	52 644	49 489	6 994	42 496	1 034	2 120
浙江	18 435	16 444	3 334	13 110	1 830	161
安徽	36 226	17 734	133	17 601	6 359	12 133
福建	35 676	27 671	57	27 613	877	7 129
江西	29 010	18 502	226	18 276	661	9 847
山东	31 906	17 412	7 339	10 073	12 245	2 248
河南	40 334	21 428	3 904	17 524	13 450	5 457
湖北	58 603	39 385	388	38 997	7 076	12 142
湖南	55 741	31 457	73	31 384	149	24 136
广东	91 839	65 512	1 146	64 366	2 042	24 285
广西	28 068	8 569	89	8 480	1 932	17 568
海南	5 215	5 199	129	5 070	16	-
重庆	15 119	4 548	578	3 971	928	9 643
四川	49 980	17 769	2 758	15 011	5 504	26 707
贵州	18 465	1 688	64	1 624	4 516	12 260
云南	101 093	5 036	1 521	3 515	611	95 447
西藏	15 605	314	297	18	202	15 089
陕西	23 961	12 298	2 013	10 285	6 203	5 459
甘肃	12 309	1 494	568	926	5 102	5 713
青海	12 256	766	25	741	882	10 608
宁夏	7 740	1 886	1 601	285	3 171	2 683
新疆	57 185	1 664	1 567	97	19 136	36 385

2-14 专用公路里程（按路面类型分）

单位：公里

地区	总计	有铺装路面（高级）			简易铺装路面（次高级）	未铺装路面（中级、低级、无路面）
		合计	沥青混凝土	水泥混凝土		
全国总计	67 736	17 184	9 612	7 572	10 207	40 344
北京	509	497	398	99	12	-
天津	1 017	1 011	833	178	-	6
河北	1 432	1 091	669	422	168	172
山西	577	294	62	232	200	82
内蒙古	5 005	1 064	399	665	281	3 660
辽宁	929	136	131	5	358	435
吉林	3 887	663	158	505	16	3 208
黑龙江	12 312	1 946	1 215	731	5	10 361
上海	-	-	-	-	-	-
江苏	166	99	35	64	64	3
浙江	715	518	179	339	85	111
安徽	1 004	163	37	126	148	693
福建	486	251	2	249	29	206
江西	611	354	29	325	3	254
山东	2 373	1 134	862	272	1 203	36
河南	1 456	748	485	262	479	230
湖北	810	492	113	379	133	185
湖南	749	87	12	75	-	662
广东	375	287	34	254	-	88
广西	569	154	44	110	137	279
海南	25	25	4	21	-	-
重庆	546	303	24	279	17	226
四川	4 933	943	304	639	215	3 774
贵州	697	175	12	162	342	180
云南	4 421	640	386	255	324	3 456
西藏	2 391	211	177	34	73	2 107
陕西	1 806	879	223	656	311	616
甘肃	3 132	197	63	134	1 271	1 664
青海	875	93	48	45	38	744
宁夏	716	508	505	3	142	66
新疆	13 214	2 222	2 168	53	4 154	6 838

2-15 村道里程（按路面类型分）

单位：公里

地区	总计	有铺装路面（高级）			简易铺装路面（次高级）	未铺装路面（中级、低级、无路面）
		合计	沥青混凝土	水泥混凝土		
全国总计	1 897 738	733 632	61 746	671 886	163 939	1 000 166
北京	5 443	4 063	1 705	2 358	449	932
天津	5 807	5 612	3 687	1 925	36	159
河北	74 682	49 711	13 021	36 690	5 456	19 514
山西	49 662	30 457	1 403	29 054	7 279	11 926
内蒙古	71 227	2 110	1 214	896	1 223	67 894
辽宁	41 745	3 338	2 236	1 102	4 963	33 444
吉林	39 788	20 614	1 186	19 428	41	19 133
黑龙江	62 916	29 013	675	28 338	164	33 739
上海	1 102	1 102	109	993	-	-
江苏	61 429	44 246	5 225	39 021	1 741	15 442
浙江	53 592	47 996	5 062	42 934	606	4 989
安徽	75 771	39 922	73	39 848	6 430	29 419
福建	31 012	17 130	7	17 123	434	13 449
江西	76 288	38 856	154	38 703	776	36 656
山东	148 752	72 066	16 995	55 071	57 241	19 444
河南	159 492	55 201	4 006	51 196	32 169	72 121
湖北	109 112	67 582	369	67 214	4 515	37 014
湖南	100 725	47 913	45	47 868	54	52 758
广东	58 139	22 549	301	22 248	373	35 217
广西	35 202	8 003	14	7 989	732	26 468
海南	9 890	9 865	70	9 795	21	5
重庆	77 973	8 420	351	8 069	2 489	67 064
四川	151 433	48 359	1 216	47 143	8 079	94 995
贵州	103 785	3 371	62	3 309	1 541	98 873
云南	35 655	994	150	845	232	34 429
西藏	18 751	173	146	27	74	18 504
陕西	91 773	42 353	1 121	41 232	8 244	41 176
甘肃	74 883	8 394	156	8 238	8 216	58 273
青海	26 468	2 912	44	2 868	196	23 360
宁夏	8 030	940	668	271	1 924	5 166
新疆	37 210	366	276	90	8 242	28 602

2-16 全国公路养护里程

单位：公里

地区	总计	国道	省道	县道	乡道	专用公路	村道
全国总计	3 875 853	163 641	268 817	551 283	1 044 177	64 839	1 783 096
北 京	21 114	1 314	2 148	3 708	7 991	509	5 443
天 津	14 832	866	2 589	1 236	3 317	1 017	5 807
河 北	154 344	7 684	13 347	13 133	44 068	1 432	74 682
山 西	131 588	4 826	10 190	19 631	46 703	577	49 662
内蒙古	155 198	8 583	11 628	25 513	35 497	4 632	69 345
辽 宁	101 545	6 450	8 914	12 626	30 881	929	41 745
吉 林	89 790	4 332	9 061	6 169	27 175	3 886	39 168
黑龙江	151 883	5 268	8 107	8 552	54 739	12 312	62 905
上 海	11 974	613	974	2 456	6 829	–	1 102
江 苏	141 285	4 825	8 164	22 707	51 552	89	53 949
浙 江	110 177	4 171	6 031	27 234	18 435	715	53 592
安 徽	148 622	4 986	7 334	23 967	36 226	444	75 666
福 建	91 009	4 206	6 150	13 485	35 676	480	31 012
江 西	133 099	5 696	8 370	20 554	29 010	611	68 858
山 东	229 859	7 503	16 614	22 711	31 906	2 373	148 752
河 南	244 217	6 834	15 928	20 993	40 023	1 456	158 983
湖 北	204 795	6 358	11 283	20 026	58 568	810	107 749
湖 南	225 287	6 047	8 867	55 616	55 709	749	98 300
广 东	179 040	7 033	14 961	17 655	91 479	318	47 594
广 西	90 562	6 767	6 818	24 311	27 716	506	24 444
海 南	19 613	1 621	1 681	2 789	4 615	25	8 882
重 庆	116 948	3 109	8 155	12 047	15 119	544	77 973
四 川	244 534	7 618	11 734	40 359	48 429	4 714	131 680
贵 州	151 644	3 924	7 463	17 311	18 465	697	103 785
云 南	209 151	8 132	19 977	39 953	101 093	4 341	35 655
西 藏	55 856	5 604	5 457	11 883	15 118	2 389	15 405
陕 西	147 151	7 085	5 596	17 240	23 959	1 806	91 465
甘 肃	82 832	6 568	6 196	15 321	12 039	3 115	39 593
青 海	62 185	4 477	8 842	9 267	12 256	875	26 468
宁 夏	22 518	2 075	2 341	1 615	7 740	716	8 030
新 疆	133 202	9 064	13 899	21 216	51 845	11 775	25 403

2-17　全国公路绿化里程

单位：公里

地区	总计	国道	省道	县道	乡道	专用公路	村道
全国总计	1 943 406	129 939	205 266	372 546	547 440	31 176	657 038
北京	14 187	1 301	2 093	3 588	4 144	356	2 704
天津	13 935	771	2 442	1 224	3 306	830	5 362
河北	65 801	6 843	11 392	7 982	17 012	498	22 075
山西	52 558	3 944	7 184	13 110	18 436	244	9 640
内蒙古	27 903	5 721	4 197	8 556	6 570	923	1 936
辽宁	58 403	5 798	7 894	10 483	19 720	675	13 833
吉林	82 255	4 245	8 865	6 123	26 643	3 796	32 583
黑龙江	117 794	4 518	6 576	7 723	44 744	7 370	46 864
上海	7 672	590	924	2 297	3 469	–	391
江苏	129 442	4 637	7 982	22 084	46 894	153	47 692
浙江	66 920	3 491	5 146	22 482	11 923	486	23 392
安徽	60 448	4 505	6 334	19 338	24 439	510	5 323
福建	45 906	3 666	5 007	8 421	17 868	363	10 581
江西	38 135	5 037	6 535	11 272	7 438	73	7 780
山东	177 423	6 905	15 185	19 027	25 448	1 230	109 628
河南	173 507	6 676	14 622	16 694	30 544	1 319	103 652
湖北	69 126	5 798	10 037	14 181	22 132	564	16 414
湖南	169 805	6 034	8 289	47 512	40 088	322	67 561
广东	92 701	6 908	14 159	15 227	46 796	232	9 380
广西	39 887	6 337	6 013	14 120	9 004	265	4 149
海南	18 886	1 505	1 523	2 524	4 459	18	8 857
重庆	43 898	2 463	6 682	8 290	7 060	205	19 199
四川	107 592	6 481	8 704	29 092	27 452	1 906	33 956
贵州	18 725	2 730	3 674	6 443	2 451	103	3 325
云南	65 913	6 206	10 490	18 290	23 034	1 562	6 331
西藏	4 013	1 297	1 372	472	227	422	223
陕西	35 291	5 769	3 469	7 840	5 784	436	11 992
甘肃	21 433	2 751	3 067	6 330	4 144	545	4 595
青海	28 619	3 281	7 523	5 020	4 261	173	8 361
宁夏	8 958	1 406	1 523	1 099	4 585	345	–
新疆	86 269	2 326	6 363	15 704	37 365	5 250	19 261

2-18 全国高速公路里程

单位：公里

地 区	高速公路				车道里程
	合计	四车道	六车道	八车道及以上	
全国总计	**74 113**	**60 167**	**11 797**	**2 149**	**328 642**
北 京	903	461	402	41	4 577
天 津	982	499	388	95	5 081
河 北	4 307	2 996	1 278	33	19 915
山 西	3 003	2 443	556	3	13 136
内蒙古	2 365	2 358	7	–	9 474
辽 宁	3 056	2 302	341	414	14 563
吉 林	1 850	1 824	26	–	7 452
黑龙江	1 357	1 357	–	–	5 430
上 海	775	305	267	203	4 448
江 苏	4 059	2 384	1 419	256	20 100
浙 江	3 383	2 537	573	273	15 770
安 徽	2 925	2 717	165	43	12 202
福 建	2 351	2 090	179	82	10 088
江 西	3 051	2 936	111	4	12 439
山 东	4 285	3 760	525	–	18 190
河 南	5016	2 757	1 954	305	25 192
湖 北	3674	3 472	202	–	15 100
湖 南	2386	2 380	7	–	9 558
广 东	4839	2 869	1 770	200	23 697
广 西	2574	2 432	140	2	10 585
海 南	660	660	–	–	2 639
重 庆	1 861	1 449	412	–	8 268
四 川	2 682	2 452	230	–	11 187
贵 州	1 507	1 507	–	–	6 030
云 南	2 630	2 057	528	46	11 760
西 藏	–	–	–	–	–
陕 西	3 403	2 961	291	151	14 794
甘 肃	1 993	1 993	–	–	7 970
青 海	235	235	–	–	939
宁 夏	1 159	1 139	20	–	4 674
新 疆	843	835	8	–	3 386

2-19　全国公路密度及通达率

地　区	公　路　密　度		公　路　通　达　率（%）			
	以国土面积计算（公里/百平方公里）	以人口计算（公里/万人）	乡（镇）	#：通硬化路面所占比重	行政村	#：通硬化路面所占比重
全国总计	41.75	30.03	99.97	96.64	99.21	81.70
北　京	128.66	12.03	100.00	100.00	100.00	100.00
天　津	124.64	12.34	100.00	100.00	100.00	100.00
河　北	82.23	22.00	100.00	100.00	100.00	99.27
山　西	84.23	39.01	100.00	100.00	99.91	99.35
内蒙古	13.36	65.23	99.56	99.56	99.99	30.62
辽　宁	69.60	23.86	100.00	100.00	100.00	100.00
吉　林	48.26	33.00	100.00	99.44	98.59	95.37
黑龙江	33.47	39.75	100.00	98.58	96.78	91.82
上　海	188.83	6.38	100.00	100.00	100.00	100.00
江　苏	146.50	20.17	100.00	100.00	100.00	100.00
浙　江	108.23	23.36	100.00	100.00	99.48	99.44
安　徽	114.91	21.98	100.00	100.00	99.97	99.61
福　建	74.97	24.90	100.00	100.00	100.00	98.00
江　西	84.24	31.72	100.00	100.00	100.00	100.00
山　东	146.69	24.27	100.00	100.00	100.00	99.24
河　南	146.76	23.63	100.00	98.98	100.00	97.08
湖　北	110.93	36.05	100.00	99.32	100.00	95.62
湖　南	107.65	32.46	99.96	99.83	99.76	81.51
广　东	106.88	22.73	100.00	100.00	100.00	99.97
广　西	43.00	19.99	100.00	99.73	99.18	58.52

2-19 （续表一）

地 区	公 路 密 度		公 路 通 达 率（%）			
	以国土面积计算 （公里/百平方公里）	以人口计算 （公里/万人）	乡（镇）	#：通硬化路面 所占比重	行政村	#：通硬化路面 所占比重
海 南	62.64	25.70	100.00	100.00	100.00	99.94
重 庆	141.93	35.44	100.00	100.00	99.99	30.04
四 川	54.57	29.62	99.98	90.19	98.39	53.68
贵 州	86.11	39.93	100.00	97.28	97.04	31.80
云 南	53.10	45.51	99.85	90.16	98.00	23.80
西 藏	4.95	210.00	99.71	39.31	81.88	13.06
陕 西	71.72	39.09	100.00	97.46	95.60	60.02
甘 肃	26.16	45.11	100.00	94.92	100.00	40.13
青 海	8.62	111.58	100.00	91.19	100.00	32.45
宁 夏	33.91	35.91	100.00	100.00	100.00	72.97
新 疆	9.21	70.81	99.70	96.93	98.63	60.79

2-20 公路桥梁（按使用年限分）

地区	总计		总计中：永久式桥梁		总计中：危桥	
	数量（座）	长度（米）	数量（座）	长度（米）	数量（座）	长度（米）
全国总计	658 126	30 483 094	641 608	30 099 162	93 525	2 613 334
北京	4 978	367 428	4 978	367 428	88	2 526
天津	2 873	380 866	2 814	379 665	9	1 690
河北	33 959	1 837 125	33 578	1 827 377	5 883	188 527
山西	11 713	692 701	11 599	688 820	812	27 028
内蒙古	13 064	452 008	12 327	431 199	2 473	61 242
辽宁	33 078	1 135 260	33 046	1 134 285	1 138	33 515
吉林	11 364	408 783	11 022	400 505	931	23 172
黑龙江	17 471	504 003	15 387	471 313	5 913	117 264
上海	9 776	565 381	9 776	565 381	102	3 526
江苏	64 675	2 829 725	63 281	2 796 806	14 355	377 354
浙江	44 778	2 238 663	44 637	2 235 626	1 736	56 956
安徽	30 439	1 485 313	30 209	1 480 019	6 502	146 066
福建	18 616	1 044 382	18 597	1 043 916	790	30 780
江西	23 395	1 032 237	21 374	988 882	4 694	145 745
山东	45 054	1 867 966	44 975	1 864 954	4 220	166 808
河南	40 764	1 692 923	40 061	1 676 971	16 165	457 890
湖北	31 972	1 509 739	30 195	1 471 451	8 939	223 597
湖南	32 225	1 051 125	31 443	1 034 863	5 654	133 460
广东	42 330	2 340 261	42 233	2 337 490	1 013	44 044
广西	14 890	649 291	14 786	646 211	1 216	43 277
海南	4 458	140 672	4 408	139 555	140	4 624
重庆	9 722	598 892	9 557	592 636	728	23 474
四川	33 303	1 368 222	32 470	1 346 819	2 239	72 535
贵州	12 654	681 759	12 638	681 112	1 598	41 077
云南	20 941	1 385 759	20 641	1 371 696	1 593	59 617
西藏	5 545	147 050	4 113	111 536	1 148	31 657
陕西	18 976	1 228 910	17 873	1 199 426	869	30 652
甘肃	8 114	286 369	7 848	279 050	510	18 083
青海	3 862	147 967	3 812	144 425	353	7 041
宁夏	3 446	143 642	3 446	143 642	533	12 598
新疆	9 691	268 671	8 484	246 104	1 181	27 509

2-21 公路桥

地区	总计 数量（座）	总计 长度（米）	特大桥 数量（座）	特大桥 长度（米）	大 数量（座）
全国总计	658 126	30 483 094	2 051	3 469 779	49 489
北　京	4 978	367 428	26	48 105	754
天　津	2 873	380 866	77	128 681	537
河　北	33 959	1 837 125	154	254 477	3 204
山　西	11 713	692 701	41	61 506	1 452
内蒙古	13 064	452 008	7	13 135	731
辽　宁	33 078	1 135 260	41	69 645	1 684
吉　林	11 364	408 783	9	13 559	568
黑龙江	17 471	504 003	11	16 734	708
上　海	9 776	565 381	61	134 275	526
江　苏	64 675	2 829 725	178	339 759	3 313
浙　江	44 778	2 238 663	185	381 549	3 135
安　徽	30 439	1 485 313	120	249 662	1 890
福　建	18 616	1 044 382	84	139 539	1 899
江　西	23 395	1 032 237	37	65 836	1 975
山　东	45 054	1 867 966	60	120 384	2 448
河　南	40 764	1 692 923	53	108 136	2 534
湖　北	31 972	1 509 739	149	290 941	2 346
湖　南	32 225	1 051 125	34	56 344	1 789
广　东	42 330	2 340 261	290	470 500	3 211
广　西	14 890	649 291	10	9 278	1 213
海　南	4 458	140 672	2	2 574	167
重　庆	9 722	598 892	68	55 691	1 513
四　川	33 303	1 368 222	66	81 898	2 755
贵　州	12 654	681 759	73	56 743	1 421
云　南	20 941	1 385 759	73	101 485	3 473
西　藏	5 545	147 050	12	7 701	234
陕　西	18 976	1 228 910	93	148 874	2 620
甘　肃	8 114	286 369	10	3 101	591
青　海	3 862	147 967	12	17 978	251
宁　夏	3 446	143 642	9	12 057	218
新　疆	9 691	268 671	6	9 633	329

梁（按跨径分）

桥	中 桥		小 桥	
长度（米）	数量（座）	长度（米）	数量（座）	长度（米）
11 670 425	**142 423**	**7 504 264**	**464 163**	**7 838 625**
193 464	1 319	76 978	2 879	48 881
180 357	886	46 238	1 373	25 591
763 570	7 961	453 362	22 640	365 716
333 100	2 698	159 190	7 522	138 906
149 849	2 098	125 300	10 228	163 723
378 009	5 326	304 111	26 027	383 496
114 570	2 344	135 502	8 443	145 151
147 301	2 845	146 354	13 907	193 613
189 623	2 565	112 092	6 624	129 391
868 751	17 020	803 954	44 164	817 260
833 486	10 069	495 270	31 389	528 358
556 405	5 348	282 501	23 081	396 745
477 118	4 008	213 215	12 625	214 511
440 109	5 630	296 945	15 753	229 348
564 326	10 919	604 611	31 627	578 646
547 742	11 110	554 908	27 067	482 137
545 578	5 043	266 645	24 434	406 575
331 343	5 236	270 731	25 166	392 708
920 446	7 982	443 144	30 847	506 171
244 178	3 741	212 883	9 926	182 952
32 070	1 122	55 724	3 167	50 303
322 446	2 088	109 687	6 053	111 067
525 703	6 889	343 891	23 593	416 730
339 858	2 357	123 009	8 803	162 150
755 865	5 455	316 757	11 940	211 652
28 160	1 153	49 016	4 146	62 174
643 020	4 131	233 768	12 132	203 249
92 056	2 009	102 501	5 504	88 711
47 591	687	37 624	2 912	44 774
44 004	869	48 319	2 350	39 262
60 328	1 515	80 034	7 841	118 677

2-22 公路

地区	公路					
	总计		特长隧道		长隧道	
	数量（处）	长度（米）	数量（处）	长度（米）	数量（处）	长度（米）
全国总计	**7 384**	**5 122 551**	**265**	**1 138 047**	**1 218**	**2 020 802**
北京	96	47 178	4	13 238	9	12 097
天津	2	3 828	–	–	2	3 828
河北	319	204 391	11	43 125	52	79 414
山西	456	321 440	29	126 137	46	75 650
内蒙古	18	8 513	–	–	3	4 820
辽宁	113	86 693	–	–	31	45 888
吉林	79	66 076	–	–	22	38 545
黑龙江	4	4 435	–	–	2	3 350
上海	2	10 757	1	8 955	1	1 802
江苏	12	12 299	1	3 800	4	6 805
浙江	1 273	787 514	23	101 732	201	337 783
安徽	217	158 904	8	25 308	39	69 848
福建	625	580 009	31	120 228	162	272 507
江西	162	133 664	6	25 625	40	64 316
山东	60	56 297	2	7 760	16	27 241
河南	262	88 953	–	–	11	18 743
湖北	413	321 435	36	152 137	53	79 039
湖南	275	136 264	7	31 203	30	45 866
广东	246	196 655	4	13 882	65	109 057
广西	228	106 018	6	20 350	16	26 466
海南	6	5 070	–	–	4	4 490
重庆	468	413 693	31	146 632	84	150 314
四川	372	250 169	14	59 575	63	96 397
贵州	310	239 819	11	41 706	63	113 863
云南	491	295 998	8	26 247	70	129 120
西藏	20	3 583	–	–	1	2 447
陕西	714	492 630	29	158 959	104	158 577
甘肃	97	55 717	2	8 073	14	22 468
青海	32	26 026	1	3 375	8	15 782
宁夏	7	5 139	–	–	1	2 385
新疆	5	3 384	–	–	1	1 894

隧道、渡口

隧 道				公 路 渡 口	
中 隧 道		短 隧 道		总 计 (处)	机动渡口 (处)
数量 (处)	长度 (米)	数量 (处)	长度 (米)		
1 357	963 271	4 544	1 000 432	4 376	1 850
11	7 514	72	14 329	-	-
-	-	-	-	-	-
51	37 968	205	43 883	-	-
85	61 166	296	58 487	-	-
3	2 217	12	1 476	48	31
42	28 322	40	12 482	230	26
30	23 001	27	4 530	40	19
2	1 085	-	-	358	39
-	-	-	-	-	-
1	588	6	1 106	91	39
222	153 489	827	194 509	22	19
49	34 522	121	29 226	1 788	706
147	107 559	285	79 715	14	3
36	25 213	80	18 510	114	39
24	16 369	18	4 928	20	20
41	28 499	210	41 711	62	38
62	45 957	262	44 303	173	140
42	29 550	196	29 645	800	375
58	41 773	119	31 943	71	57
37	23 770	169	35 432	126	74
-	-	2	580	7	5
86	64 147	267	52 600	99	72
66	47 263	229	46 934	169	97
63	44 603	173	39 646	58	8
82	57 394	331	83 237	2	2
-	-	19	1 136	1	-
95	64 795	486	110 299	58	24
15	11 683	66	13 493	8	2
4	2 660	19	4 209	-	-
3	2 163	3	591	15	15
-	-	4	1 490	2	-

2-23 全国公路营

地区	汽车数量合计（辆）	载客汽车 辆	载客汽车 客位	大型 辆	大型 客位	合计 辆	合计 吨位	普通载货汽车 辆	普通载货汽车 吨位
全国总计	11 333 221	831 319	20 170 891	247 750	10 317 935	10 501 902	59 998 178	9 964 252	52 232 319
北京	157 511	31 222	540 650	6 775	310 157	126 289	542 452	113 118	373 473
天津	84 860	8 641	316 418	5 654	247 555	76 219	210 135	70 810	162 213
河北	807 331	30 080	695 413	5 810	222 974	777 251	6 896 355	740 058	6 358 562
山西	390 046	15 431	386 891	3 918	154 907	374 615	3 170 931	366 055	3 071 416
内蒙古	292 914	12 186	347 301	5 032	193 176	280 728	2 189 327	269 759	2 070 038
辽宁	552 332	25 624	653 501	8 586	358 506	526 708	3 083 737	491 609	2 584 939
吉林	250 903	12 916	349 134	4 517	179 919	237 987	1 388 469	228 809	1 282 657
黑龙江	384 346	21 599	536 624	6 965	264 814	362 747	2 190 853	355 031	2 081 223
上海	184 305	20 386	523 564	9 407	431 092	163 919	1 315 505	135 096	683 391
江苏	559 841	39 614	1 455 459	26 634	1 201 427	520 227	3 806 381	471 798	3 132 840
浙江	508 055	42 029	1 285 221	17 545	787 059	466 026	2 057 280	435 712	1 499 770
安徽	472 861	36 815	868 682	8 933	355 761	436 046	2 723 868	417 858	2 504 762
福建	228 029	20 424	497 608	6 383	256 497	207 605	1 190 043	187 774	746 097
江西	253 905	17 711	422 041	4 464	182 150	236 194	1 136 117	226 097	1 031 768
山东	913 756	37 733	997 241	12 277	469 664	876 023	6 639 563	820 861	5 532 061
河南	837 678	49 380	1 312 211	13 428	566 578	788 298	4 867 015	773 125	4 663 566
湖北	346 557	40 883	858 802	8 395	327 041	305 674	1 223 343	290 597	1 052 000
湖南	403 789	43 716	969 152	8 957	358 676	360 073	1 230 984	348 621	1 132 262
广东	902 724	42 249	1 511 024	28 391	1 234 365	860 475	3 373 418	794 316	2 506 924
广西	309 079	32 698	805 256	12 062	476 526	276 381	1 303 677	267 724	1 199 811
海南	53 055	5 871	146 985	2 164	79 379	47 184	156 503	46 099	147 745
重庆	265 530	21 149	503 149	5 065	214 272	244 381	897 658	233 313	801 097
四川	553 660	50 456	1 064 593	7 323	288 036	503 204	1 651 117	484 640	1 460 784
贵州	205 797	27 936	534 309	3 149	135 566	177 861	568 299	172 872	534 108
云南	446 429	47 657	742 422	5 993	228 940	398 772	1 375 819	390 496	1 305 831
西藏	22 859	4 753	88 993	1 002	37 414	18 106	128 162	17 142	116 967
陕西	287 273	29 741	562 639	5 390	210 458	257 532	1 435 950	246 937	1 307 986
甘肃	180 798	17 975	392 267	3 738	145 432	162 823	785 650	156 966	711 689
青海	68 647	5 346	91 400	883	34 409	63 301	295 930	60 292	255 553
宁夏	106 477	5 801	146 246	1 970	83 793	100 676	711 211	97 196	655 023
新疆	301 874	33 297	565 695	6 940	281 392	268 577	1 452 426	253 471	1 265 763

运车辆拥有量

货 汽 车									
大 型		专用载货汽车		专用载货汽车中集装箱车		其他机动车		轮胎式拖拉机	
辆	吨 位	辆	吨 位	辆	TEU	辆	吨 位	辆	吨 位
3 159 885	**42 137 744**	**537 650**	**7 765 859**	**127 913**	**222 704**	**1 776 267**	**1 666 883**	**678 950**	**802 139**
26 868	239 302	13 171	168 979	1 451	2 894	–	–	–	–
6 811	83 471	5 409	47 922	979	1 958	–	–	–	–
312 508	5 680 152	37 193	537 793	1 791	2 814	143 948	137 373	19 504	23 218
182 589	2 775 628	8 560	99 515	36	39	12 959	14 134	1 610	1 895
129 625	1 837 730	10 969	119 289	146	207	25 008	37 375	1 250	1 753
146 809	2 089 429	35 099	498 798	8 013	15 377	134 491	133 170	2 993	8 425
82 546	1 078 153	9 178	105 812	57	80	12 006	13 214	308	1 191
114 665	1 677 703	7 716	109 630	273	280	11 154	14 470	–	–
42 150	513 758	28 823	632 114	15 723	31 049	–	–	–	–
196 135	2 679 796	48 429	673 541	6 214	10 947	71 351	52 323	80 565	79 026
80 806	1 090 859	30 314	557 510	16 398	24 223	4 254	5 809	9 677	9 715
151 825	2 058 403	18 188	219 106	493	810	223 542	243 909	41 028	51 815
40 492	568 570	19 831	443 946	11 491	19 401	5 360	6 599	5 611	5 748
84 181	810 732	10 097	104 349	–	–	74 652	78 295	2 060	1 932
287 091	4 741 637	55 162	1 107 502	21 178	32 553	421 152	360 115	85 662	137 952
276 264	3 822 403	15 173	203 449	494	910	379 360	347 968	124 246	182 453
82 552	739 336	15 077	171 343	194	360	24 652	30 817	6 836	7 736
97 036	755 819	11 452	98 722	–	–	37 312	42 758	20 151	18 746
119 860	1 551 887	66 159	866 494	39 462	73 446	6 144	4 117	13 501	14 003
87 236	957 971	8 657	103 866	824	1 181	57 396	20 026	145 524	142 217
9 870	96 956	1 085	8 758	163	267	8 886	5 051	11 111	9 106
69 487	576 167	11 068	96 561	1 375	2 008	3	3	1 135	1 054
101 009	944 035	18 564	190 333	1 055	1 772	–	–	64 611	59 297
42 599	336 202	4 989	34 191	42	46	–	–	209	222
96 056	876 405	8 276	69 988	–	–	4 868	4 558	32 455	31 739
12 504	108 973	964	11 195	–	–	–	–	–	–
79 531	1 064 751	10 595	127 964	61	82	115 522	110 983	8 900	12 884
60 884	557 242	5 857	73 961	–	–	2 129	3 653	–	–
16 642	198 599	3 009	40 377	–	–	–	–	–	–
40 413	594 365	3 480	56 188	–	–	–	–	–	–
82 841	1 031 310	15 106	186 663	–	–	118	163	3	12

2-24 公路客、货运输量

地 区	客运量（万人）	旅客周转量（万人公里）	货运量（万吨）	货物周转量（万吨公里）
全国总计	3 052 738	150 208 123	2 448 052	433 896 721
北 京	126 130	2 906 492	20 184	1 015 944
天 津	21 883	1 318 057	20 855	2 312 483
河 北	83 289	4 422 457	135 938	40 112 351
山 西	32 606	2 157 019	60 819	9 698 896
内蒙古	19 830	2 182 066	85 162	22 611 243
辽 宁	87 699	3 887 529	127 361	19 303 384
吉 林	58 577	2 695 767	33 013	6 831 449
黑龙江	36 001	2 431 864	40 582	7 624 211
上 海	3 634	1 154 386	40 890	2 659 330
江 苏	215 850	11 965 903	123 500	11 490 560
浙 江	215 708	8 820 351	103 394	12 987 139
安 徽	153 697	10 101 874	183 658	50 049 069
福 建	70 714	3 466 828	45 575	5 783 188
江 西	70 628	3 304 835	88 445	18 501 965
山 东	240 044	12 115 149	264 366	62 167 961
河 南	158 630	10 311 801	183 291	48 606 286
湖 北	96 873	6 313 928	71 020	10 791 335
湖 南	148 235	6 835 771	127 635	15 393 633
广 东	442 224	17 363 411	140 689	17 354 001
广 西	72 208	6 953 214	93 552	11 734 477
海 南	42 785	1 500 274	13 947	908 212
重 庆	122 125	3 510 304	69 438	6 103 137
四 川	230 988	8 022 255	121 017	9 850 652
贵 州	65 452	2 810 190	30 834	2 867 195
云 南	36 230	3 520 960	45 665	5 485 273
西 藏	8 066	227 668	952	265 607
陕 西	87 457	3 839 909	77 123	11 959 134
甘 肃	51 404	2 201 455	24 050	5 240 872
青 海	10 439	502 093	7 962	2 274 730
宁 夏	12 919	653 115	25 453	5 382 659
新 疆	30 413	2 711 198	41 682	6 530 345

2-25 交通拥挤度情况

地区	交通拥挤度				
	国道	国家高速公路	一般国道	省道	高速公路
全国合计	**0.407**	**0.299**	**0.575**	**0.488**	**0.293**
北京	0.710	0.814	0.543	0.592	0.731
天津	0.639	0.575	0.751	0.467	0.378
河北	0.793	0.481	0.875	0.708	0.375
山西	0.538	0.258	0.592	0.560	0.253
内蒙古	0.262	0.258	0.266	0.269	0.257
辽宁	0.366	0.266	0.526	0.376	0.257
吉林	0.244	0.200	0.287	0.223	0.198
黑龙江	0.267	0.204	0.310	0.308	0.198
上海	0.669	0.628	1.036	0.811	0.635
江苏	0.437	0.428	0.470	0.398	0.353
浙江	0.647	0.487	0.797	0.824	0.485
安徽	0.466	0.400	0.604	0.578	0.400
福建	0.233	0.127	0.900	0.569	0.123
江西	0.409	0.265	0.602	0.385	0.251
山东	0.465	0.349	0.630	0.579	0.329
河南	0.298	0.246	0.624	0.272	0.200
湖北	0.475	0.295	0.578	0.401	0.258
湖南	0.420	0.314	0.747	0.540	0.303
广东	0.656	0.451	0.971	0.763	0.470
广西	0.510	0.279	0.773	0.597	0.270
海南	0.517	0.312	1.039	0.764	0.305
重庆	0.215	0.161	0.304	0.253	0.159
四川	0.429	0.352	0.540	0.523	0.365
贵州	0.309	0.212	0.525	0.477	0.215
云南	0.341	0.170	0.682	1.419	0.170
西藏	0.251	-	0.251	0.268	-
陕西	0.336	0.246	0.553	0.475	0.245
甘肃	0.313	0.147	0.486	0.419	0.148
青海	0.192	0.194	0.192	0.113	0.128
宁夏	0.246	0.213	0.365	0.397	0.213
新疆	0.285	0.218	0.329	0.283	0.190

2-26 道路运输

地 区	道路运输经营许可证在册数（张）	道路货物运输经营业户数			
		合 计	普通货运	货物专用运输	集装箱运输
总 计	7 291 540	6 866 345	5 859 074	41 702	9 896
北 京	58 536	51 761	51 156	2 003	503
天 津	22 894	17 563	17 385	871	539
河 北	409 390	344 095	302 589	3 853	91
山 西	237 072	225 896	211 856	115	3
内蒙古	207 956	196 876	195 040	1 615	16
辽 宁	351 154	314 839	312 167	1 943	407
吉 林	173 064	165 119	159 229	442	27
黑龙江	233 103	219 216	212 493	317	64
上 海	48 926	39 019	38 450	1 990	939
江 苏	385 528	373 822	368 753	5 028	1 063
浙 江	319 303	318 558	313 709	3 059	872
安 徽	156 568	146 745	145 842	584	74
福 建	103 737	102 930	102 405	969	732
江 西	134 002	128 097	103 742	275	—
山 东	886 575	873 691	545 476	1 858	956
河 南	698 447	661 662	317 420	1 527	189
湖 北	208 764	188 242	171 694	1 307	131
湖 南	353 248	337 615	307 347	2 374	54
广 东	577 521	554 981	547 353	8 831	2 956
广 西	281 276	269 448	205 575	625	84
海 南	59 872	49 048	29 957	65	12
重 庆	88 487	87 374	86 109	440	107
四 川	388 486	360 939	351 550	790	60
贵 州	119 863	112 683	112 516	16	—
云 南	357 013	322 495	317 406	129	12
西 藏	12 136	11 878	11 810	3	—
陕 西	145 137	137 092	69 636	64	3
甘 肃	58 347	53 801	53 517	123	—
青 海	45 993	42 960	42 645	91	—
宁 夏	66 816	63 341	63 213	7	—
新 疆	102 326	94 559	91 034	388	2

注：2010年，交通运输部建立了城市客运统计报表制度，为避免重复统计，道路运输统计报表制度中的道路旅客运输经营业户统计范围不

经营业户数

(户)		道路旅客运输经营业户数(户)			
大型物件运输	危险货物运输	合　　计	班车客运	旅游客运	包车客运
4 913	9 271	71 228	57 430	1 929	2 061
343	194	101	15	86	-
58	163	377	264	-	142
1 169	545	4 763	4 621	126	42
14	198	674	626	51	-
14	191	1 653	1 619	24	12
131	696	1 586	1 424	-	171
27	247	2 539	2 464	60	19
113	424	4 571	4 480	51	40
56	245	149	44	-	149
1 326	872	905	561	257	376
75	589	745	510	235	-
107	222	4 264	4 198	65	2
19	185	448	283	153	28
35	209	1 210	1 148	45	24
145	718	1 289	1 134	80	102
155	267	1 016	977	43	36
63	260	7 112	6 588	91	216
355	264	10 846	10 683	42	163
38	817	783	477	-	320
180	153	9 451	486	84	116
-	26	125	99	19	3
72	144	598	586	-	15
40	329	1 927	1 872	55	22
4	164	1 081	1 043	39	3
33	137	9 853	8 340	81	20
3	69	65	32	33	-
19	298	297	268	31	-
6	178	255	201	48	2
200	37	985	966	19	-
6	120	81	72	8	9
107	310	1 479	1 349	103	29

包含公共汽电车和出租汽车部分的内容。

2-27 道路运输相

地区	业户合计	站场	客运站	货运站（场）	机动车维修	汽车综合性能检测
总　计	517 536	29 136	25 824	3 317	404 680	1 967
北　京	6 677	27	11	16	6 208	14
天　津	4 971	100	29	71	4 848	23
河　北	18 376	463	181	282	15 142	165
山　西	10 481	207	143	64	9 286	70
内蒙古	15 681	676	618	58	13 362	45
辽　宁	16 005	442	317	125	12 391	65
吉　林	7 870	155	100	55	6 131	59
黑龙江	9 689	878	756	122	7 716	93
上　海	6 186	32	32	0	5 923	18
江　苏	29 681	954	537	417	21 082	89
浙　江	39 973	721	570	151	30 168	79
安　徽	16 748	6 058	5 972	86	9 125	71
福　建	10 058	2 080	2 054	26	7 163	113
江　西	12 184	1 123	1 066	57	9 473	65
山　东	30 423	956	450	506	21 666	148
河　南	36 391	2 253	2 152	101	27 372	91
湖　北	17 695	988	928	60	10 594	74
湖　南	18 697	1 058	1 023	35	14 524	77
广　东	58 099	812	614	198	47 754	131
广　西	20 142	709	599	110	18 453	49
海　南	6 701	85	66	19	4 630	25
重　庆	9 224	297	297	0	8 692	0
四　川	32 296	3 782	3 766	16	25 303	76
贵　州	10 349	553	413	140	8 835	43
云　南	27 267	447	422	30	23 109	70
西　藏	2 074	95	89	6	1 785	11
陕　西	15 136	1 009	988	21	11 248	47
甘　肃	8 880	586	521	65	6 773	29
青　海	2 325	114	114	0	1 767	17
宁　夏	6 470	137	133	4	5 120	17
新　疆	10 787	1 339	863	476	9 037	93

关业务经营业户数

单位：户

机动车驾驶员培训	汽车租赁	其他	客运代理	物流服务	货运代办	信息配载
9 492	2 937	75 805	997	16 536	31 944	22 006
0	427	1	1	0	0	0
0	0	0	0	0	0	0
438	70	2 352	6	484	783	1 015
240	0	678	0	252	190	218
316	2	1 426	4	214	574	419
392	204	2 548	20	287	665	1 749
316	8	1 257	12	223	231	775
247	20	822	93	23	198	508
175	38	0	0	0	0	0
576	49	9 045	11	801	3 908	1 919
540	370	8 095	57	1 701	4 828	1 469
192	58	1 346	35	773	161	346
455	47	212	37	61	104	1
342	27	1 732	26	630	757	296
517	89	7 228	62	1 875	1 427	3 726
635	0	6 040	90	1 530	1 428	3 001
358	59	5 828	78	1 011	2 674	1 137
483	5	2 811	53	523	1 509	925
667	55	9 168	73	2 883	7 022	411
334	0	840	31	194	412	237
49	73	2 051	9	473	171	3
235	0	0	0	0	0	0
382	241	3 434	185	780	1 770	987
185	0	746	9	121	420	196
346	364	2 977	16	161	1 342	587
36	7	140	6	32	79	23
342	505	1 997	23	1 355	347	264
274	112	1 432	47	109	513	763
53	18	369	0	12	40	193
56	89	1 103	2	22	285	792
311	0	127	11	6	106	46

2-28 道路客

地区	客运线路条数（条）					
	合计	高速公路客运线路	跨省线路	跨地（市）线路	跨县线路	县内线路
总计	168 247	22 749	16 107	35 594	35 097	81 449
北京	1 111	484	803	-	49	259
天津	896	155	494	177	-	225
河北	9 198	394	1 796	1 143	2 726	3 533
山西	5 201	571	685	863	1 055	2 598
内蒙古	5 566	231	817	879	1 367	2 503
辽宁	7 023	540	476	1 594	1 849	3 104
吉林	5 964	223	354	775	1 079	3 756
黑龙江	8 681	204	255	1 579	1 882	4 965
上海	1 577	944	1 577	-	-	-
江苏	8 598	725	2 742	3 073	1 210	1 573
浙江	8 713	691	2 502	1 314	746	4 151
安徽	10 243	824	2 349	1 808	1 345	4 741
福建	5 071	1 045	938	1 085	1 053	1 995
江西	6 420	440	1 103	1 062	822	3 433
山东	10 674	2 411	1 606	2 996	2 406	3 666
河南	9 985	809	2 179	2 269	1 973	3 564
湖北	8 797	1 077	1 205	1 832	1 591	4 169
湖南	11 474	1 336	1 815	2 235	2 754	4 670
广东	8 438	3 805	2 483	3 454	831	1 670
广西	7 148	1 368	1 782	1 557	1 487	2 322
海南	620	286	161	80	157	222
重庆	4 077	717	729	-	928	2 420
四川	10 221	1 466	901	1 303	2 036	5 981
贵州	6 330	627	692	787	1 356	3 495
云南	5 681	494	312	976	978	3 415
西藏	340	-	15	64	110	151
陕西	5 758	433	656	937	1 221	2 944
甘肃	4 231	265	379	699	950	2 203
青海	686	22	91	144	101	350
宁夏	2 022	108	278	310	259	1 175
新疆	3 609	54	38	599	776	2 196

运线路班次

客运线路平均日发班次（班次 / 日）					
合　计	高速公路客运线路	跨省线路	跨地（市）线路	跨县线路	县内线路
1 835 651	**98 116**	**60 205**	**184 291**	**375 338**	**1 215 829**
2 066	1 215	2 066	–	–	–
9 618	188	832	2 932	–	5 854
63 502	2 167	6 432	5 174	18 234	33 662
29 587	1 867	1 161	3 353	7 197	17 877
14 411	375	1 218	1 876	4 046	7 271
47 516	1 541	513	4 498	12 744	29 762
32 752	694	555	2 288	8 043	21 867
35 025	509	522	3 396	12 911	18 196
3 719	2 135	3 719	–	–	–
77 311	2 017	3 696	7 724	12 000	53 891
247 975	2 891	4 590	11 555	35 689	196 141
78 858	1 677	3 435	6 134	12 850	56 440
58 348	2 213	870	3 741	18 712	35 025
51 553	1 302	1 584	4 378	10 227	35 364
88 811	6 528	3 058	12 889	25 219	47 645
121 283	1 724	3 807	12 716	23 914	80 847
77 358	5 662	2 535	9 866	15 196	49 761
100 165	1 731	1 878	4 243	25 760	68 285
117 939	33 928	5 967	34 934	21 510	55 528
101 653	4 445	3 561	11 610	23 931	62 551
12 578	2 908	206	3 814	1 905	6 653
80 625	3 928	1 929	–	11 988	66 708
122 150	6 744	1 930	11 009	22 517	86 694
59 437	3 059	1 172	4 143	13 043	41 080
61 498	2 529	559	4 505	7 537	48 898
619	–	11	200	192	217
52 263	2 049	956	6 180	9 918	35 210
23 734	922	725	2 360	5 351	15 297
6 814	361	248	1 304	652	4 611
9 235	408	453	1 420	2 779	4 584
47 248	399	17	6 049	11 273	29 910

2-29 道路运输从业人员数

单位：人

地区	合计	道路货物运输	道路旅客运输	站（场）经营从业人员	机动车维修经营从业人员	汽车综合性能检测站从业人员	机动车驾驶员培训从业人员	汽车租赁从业人员	其他相关业务经营从业人员
总 计	24 555 185	17 393 497	3 011 005	464 862	2 605 082	41 812	590 260	32 502	416 165
北 京	291 257	185 957	18 354	1 489	82 235	305	–	2 910	7
天 津	364 633	274 830	20 735	2 186	66 547	335	–	0	0
河 北	1 318 302	1 079 355	79 157	16 798	81 358	3 569	42 628	212	15 225
山 西	869 727	714 077	41 395	9 035	84 636	1 255	14 034	0	5 295
内蒙古	659 678	445 056	128 936	8 074	57 506	625	16 526	6	2 949
辽 宁	1 227 552	938 802	148 356	10 377	107 168	1 628	13 195	3 763	4 263
吉 林	476 609	359 783	56 759	7 522	35 807	633	13 045	16	3 044
黑龙江	628 783	488 435	44 225	11 069	70 373	1 182	9 025	1 900	2 574
上 海	512 743	407 993	16 847	2 029	55 910	503	17 122	12 339	0
江 苏	1 283 027	899 461	179 905	20 993	131 085	1 956	34 216	308	15 103
浙 江	1 133 204	649 824	224 003	42 301	158 850	3 723	31 656	2 063	20 784
安 徽	889 233	650 917	128 509	19 798	68 619	1 723	13 634	436	5 597
福 建	436 735	273 508	68 099	8 716	56 309	1 349	28 207	234	313
江 西	631 751	457 266	72 298	11 684	57 588	849	11 120	102	20 844
山 东	2 309 108	1 851 017	139 567	55 330	162 218	2 640	42 316	522	55 498
河 南	2 675 056	2 022 325	205 119	46 045	204 899	5 455	27 288	0	163 925
湖 北	736 742	486 821	126 500	25 356	67 930	944	26 737	197	2 257
湖 南	757 071	498 493	112 554	24 830	75 138	1 170	19 216	502	25168
广 东	1 436 642	879 546	173 489	32 664	289 394	2 790	43 461	844	14 454
广 西	1 045 841	595 124	315 373	14 459	59 706	893	52 532	0	7 754
海 南	135 232	60 972	32 941	2 453	21 836	256	3 981	891	11 902
重 庆	486 290	330 889	88 174	8 374	49 524	–	9 329	0	0
四 川	1 138 084	738 648	173 614	23 000	162 488	3 035	27 566	870	8 863
贵 州	377 000	213 804	74 414	16 252	48 460	1 077	20 454	0	2 539
云 南	721 065	522 450	68 091	9 567	91 010	1 041	18 624	1 536	8 746
西 藏	63 492	30 067	15 421	2 422	14 356	94	722	33	377
陕 西	642 072	421 979	86 794	10 535	82 300	424	31 775	2 051	6 214
甘 肃	381 921	237 358	61 405	10 726	54 129	515	8 242	537	9 009
青 海	141 193	104 922	11 048	1 230	20 496	411	2 065	53	968
宁 夏	207 348	166 517	16 115	1 945	17 048	334	3 059	177	2 153
新 疆	577 794	407 301	82 808	7 603	70 159	1 098	8 485	0	340

注：2010年，交通运输部建立了城市客运统计报表制度，为避免重复统计，道路运输统计报表制度中的从业人员统计范围不包含公共汽电车和出租汽车部分的内容。

2-30 汽车维修业及汽车综合性能检测站

单位：户

地 区	机 动 车 维 修 业 户 数				
	合计	一类汽车维修	二类汽车维修	三类汽车维修	摩托车维修
总 计	404 680	11 727	57 642	250 390	82 825
北 京	6 208	680	1 968	3 499	61
天 津	4 848	181	1 016	3 593	58
河 北	15 142	264	2 458	10 082	2 141
山 西	9 286	225	1 444	7 164	453
内蒙古	13 362	276	1 142	10 880	999
辽 宁	12 391	840	3 297	7 533	721
吉 林	6 131	124	835	4 898	274
黑龙江	7 716	266	1 225	5 817	404
上 海	5 923	179	2 007	2 893	844
江 苏	21 082	1 355	3 850	11 175	4 672
浙 江	30 168	946	3 346	17 779	8 097
安 徽	9 125	228	1 606	5 439	1 852
福 建	7 163	343	1 462	3 386	1 972
江 西	9 473	251	1 180	5 492	2 527
山 东	21 666	492	4 297	13 810	2 551
河 南	27 372	691	2 709	18 643	5 329
湖 北	10 594	589	1 664	6 825	1 456
湖 南	14 524	638	2 498	8 233	3 031
广 东	47 754	922	4 962	22 692	18 700
广 西	18 453	168	1 545	9 224	7 267
海 南	4 630	40	289	1 975	2 326
重 庆	8 692	283	1 365	5 704	1 338
四 川	25 303	636	3 791	15 967	4 812
贵 州	8 835	305	1 065	6 554	911
云 南	23 109	299	1 707	15 687	5 394
西 藏	1 785	66	232	1 219	268
陕 西	11 248	256	1 830	6 749	2 232
甘 肃	6 773	108	941	5 132	589
青 海	1 767	33	294	1 097	342
宁 夏	5 120	16	340	4 272	460
新 疆	9 037	27	1 277	6 977	744

2-30 （续表一）

地 区	机动车维修业年完成主要工作量（辆次、台次）					
	合计	整车修理	总成修理	二级维护	专项修理	维修救援
总　计	251 512 088	1 894 224	6 258 064	31 749 852	186 063 145	2 969 851
北　京	11 783 658	7 662	23 659	450 311	11 128 201	173 825
天　津	3 820 505	62 255	120 862	1 241 813	2 395 575	–
河　北	5 899 986	40 637	206 136	1 372 985	4 236 724	77 370
山　西	4 223 960	18 151	98 475	738 162	3 369 172	57 875
内蒙古	4 676 401	40 562	189 043	432 921	3 924 819	8 639
辽　宁	19 449 938	96 811	572 087	1 198 295	16 606 824	43 102
吉　林	4 629 184	13 743	47 435	382 996	3 987 151	18 146
黑龙江	6 684 187	42 556	511 521	613 078	5 262 355	28 048
上　海	7 623 268	4 642	4 078	188 343	575 132	–
江　苏	22 724 001	76 821	370 766	2 198 638	18 971 626	216 066
浙　江	29 848 448	55 368	242 591	2 227 119	19 026 538	335 570
安　徽	3 074 080	7 164	406 751	981 931	1 622 931	53 303
福　建	3 613 493	35 107	130 669	1 021 211	2 372 634	57 927
江　西	3 151 745	35 416	162 617	869 879	1 995 992	45 795
山　东	15 109 727	290 444	650 048	2 327 706	11 516 645	289 949
河　南	10 972 289	214 676	462 136	3 314 779	6 767 149	252 176
湖　北	6 661 411	162 831	248 182	2 230 651	3 869 779	115 742
湖　南	5 245 993	72 966	221 967	1 175 773	3 648 270	69 172
广　东	13 007 879	185 847	407 128	1 529 788	10 402 674	109 190
广　西	7 200 494	88 090	66 506	609 106	5 986 250	38 238
海　南	3 381 512	13 614	57 667	152 331	2 970 761	159 204
重　庆	2 409 021	50 281	139 414	480 925	1 669 571	68 733
四　川	26 116 142	120 328	382 141	2 561 176	18 298 613	457 868
贵　州	4 872 812	24 535	114 575	492 198	4 060 955	55 773
云　南	14 131 742	53 430	163 854	904 703	12 827 789	136 107
西　藏	141 123	1 602	4 363	61 532	71 434	2 158
陕　西	3 516 774	22 149	47 875	587 053	2 790 306	23 630
甘　肃	2 383 412	8 938	55 380	494 366	1 749 088	23 984
青　海	849 578	8 390	49 808	168 169	616 836	8 771
宁　夏	1 977 877	5 446	21 021	184 561	1 737 580	6 117
新　疆	2 331 448	33 762	79 309	557 353	1 603 771	37 373

2-30（续表二）

地 区	汽车综合性能检测站数量合计（个）	汽车综合性能检测站年完成检测量（辆次）						
		合计	维修竣工检测	等级评定检测	维修质量监督检测	其他检测	排放检测	质量仲裁检测
总　　计	1 967	24 772 406	12 957 091	8 934 664	798 851	2 566 139	1 961 350	12 762
北　京	14	176 789	84 704	89 983	2 102	–	–	–
天　津	23	171 208	–	77 197	94 011	–	–	–
河　北	165	1 677 991	936 246	581 085	95 662	101 344	64 143	4 702
山　西	70	576 437	309 605	232 281	6 452	28 099	23 042	7
内蒙古	45	585 327	295 309	225 541	2 608	59 000	58 017	730
辽　宁	65	741 525	96 948	485 237	11 271	148 428	138 632	–
吉　林	59	407 792	172 223	205 389	3 249	19 688	16 098	21
黑龙江	93	562 906	290 830	211 647	46 767	20 102	3 211	1 306
上　海	18	252 988	239 467	144 878	–	2 205	19	–
江　苏	89	1 706 243	1 068 447	339 832	22 522	274 546	170 457	72
浙　江	79	1 142 624	561 897	445 146	24 086	369 789	369 203	1 054
安　徽	71	1 058 467	668 449	369 725	7 983	12 310	–	15
福　建	113	664 341	463 357	200 603	380	41 988	41 988	–
江　西	65	344 822	129 925	199 919	6 834	8 166	5 418	78
山　东	148	2 885 258	1 557 107	919 373	84 594	393 688	247 371	1 958
河　南	91	3 392 851	1 879 624	826 359	42 285	367 773	358 519	757
湖　北	74	769 731	377 538	271 691	19 816	77 531	40 186	163
湖　南	77	1 095 855	614 961	284 468	36 512	135 768	100 552	400
广　东	131	1 513 634	792 344	710 912	37 517	184 721	165 350	434
广　西	49	494 471	243 705	173 896	19 835	59 437	8 213	7
海　南	25	239 717	99 571	46 741	20 895	19 451	19 307	400
重　庆	–	–	–	–	–	–	–	–
四　川	76	1 271 015	592 645	554 165	65 471	130 758	68 636	83
贵　州	43	218 941	57 132	135 119	17 646	11 220	6 050	–
云　南	70	994 155	595 562	389 864	2 188	3 984	–	–
西　藏	11	70 976	31 022	20 599	2	19 896	–	420
陕　西	47	371 310	171 466	186 396	18 468	3 058	202	35
甘　肃	29	245 760	62 523	168 477	11 729	3 469	3 309	–
青　海	17	178 968	103 042	65 008	10 450	1 848	898	91
宁　夏	17	117 790	20 927	84 573	6 692	11 998	11 554	–
新　疆	93	842 514	440 515	288 560	80 824	55 874	40 975	29

2-31 2010年、2009年

地区	货物运输					
	年运输量合计		出境		年出入境辆次	年C种许可证使用量
	吨	吨公里	吨	吨公里	辆次	张
2010年总计	**29 630 905**	**1646 701 359**	**7 438 824**	**785 285 230**	**1 228 677**	**361 982**
内蒙	18 002 856	783 713 787	1 418 274	50 996 372	393 497	64 871
辽宁	367 030	734 060	367 030	–	34 950	–
吉林	1 347 940	16 614 444	164 023	9 110 685	48 707	5 268
黑龙江	1 104 181	49 653 339	870 333	41 193 620	74 735	27 304
广西	692 813	6 479 180	692 813	6 479 180	13 635	13 635
云南	5 664 593	164 598 378	1 887 231	102 333 452	491 079	146 746
西藏	–	–	–	–	–	–
新疆	2 451 492	624 908 171	2 039 120	575 171 921	172 074	104 158
2009年总计	**15 564 796**	**993 306 782**	**6 940 876**	**642 508 595**	**987 913**	**470 736**
内蒙	6 490 451	264 933 528	1 195 366	27 635 011	164 497	220 147
辽宁	386 650	773 300	386 650	773 300	33 050	–
吉林	841 500	25 354 398	169 512	7 840 149	74 418	8 599
黑龙江	1 112 469	52 368 416	763 805	36 058 394	86 561	65 000
广西	660 056	6 172 842	660 056	6 172 842	13 000	13 000
云南	4 007 096	113 842 413	1 861 533	63 789 356	452 405	90 355
西藏	–	–	–	–	–	–
新疆	2 066 574	529 861 885	1 903 954	500 239 543	163 982	73 635

出入境汽车运输对比表

旅客运输						
年运输量合计		出境		年出入境辆次	年A种许可证使用量	年B种许可证使用量
人次	人公里	人次	人公里	辆次	张	张
7 801 351	**347 082 720**	**3 960 655**	**197 393 633**	**527 486**	**1 595**	**49 435**
2 291 690	45 065 596	1 053 688	26 919 651	109 314	100	18 930
28 040	56 080	28 040	56 080	3 135	–	–
364 424	20 847 390	173 444	9 799 470	14 075	32	728
1 373 063	77 205 703	654 925	54 165 228	44 765	91	4 028
120 493	4 217 255	120 493	4 217 255	–	–	–
2 968 274	82 764 386	1 604 237	43 564 003	322 560	10	20 349
–	–	–	–	–	–	–
655 367	116 926 310	325 828	58 671 946	33 637	1 362	5 400
7 864 308	**324 382 411**	**4 242 627**	**158 230 794**	**555 536**	**2 147**	**75 614**
2 048 675	36 541 157	1 083 283	11 328 482	132 703	123	49 603
41 500	83 000	41 500	83 000	2 925	–	–
297 688	21 027 918	146 695	10 312 689	13 209	16	794
1 798 985	71 353 102	864 036	32 340 156	57 796	400	6 500
117 551	4 074 452	117 551	4 074 452	–	–	–
2 843 174	85 966 338	1 627 163	47 371 516	313 504	100	15 361
–	–	–	–	–	–	–
716 735	105 336 444	362 399	52 720 499	35 399	1 508	3 356

2-32 出入境汽车运输——分国

行政区名称	货物运输					
	年运输量合计		出境		年出入境辆次	年C种许可证使用量
	吨	吨公里	吨	吨公里	辆次	张
中俄小计	**1 561 299**	**106 263 504**	**1 187 474**	**87 458 437**	**131 993**	**53 590**
黑龙江	1 104 181	49 653 339	870 333	41 193 620	74 735	27 304
吉　林	90 118	5 407 080	35 761	2 145 660	9 682	4 813
内蒙古	367 000	51 203 085	281 380	44 119 157	47 576	21 473
中朝小计	**1 611 202**	**9 484 424**	**481 642**	**4 508 025**	**73 520**	**–**
吉　林	1 244 172	8 750 364	114 612	4 508 025	38 570	–
辽　宁	367 030	734 060	367 030	–	34 950	–
中蒙小计	**18 052 512**	**771 956 880**	**1 233 669**	**14 759 083**	**365 632**	**53 368**
内蒙古	17 635 856	732 510 702	1 136 894	6 877 215	345 921	43 398
新　疆	403 006	36 989 178	83 125	5 424 868	19 256	9 515
中越小计	**1 919 218**	**15 195 736**	**1 412 174**	**11 686 403**	**92 392**	**64 840**
广　西	692 813	6 479 180	692 813	6 479 180	13 635	13 635
云　南	1 226 405	8 716 556	719 361	5 207 223	78 757	51 205
中　哈	**1 135 200**	**242 915 075**	**1 092 436**	**241 788 280**	**98 487**	**67 999**
中　吉	**762 686**	**248 095 350**	**714 360**	**231 841 200**	**44 466**	**21 742**
中　塔	**113 864**	**77 769 112**	**113 487**	**77 511 621**	**6 808**	**3 372**
中　巴	**36 736**	**19 139 456**	**35 712**	**18 605 952**	**3 057**	**1 530**
中　老	**2 465 616**	**45 530 380**	**210 606**	**32 529 850**	**95 541**	**95 541**
中　缅	**1 972 572**	**110 351 442**	**957 264**	**64 596 379**	**316 781**	**–**
中　尼	**–**	**–**	**–**	**–**	**–**	**–**
内地与港澳	**99 908 309**	**15 553 980 474**	**59 228 843**	**8 761 011 816**	**16 989 598**	**–**
广　西	30 996	30 891 304	30 996	30 891 304	631	–
广　东	99 877 313	15 523 089 170	59 197 847	8 730 120 512	16 988 967	–

家（特别行政区）运输完成情况

旅客运输				年出入境辆次	年A种许可证使用量	年B种许可证使用量
年运输量合计		出境				
人次	人公里	人次	人公里	辆次	张	张
1 882 549	**102 729 747**	**920 730**	**71 828 087**	**82 681**	**173**	**14 702**
1 373 063	77 205 703	654 925	54 165 228	44 765	91	4 028
196 822	11 043 300	96 267	5 312 160	8 146	32	728
312 664	14 480 744	169 538	12 350 699	29 770	50	9 946
195 642	**9 860 170**	**105 217**	**4 543 390**	**9 064**	—	—
167 602	9 804 090	77 177	4 487 310	5 929	—	—
28 040	56 080	28 040	56 080	3 135	—	—
2 054 567	**35 753 299**	**921 391**	**17 119 707**	**84 833**	**52**	**11 627**
1 979 026	30 584 852	884 150	14 568 952	79 544	50	8 984
75 541	5 168 447	37 241	2 550 755	5 289	2	2 643
126 548	**4 763 178**	**125 559**	**4 460 423**	**3 424**	—	**3 176**
120 493	4 217 255	120 493	4 217 255	—	—	—
6 055	545 923	5 066	243 168	3 424	—	3 176
560 853	**103 593 288**	**279 097**	**52 098 220**	**26 518**	**1 206**	**1 832**
11 852	4 433 800	6 231	2 311 100	843	129	567
128	87 424	86	58 738	34	6	28
6 993	3 643 351	3 173	1 653 133	953	19	330
105 194	18 429 050	50 201	7 831 638	19 411	10	17 173
2 857 025	63 789 413	1 548 970	35 489 197	299 725	—	—
—	—	—	—	—	—	—
11 059 152	**2 150 364 535**	**5 299 534**	**902 830 494**	**535 729**	—	—
20 000	8 000 000	20 000	8 000 000	360	—	—
11 039 152	2 142 364 535	5 279 534	894 830 494	535 369	—	—

2-33 出入境汽车运输

行政区名称	货物运输					
	年运输量合计		出境		年出入境辆次	年C种许可证使用量
	吨	吨公里	吨	吨公里	辆次	张
中俄小计	**299 841**	**14 616 522**	**194 989**	**8 904 933**	**23 313**	**9 695**
黑龙江	252 627	11 783 682	193 852	8 836 713	16 446	6 260
吉 林	1 412	84 720	1 041	62 460	179	100
内蒙古	45 802	2 748 120	96	5 760	6 688	3 335
中朝小计	**1 589 006**	**8 902 805**	**474 287**	**4 337 809**	**72 344**	**–**
吉 林	1 221 976	8 168 745	107 257	4 337 809	37 394	–
辽 宁	367 030	734 060	367 030	–	34 950	–
中蒙小计	**8 146 811**	**191 265 110**	**554 022**	**4 902 428**	**251 678**	**10 742**
内蒙古	7 875 687	166 563 965	528 273	1 690 770	244 827	7 031
新 疆	257 474	22 244 145	12 099	754 658	6 396	3 256
中越小计	**1 414 594**	**11 855 453**	**1 412 174**	**11 686 403**	**61 483**	**47 862**
广 西	692 813	6 479 180	692 813	6 479 180	13 635	13 635
云 南	721 781	5 376 273	719 361	5 207 223	47 848	34 227
中 哈	**168 251**	**59 115 517**	**168 251**	**59 115 517**	**14 987**	**11 670**
中 吉	**452 829**	**145 229 350**	**446 363**	**143 289 550**	**27 825**	**13 248**
中 塔	**85 816**	**58 612 328**	**85 736**	**58 557 688**	**4 614**	**2 275**
中 巴	**35 712**	**18 605 952**	**35 712**	**18 605 952**	**2 802**	**1 426**
中 老	**2 292 274**	**24 000 770**	**116 475**	**19 127 400**	**80 139**	**80 099**
中 缅	**1 020 199**	**77 925 754**	**724 631**	**54 487 953**	**194 793**	**–**
中 尼	**–**	**–**	**–**	**–**	**–**	**–**
内地与港澳	**1 391 318**	**157 754 948**	**1 323 302**	**151 411 766**	**346 769**	**–**
广 西	30 996	30 891 304	30 996	30 891 304	631	–
广 东	1 360 322	126 863 644	1 292 306	120 520 462	346 138	–

——中方完成运输情况

旅客运输						
年运输量合计				年出入境辆次	年A种许可证使用量	年B种许可证使用量
		出境				
人次	人公里	人次	人公里	辆次	张	张
663 614	**55 776 068**	**361 581**	**44 806 064**	**43 370**	**88**	**10 166**
484 435	51 583 467	247 891	42 335 674	20 855	52	2 233
57 561	3 155 940	34 407	1 902 720	2 968	16	172
121 618	1 036 661	79 283	567 670	19 547	20	7 761
147 913	**7 031 680**	**87 459**	**3 532 630**	**8 491**	**–**	**–**
119 873	6 975 600	59 419	3 476 550	5 356	–	–
28 040	56 080	28 040	56 080	3 135	–	–
806 405	**13 514 225**	**350 276**	**5 567 711**	**10 225**	**15**	**5 857**
796 080	12 725 294	344 953	5 160 946	10 108	13	5 794
10 325	788 931	5 323	406 765	117	2	63
125 559	**4 460 423**	**125 559**	**4 460 423**	**3 312**	**–**	**3 157**
120 493	4 217 255	120 493	4 217 255	–	–	–
5 066	243 168	5 066	243 168	3 312	–	3 157
193 630	**60 841 458**	**96 277**	**31 002 671**	**8 111**	**506**	**–**
6 819	**2 687 700**	**3 842**	**1 479 400**	**611**	**34**	**567**
116	**79 228**	**84**	**57 372**	**31**	**5**	**26**
2 086	**1 086 806**	**1 616**	**841 936**	**210**	**12**	**16**
48 732	**9 420 800**	**27 633**	**4 424 525**	**10 553**	**10**	**10 543**
1 393 898	**34 415 039**	**989 977**	**28 246 153**	**152 447**	**–**	**–**
–	**–**	**–**	**–**	**–**	**–**	**–**
1 651 568	**260 941 913**	**917 362**	**147 118 052**	**83 013**	**–**	**–**
20 000	8 000 000	20 000	8 000 000	360	–	–
1 631 568	252 941 913	897 362	139 118 052	82 653	–	–

主要统计指标解释

公路里程 指报告期末公路的实际长度。计算单位：公里。公路里程包括城间、城乡间、乡（村）间能行驶汽车的公共道路，公路通过城镇街道的里程，公路桥梁长度、隧道长度、渡口宽度。不包括城市街道里程，农（林）业生产用道路里程，工（矿）企业等内部道路里程和断头路里程。公路里程按已竣工验收或交付使用的实际里程计算。

公路里程一般按以下方式分组：

（1）按公路行政等级分为国道、省道、县道、乡道、专用公路和村道里程。

（2）按是否达到公路工程技术标准分为的等级公路里程和等外公路里程。等级公路里程按技术等级分为高速公路、一级公路、二级公路、三级公路、四级公路里程。

（3）按公路路面类型分为有铺装路面、简易铺装路面和未铺装路面。有铺装路面含沥青混凝土、水泥混凝土路面。

公路养护里程 指报告期内对公路工程设施进行经常性或季节性养护和修理的公路里程数。凡进行养护的公路，不论工程量大小、养护方式如何，均纳入统计，包括拨给补助费由群众养护的公路里程。计算单位：公里。

公路密度 指报告期末一定区域内单位国土面积或人口所拥有的公路里程数。一般地，按国土面积计算，计算单位：公里/百平方公里；按人口计算，计算单位：公里/万人。

公路通达率 指报告期末一定区域内已通公路的行政区占本区域全部行政区的比重。计算单位：%。行政区一般指乡镇或建制村。

公路桥梁数量 指报告期末公路桥梁的实际数量。计算单位：座。按桥梁的跨径分为特大桥、大桥、中桥、小桥数量。

公路隧道数量 指报告期末公路隧道的实际数量。计算单位：处。按隧道长度分为特长隧道、长隧道、中隧道和短隧道数量。

公路营运车辆拥有量 指报告期末在各地交通运输管理部门登记注册的从事公路运输的车辆实有数量。计算单位：辆。

客运量 指报告期内运输车辆实际运送的旅客人数。计算单位：人。

旅客周转量 指报告期内运输车辆实际运送的每位旅客与其相应运送距离的乘积之和。计算单位：人公里。

货运量 指报告期内运输车辆实际运送的货物重量。计算单位：吨。

货物周转量 指报告期内运输车辆实际运送的每批货物重量与其相应运送距离的乘积之和。计算单位：吨公里。

道路运输行业经营业户数 指报告期末持有道路运政管理机构核发的有效道路运输经营许可证，从事道路运输经营活动的业户数量。计算单位：户。一般按道路运输经营许可证核定的经营范围分为道路货物运输、道路旅客运输、道路运输相关业务经营业户数。

交通拥挤度 指混合当量数与适应交通量的比值。

交通量计算单位使用标准小客车当量数，换算系数关系详见下表所示。

当量小客车换算系数		当量中型货车换算系数	
车 型	标准小客车当量换算系数	车 型	标准小客车当量换算系数
小型载货汽车	1.0	小型载货汽车	1.0
中型载货汽车	1.5	中型载货汽车	1.0
大型载货汽车	2.0	大型载货汽车	1.0
特大型载货汽车	3.0		
拖挂车	3.0	载货拖挂车	1.5
集装箱车	3.0		
小型客车	1.0	小型客车	0.5
大型客车	1.5	大型客车	1.0
摩托车	1.0		
拖拉机	4.0	大、小型拖拉机	1.0
畜力车	4.0	畜力车	2.0
人力车	1.0	人力车	0.5
自行车	0.2	自行车	0.1

三、水路运输

简 要 说 明

一、本篇资料反映我国水路基础设施、运输装备和水路运输发展的基本情况。主要包括：内河航道通航里程、运输船舶拥有量、水路旅客运输量、货物运输量、海上交通事故和搜救活动等。

二、水路运输按船舶航行区域分为内河、沿海和远洋运输。

三、本资料内河航道通航里程为年末通航里程，不含在建和未正式投入使用的航道里程，根据各省航道管理部门资料整理，由各省（区、市）交通运输厅（局、委）提供。

四、运输船舶拥有量根据各省航运管理部门登记的船舶资料整理，由各省（区、市）交通运输厅（局、委）提供。

五、水路运输量通过抽样调查和全面调查相结合的方法，按运输工具经营权和到达量进行统计，范围原则上为所有在交通运输主管部门审批备案，从事营业性旅客和货物运输生产的船舶。

六、船舶拥有量和水路运输量中不分地区是指国内运输企业的驻外机构船舶拥有量及其承运的第三国货物运输量。

七、海上险情及搜救活动统计范围是：由中国海上搜救中心、各省（区、市）海上搜救中心组织、协调或参与的搜救活动。表中"江河干流"指长江、西江、黑龙江干流；"险情等级"的划分主要根据遇险人数划定：死亡或失踪3人以下的为一般险情，3～9人为较大险情，10～29人为重大险情，30人及以上为特大险情，具体内容参见《国家海上搜救应急措施》——海上突发事件险情分级。

3-1　全国内河航道通航里程数（按技术等级分）

单位：公里

地区	总计	等级航道								等外航道
		合计	一级	二级	三级	四级	五级	六级	七级	
全国总计	124 242	62 290	1 385	3 008	4 887	7 802	8 177	18 806	18 226	61 952
北　京	-	-	-	-	-	-	-	-	-	-
天　津	88	88	-	-	-	47	-	42	-	-
河　北	-	-	-	-	-	-	-	-	-	-
山　西	467	139	-	-	-	-	118	21	-	328
内蒙古	2 403	2 380	-	-	-	555	201	1 070	555	23
辽　宁	413	413	-	-	56	-	140	217	-	-
吉　林	1 456	1 381	-	-	64	227	654	312	124	75
黑龙江	5 098	4 723	-	967	864	1 185	490	-	1 217	375
上　海	2 226	845	177	-	43	119	65	314	128	1 381
江　苏	24 228	7 649	370	429	469	758	1 061	2 162	2 400	16 579
浙　江	9 703	4 832	14	12	181	1 102	529	1 509	1 484	4 871
安　徽	5 596	5 006	343	-	394	380	647	2 536	707	589
福　建	3 245	1 269	108	20	52	188	280	46	574	1 977
江　西	5 638	2 349	78	-	248	-	273	590	1 160	3 289
山　东	1 150	1 035	-	-	272	72	60	392	238	115
河　南	1 267	1 150	-	-	-	178	264	431	278	117
湖　北	8 260	5 792	229	688	124	621	1 065	1 778	1 286	2 468
湖　南	11 495	4 126	-	80	497	417	395	1 520	1 217	7 369
广　东	11 844	4 306	57	1	736	299	264	669	2 280	7 538
广　西	5 433	3 352	-	295	277	358	65	1 619	740	2 080
海　南	343	76	9	-	-	7	1	22	37	267
重　庆	4 331	1 801	-	515	372	99	231	126	458	2 530
四　川	10 720	3 825	-	-	224	605	612	811	1 572	6 896
贵　州	3 442	2 094	-	-	-	243	326	941	584	1 348
云　南	2 877	2 206	-	-	14	342	212	863	776	671
西　藏	-	-	-	-	-	-	-	-	-	-
陕　西	1 066	558	-	-	-	-	9	300	248	508
甘　肃	914	381	-	-	-	-	217	13	152	533
青　海	421	409	-	-	-	-	-	409	-	12
宁　夏	117	105	-	-	-	-	-	94	11	12
新　疆	-	-	-	-	-	-	-	-	-	-

3-2 全国内河航道通航里程数（按水系分）

单位：公里

地区	总计	长江水系	长江干流	珠江水系	黄河水系	黑龙江水系	京杭运河	闽江水系	淮河水系	其他水系
全国总计	124 242	64 046	2 811	15 989	3 477	8 211	1 439	1 973	17 246	13 224
北京	-	-	-	-	-	-	-	-	-	-
天津	88	-	-	-	-	-	15	-	-	88
河北	-	-	-	-	-	-	-	-	-	-
山西	467	-	-	-	467	-	-	-	-	-
内蒙古	2 403	-	-	-	939	1 401	-	-	-	63
辽宁	413	-	-	-	-	256	-	-	-	157
吉林	1 456	-	-	-	-	1 456	-	-	-	-
黑龙江	5 098	-	-	-	-	5 098	-	-	-	-
上海	2 226	2 226	123	-	-	-	-	-	-	-
江苏	24 228	10 877	370	-	-	-	763	-	13 310	9
浙江	9 703	3 178	-	-	-	-	175	-	-	6 482
安徽	5 596	3 095	343	-	-	-	-	-	2 450	51
福建	3 245	-	-	-	-	-	-	1 973	-	1 272
江西	5 638	5 638	78	-	-	-	-	-	-	-
山东	1 150	-	-	-	198	-	486	-	903	49
河南	1 267	186	-	-	499	-	-	-	583	-
湖北	8 260	8 260	918	-	-	-	-	-	-	-
湖南	11 495	11 463	80	32	-	-	-	-	-	-
广东	11 844	-	-	8 277	-	-	-	-	-	3 567
广西	5 433	105	-	5 328	-	-	-	-	-	-
海南	343	-	-	343	-	-	-	-	-	-
重庆	4 331	4 331	675	-	-	-	-	-	-	-
四川	10 720	10 716	224	-	4	-	-	-	-	-
贵州	3 442	2 108	-	1 334	-	-	-	-	-	-
云南	2 877	939	-	676	-	-	-	-	-	1 263
西藏	-	-	-	-	-	-	-	-	-	-
陕西	1 066	738	-	-	328	-	-	-	-	-
甘肃	914	187	-	-	705	-	-	-	-	23
青海	421	-	-	-	231	-	-	-	-	190
宁夏	117	-	-	-	107	-	-	-	-	10
新疆	-	-	-	-	-	-	-	-	-	-

注：京杭运河航道里程中含长江等其他水系里程1 362公里。

3-3 全国内河航道通航里程数（按水域类型分）

单位：公里

地 区	总 计	天然河流及渠化河段航道	限制性航道	宽浅河流航道	山区急流河段航道	湖区航道	库区航道
全国总计	124 242	64 695	36 121	6 061	4 241	3 531	9 593
北 京	-	-	-	-	-	-	-
天 津	88	88	-	-	-	-	-
河 北	-	-	-	-	-	-	-
山 西	467	453	-	-	14	-	-
内蒙古	2 403	839	-	1 149	14	364	37
辽 宁	413	413	-	-	-	-	-
吉 林	1 456	572	-	165	102	-	617
黑龙江	5 098	36	-	4 734	85	176	67
上 海	2 226	263	1 963	-	-	-	-
江 苏	24 228	692	23 292	14	-	231	-
浙 江	9 703	1 763	7 007	-	-	10	923
安 徽	5 596	4 402	315	-	-	570	309
福 建	3 245	2 747	53	-	305	-	140
江 西	5 638	4 613	61	-	111	426	427
山 东	1 150	331	555	-	-	264	-
河 南	1 267	772	-	-	-	-	494
湖 北	8 260	4 704	1 550	-	502	538	966
湖 南	11 495	9 180	607	-	302	413	993
广 东	11 844	10 980	670	-	-	-	194
广 西	5 433	5 420	-	-	4	-	9
海 南	343	268	-	-	-	-	75
重 庆	4 331	3 179	16	-	356	6	775
四 川	10 720	8 626	32	-	453	51	1 558
贵 州	3 442	2 955	-	-	16	-	471
云 南	2 877	40	-	-	1 569	281	986
西 藏	-	-	-	-	-	-	-
陕 西	1 066	1 036	-	-	-	-	30
甘 肃	914	207	-	-	370	-	337
青 海	421	12	-	-	36	190	184
宁 夏	117	105	-	-	2	10	-
新 疆	-	-	-	-	-	-	-

3-4 各水系内河航道通航里程数（按技术等级分）

单位：公里

技术等级	总计	长江水系	长江干流	珠江水系	黄河水系	黑龙江水系	京杭运河	淮河水系	闽江水系	其他水系
全国总计	124 242	64 046	2 811	15 989	3 477	8 211	1 439	17 246	1 973	13 224
等级航道	62 290	29 023	2 811	8 135	2 374	7 761	1 247	8 300	897	5 730
一级航道	1 385	1 197	1 143	9	–	–	–	–	50	129
二级航道	3 008	1 284	1 284	296	–	967	404	429	14	18
三级航道	4 887	1 736	384	1 027	73	967	205	908	–	177
四级航道	7 802	2 756	–	1 041	–	1 908	278	866	167	1 020
五级航道	8 177	4 053	–	405	519	1 344	102	1 053	210	586
六级航道	18 806	8 823	–	2 652	1 568	782	183	3 260	13	1 691
七级航道	18 226	9 174	–	2 705	214	1 793	76	1 785	444	2 109
等外航道	61 952	35 023	–	7 854	1 103	450	192	8 945	1 076	7 493

注：京杭运河航道里程中含长江等其他水系里程 1 362 公里。

3-5 各水域类型内河航道通航里程数（按技术等级分）

单位：公里

地区	总计	天然河流及渠化河段航道	限制性航道	宽浅河流航道	山区急流河段航道	湖区航道	库区航道
全国总计	124 242	64 695	36 121	6 061	4 241	3 531	9 593
等级航道	62 290	34 307	12 361	5 739	1 740	2 319	5 825
一级航道	1 385	1 385	–	–	–	–	–
二级航道	3 008	1 291	429	882	85	–	321
三级航道	4 887	3 284	565	928	34	39	36
四级航道	7 802	4 100	1 338	1 449	28	425	463
五级航道	8 177	3 950	1 781	743	306	357	1 039
六级航道	18 806	10 500	4 256	252	772	764	2 262
七级航道	18 226	9 797	3 991	1 486	515	733	1 704
等外航道	61 952	30 388	23 760	322	2 501	1 212	3 768

3-6　全国内河航道枢纽及通航建筑物数（按行政区域分）

地区	枢纽数量（处）		通航建筑物数量（座）			
		具有通航功能	船闸	升船机	正常使用	
					船闸	升船机
全国总计	4 177	2 352	860	43	603	19
北　京	-	-	-	-	-	-
天　津	6	6	5	-	1	-
河　北	9	9	3	-	2	-
山　西	1	-	-	-	-	-
内蒙古	2	-	-	-	-	-
辽　宁	4	2	1	-	1	-
吉　林	5	-	-	-	-	-
黑龙江	2	-	-	-	-	-
上　海	102	95	58	-	52	-
江　苏	686	581	107	1	105	1
浙　江	316	289	49	17	44	10
安　徽	96	48	41	-	35	-
福　建	148	29	20	1	12	1
江　西	83	22	19	2	11	1
山　东	42	19	15	-	11	-
河　南	35	3	3	-	-	-
湖　北	167	55	38	4	35	-
湖　南	483	148	131	12	46	3
广　东	1 208	877	200	-	149	-
广　西	130	40	38	3	18	3
海　南	2	-	-	-	-	-
重　庆	165	44	45	-	33	-
四　川	365	80	85	-	47	-
贵　州	92	4	1	2	-	-
云　南	10	1	1	-	1	-
西　藏	-	-	-	-	-	-
陕　西	3	1	-	1	-	-
甘　肃	15	-	-	-	-	-
青　海	2	-	-	-	-	-
宁　夏	1	-	-	-	-	-
新　疆	-	-	-	-	-	-

3-7 全国水路

地区	轮驳船总计					一、机		
	艘数（艘）	净载重量（吨位）	载客量（客位）	集装箱位（TEU）	功率（千瓦）	艘数（艘）	净载重量（吨位）	载客量（客位）
全国总计	178 407	180 408 565	1 003 655	1 324 433	53 304 379	155 624	168 985 654	1 001 395
北　京	–	–	–	–	–	–	–	–
天　津	436	9 639 201	3 118	2 303	2 009 622	419	9 493 702	3 118
河　北	131	3 115 465	–	262	441 991	128	3 111 485	–
山　西	249	3 462	3 079	–	14 042	249	3 462	3 079
内蒙古	–	–	–	–	–	–	–	–
辽　宁	553	7 202 722	26 034	7 496	1 343 359	542	7 162 711	26 034
吉　林	871	38 638	18 044	–	37 634	842	22 988	18 044
黑龙江	1 564	240 373	22 819	–	117 762	1 205	25 167	22 819
上　海	2 069	29 735 947	94 262	944 442	11 094 110	1 951	29 568 628	94 262
江　苏	49 091	28 847 733	28 857	24 341	7 792 861	38 347	24 532 403	28 857
浙　江	21 439	18 125 787	72 693	14 406	5 695 657	20 498	18 004 797	72 693
安　徽	29 186	20 755 882	15 666	10 023	6 921 099	27 041	19 960 494	15 666
福　建	2 751	5 691 611	26 839	84 261	1 826 587	2 407	5 680 841	26 839
江　西	4 221	1 980 342	11 811	2 022	650 120	4 184	1 962 782	11 811
山　东	11 297	11 901 271	52 345	24 216	2 468 644	6 249	7 991 681	52 345
河　南	5 043	3 604 931	9 836	–	1 176 057	4 916	3 565 860	9 836
湖　北	5 502	6 805 322	36 815	3 506	1 786 816	4 634	5 698 208	36 815
湖　南	7 269	1 983 918	69 601	3 380	813 452	7 226	1 952 058	69 511
广　东	8 816	11 436 385	65 960	99 502	4 205 432	8 793	11 407 067	65 960
广　西	8 800	5 140 009	112 138	48 760	1 485 400	8 793	5 133 871	112 138
海　南	497	747 403	18 724	17 810	613 512	497	747 403	18 724
重　庆	4 368	4 213 822	117 985	34 444	1 172 106	3 941	3 838 140	117 985
四　川	8 414	791 559	109 538	3 249	363 347	7 350	728 746	109 538
贵　州	2 210	108 581	37 009	–	124 813	2 090	97 782	36 629
云　南	882	69 244	16 704	10	80 328	880	69 080	16 704
西　藏	–	–	–	–	–	–	–	–
陕　西	1 326	28 064	17 391	–	40 904	1 208	26 917	17 240
甘　肃	540	2 983	11 145	–	27 788	495	2 615	9 506
青　海	73	–	1 256	–	8 997	73	–	1 256
宁　夏	711	1 144	3 986	–	26 993	568	–	3 986
新　疆	–	–	–	–	–	–	–	–
不分地区	98	8 196 766	–	–	964 946	98	8 196 766	–

三、水路运输

运输工具拥有量

动 船		1. 客 船			2. 客 货 船				
集装箱位（TEU）	功率（千瓦）	艘数（艘）	载客量（客位）	功率（千瓦）	艘数（艘）	净载重量（吨位）	载客量（客位）	集装箱位（TEU）	功率（千瓦）
1 321 359	53 304 379	21 542	894 021	1 808 040	508	228 091	107 374	2 549	643 131
–	–	–	–	–	–	–	–	–	–
2 303	2 009 622	56	2 719	12 690	1	1 200	399	161	9 922
262	441 991	–	–	–	–	–	–	–	–
–	14 042	233	3 000	10 304	4	14	79	–	103
–	–	–	–	–	–	–	–	–	–
7 496	1 343 359	51	8 637	26 549	26	31 804	17 397	130	143 729
–	37 634	714	18 044	29 552	–	–	–	–	–
–	117 762	607	20 334	48 296	62	1 785	2 485	–	7 235
942 838	11 094 110	191	88 581	99 727	20	6 306	5 681	814	57 021
24 341	7 792 861	257	18 283	29 686	57	25 268	10 574	–	32 158
14 406	5 695 657	1 229	70 460	247 995	11	155	2 233	–	3 546
10 023	6 921 099	538	15 666	25 953	–	–	–	–	–
84 111	1 826 587	582	25 517	88 694	6	8 114	1 322	256	22 230
1 926	650 120	357	11 811	17 470	–	–	–	–	–
24 216	2 468 644	1 016	29 024	179 859	34	97 474	23 321	1 164	224 999
–	1 176 057	600	9 836	34 961	–	–	–	–	–
3 506	1 786 816	679	35 470	91 820	5	3 475	1 345	–	3 214
3 380	813 452	2 349	69 451	83 292	2	4	60	–	52
98 846	4 205 432	592	54 573	240 503	38	24 029	11 387	–	44 987
48 760	1 485 400	2 725	110 731	104 094	5	2 555	1 407	–	5 796
17 810	613 512	293	8 003	36 346	21	23 716	10 721	24	63 845
33 876	1 172 106	1 385	103 444	148 206	44	348	14 541	–	19 082
3 249	363 347	3 267	109 538	81 499	–	–	–	–	–
–	124 813	1 349	36 629	61 239	–	–	–	–	–
10	80 328	623	15 013	24 813	75	187	1 691	–	2 871
–	–	–	–	–	–	–	–	–	–
–	40 904	791	15 152	24 086	77	667	2 088	–	943
–	27 788	419	8 863	24 944	20	990	643	–	1 398
–	8 997	73	1 256	8 997	–	–	–	–	–
–	26 993	566	3 986	26 465	–	–	–	–	–
–	–	–	–	–	–	–	–	–	–
–	964 946	–	–	–	–	–	–	–	–

地区	3. 货船				集装箱船			
	艘数（艘）	净载重量（吨位）	集装箱位（TEU）	功率（千瓦）	艘数（艘）	净载重量（吨位）	集装箱位（TEU）	功率（千瓦）
全国总计	130 276	168 544 227	1 318 810	49 442 489	2 244	15 585 229	1 181 562	9 433 132
北 京	–	–	–	–	–	–	–	–
天 津	276	9 492 502	2 142	1 601 522	6	22 369	2 142	25 244
河 北	128	3 111 485	262	441 991	1	5 000	262	1 765
山 西	12	2 936	–	3 635	–	–	–	–
内蒙古	–	–	–	–	–	–	–	–
辽 宁	461	7 130 904	7 366	1 164 795	10	92 522	4 736	39 474
吉 林	110	16 376	–	3 970	–	–	–	–
黑龙江	353	17 383	–	19 365	–	–	–	–
上 海	1 666	29 481 050	942 024	10 827 537	454	11 622 480	940 176	7 628 451
江 苏	36 731	24 486 206	24 341	7 454 461	148	518 692	22 592	190 310
浙 江	19 101	17 996 689	14 406	5 364 894	38	224 916	14 406	102 697
安 徽	26 292	19 959 342	10 023	6 843 713	38	76 806	5 285	28 756
福 建	1 765	5 672 342	83 855	1 712 374	84	487 555	29 256	204 662
江 西	3 815	1 962 782	1 926	630 424	24	39 093	1 926	9 208
山 东	4 630	7 887 872	23 052	1 846 829	21	328 752	20 831	151 649
河 南	4 293	3 565 126	–	1 137 749	–	–	–	–
湖 北	3 653	5 694 733	3 506	1 552 477	11	30 408	1 539	10 542
湖 南	4 837	1 949 476	3 380	721 700	33	47 233	3 380	14 606
广 东	8 115	11 335 556	98 846	3 874 230	935	1 134 062	71 888	637 902
广 西	6 060	5 131 300	48 760	1 374 492	221	277 559	11 335	81 090
海 南	183	722 408	17 786	513 321	11	81 207	14 673	119 739
重 庆	2 482	3 824 072	33 876	992 384	186	538 807	33 876	174 858
四 川	3 928	728 746	3 249	267 829	22	57 528	3 249	11 812
贵 州	716	97 782	–	58 564	–	–	–	–
云 南	180	59 537	10	52 248	1	240	10	367
西 藏	–	–	–	–	–	–	–	–
陕 西	335	20 192	–	15 593	–	–	–	–
甘 肃	56	664	–	1 446	–	–	–	–
青 海	–	–	–	–	–	–	–	–
宁 夏	–	–	–	–	–	–	–	–
新 疆	–	–	–	–	–	–	–	–
不分地区	98	8 196 766	–	964 946	–	–	–	–

(续表一)

			4. 拖　船		二、驳　船			
油　船								
艘数（艘）	净载重量（吨位）	功率（千瓦）	艘数（艘）	功率（千瓦）	艘数（艘）	净载重量（吨位）	载客量（客位）	集装箱位（TEU）
4 457	**19 634 070**	**3 832 388**	**3 298**	**1 410 719**	**22 783**	**11 422 911**	**2 260**	**3 074**
–	–	–	–	–	–	–	–	–
47	98 071	46 776	86	385 488	17	145 499	–	–
1	2 000	1 617	–	–	3	3 980	–	–
–	–	–	–	–	–	–	–	–
–	–	–	–	–	–	–	–	–
83	5 680 266	656 416	4	8 286	11	40 011	–	–
–	–	–	18	4 112	29	15 650	–	–
2	1 000	736	183	42 866	359	215 206	–	–
296	5 851 484	1 045 895	74	109 825	118	167 319	–	1 604
2 021	5 035 223	916 280	1 302	276 556	10 744	4 315 330	–	–
632	1 359 721	433 127	157	79 222	941	120 990	–	–
441	206 621	85 021	211	51 433	2 145	795 388	–	–
91	220 245	74 558	54	3 289	344	10 770	–	150
68	137 268	50 562	12	2 226	37	17 560	–	96
62	113 759	59 496	569	216 957	5 048	3 909 590	–	–
–	–	–	23	3 347	127	39 071	–	–
143	119 298	39 157	297	139 305	868	1 107 114	–	–
33	29 674	10 394	38	8 408	43	31 860	90	–
389	530 559	249 733	48	45 712	23	29 318	–	656
54	67 110	50 989	3	1 018	7	6 138	–	–
27	86 112	73 980	–	–	–	–	–	–
32	56 804	13 623	30	12 434	427	375 682	–	568
33	38 445	23 080	155	14 019	1 064	62 813	–	–
–	–	–	25	5 010	120	10 799	380	–
2	410	948	2	396	2	164	–	–
–	–	–	–	–	–	–	–	–
–	–	–	5	282	118	1 147	151	–
–	–	–	–	–	45	368	1 639	–
–	–	–	–	–	–	–	–	–
–	–	–	2	528	143	1 144	–	–
–	–	–	–	–	–	–	–	–
–	–	–	–	–	–	–	–	–

3-8 远洋运输

地区	轮驳船总计					一、机		
	艘数（艘）	净载重量（吨位）	载客量（客位）	集装箱位（TEU）	功率（千瓦）	艘数（艘）	净载重量（吨位）	载客量（客位）
全国总计	2 213	56 261 250	20 350	1 010 679	15 008 575	2 204	56 242 582	20 350
北京	-	-	-	-	-	-	-	-
天津	107	5 844 679	399	1 860	923 344	107	5 844 679	399
河北	12	1 854 535	-	-	179 610	12	1 854 535	-
山西	-	-	-	-	-	-	-	-
内蒙古	-	-	-	-	-	-	-	-
辽宁	72	5 515 409	599	1 173	627 735	72	5 515 409	599
吉林	-	-	-	-	-	-	-	-
黑龙江	-	-	-	-	-	-	-	-
上海	382	19 342 532	856	893 334	8 662 844	382	19 342 532	856
江苏	91	4 889 346	-	3 955	810 090	91	4 889 346	-
浙江	27	2 072 180	-	1 206	268 650	27	2 072 180	-
安徽	2	9 153	-	-	3 236	2	9 153	-
福建	96	1 303 048	1 546	13 602	340 935	96	1 303 048	1 546
江西	4	22 400	-	-	9 542	4	22 400	-
山东	59	2 437 507	4 051	4 050	397 078	58	2 427 907	4 051
河南	-	-	-	-	-	-	-	-
湖北	7	518 800	-	-	60 000	7	518 800	-
湖南	3	146 669	-	-	22 452	3	146 669	-
广东	1 093	3 710 235	11 543	79 221	1 522 453	1 085	3 701 167	11 543
广西	124	161 018	1 356	5 780	66 471	124	161 018	1 356
海南	28	191 431	-	3 826	119 388	28	191 431	-
重庆	8	45 542	-	2 672	29 801	8	45 542	-
四川	-	-	-	-	-	-	-	-
贵州	-	-	-	-	-	-	-	-
云南	-	-	-	-	-	-	-	-
西藏	-	-	-	-	-	-	-	-
陕西	-	-	-	-	-	-	-	-
甘肃	-	-	-	-	-	-	-	-
青海	-	-	-	-	-	-	-	-
宁夏	-	-	-	-	-	-	-	-
新疆	-	-	-	-	-	-	-	-
不分地区	98	8 196 766	-	-	964 946	98	8 196 766	-

工具拥有量

动船		1.客船			2.客货船				
集装箱位（TEU）	功率（千瓦）	艘数（艘）	载客量（客位）	功率（千瓦）	艘数（艘）	净载重量（吨位）	载客量（客位）	集装箱位（TEU）	功率（千瓦）
1 010 551	**15 008 575**	**40**	**13 762**	**156 477**	**11**	**61 321**	**6 588**	**2 525**	**157 184**
–	–	–	–	–	–	–	–	–	–
1 860	923 344	–	–	–	1	1 200	399	161	9 922
–	179 610	–	–	–	–	–	–	–	–
–	–	–	–	–	–	–	–	–	–
1 173	627 735	–	–	–	1	7 807	599	130	8 823
–	–	–	–	–	–	–	–	–	–
893 334	8 662 844	–	–	–	3	5 500	856	814	42 960
3 955	810 090	–	–	–	–	–	–	–	–
1 206	268 650	–	–	–	–	–	–	–	–
–	3 236	–	–	–	–	–	–	–	–
13 602	340 935	4	863	8 880	1	6 045	683	256	20 286
–	9 542	–	–	–	–	–	–	–	–
4 050	397 078	–	–	–	5	40 769	4 051	1 164	75 193
–	–	–	–	–	–	–	–	–	–
–	60 000	–	–	–	–	–	–	–	–
–	22 452	–	–	–	–	–	–	–	–
79 093	1 522 453	34	11 543	129 509	–	–	–	–	–
5 780	66 471	2	1 356	18 088	–	–	–	–	–
3 826	119 388	–	–	–	–	–	–	–	–
2 672	29 801	–	–	–	–	–	–	–	–
–	–	–	–	–	–	–	–	–	–
–	–	–	–	–	–	–	–	–	–
–	–	–	–	–	–	–	–	–	–
–	–	–	–	–	–	–	–	–	–
–	–	–	–	–	–	–	–	–	–
–	964 946	–	–	–	–	–	–	–	–

地区	3.货船				集装箱船			
	艘数（艘）	净载重量（吨位）	集装箱位（TEU）	功率（千瓦）	艘数（艘）	净载重量（吨位）	集装箱位（TEU）	功率（千瓦）
全国总计	2 148	56 169 307	1 008 026	14 691 867	1 117	12 051 045	972 437	8 078 157
北　京	–	–	–	–	–	–	–	–
天　津	106	5 843 479	1 699	913 422	5	13 848	1 699	19 819
河　北	12	1 854 535	–	179 610	–	–	–	–
山　西	–	–	–	–	–	–	–	–
内蒙古	–	–	–	–	–	–	–	–
辽　宁	71	5 507 602	1 043	618 912	3	13 532	1 043	4 204
吉　林	–	–	–	–	–	–	–	–
黑龙江	–	–	–	–	–	–	–	–
上　海	379	19 337 032	892 520	8 619 884	256	10 798 064	890 932	7 338 628
江　苏	91	4 889 346	3 955	810 090	5	47 450	3 955	30 288
浙　江	27	2 072 180	1 206	268 650	3	22 849	1 206	12 713
安　徽	2	9 153	–	3 236	–	–	–	–
福　建	91	1 297 002	13 346	311 769	33	151 913	9 961	75 483
江　西	4	22 400	–	9 542	–	–	–	–
山　东	53	2 387 138	2 886	321 885	7	39 382	2 886	26 153
河　南	–	–	–	–	–	–	–	–
湖　北	7	518 800	–	60 000	–	–	–	–
湖　南	3	146 669	–	22 452	–	–	–	–
广　东	1 046	3 689 215	79 093	1 389 897	723	840 842	53 102	512 561
广　西	122	161 017	5 780	48 383	74	95 984	4 268	29 680
海　南	28	191 431	3 826	119 388	2	5 046	713	4 268
重　庆	8	45 542	2 672	29 801	6	22 135	2 672	24 360
四　川	–	–	–	–	–	–	–	–
贵　州	–	–	–	–	–	–	–	–
云　南	–	–	–	–	–	–	–	–
西　藏	–	–	–	–	–	–	–	–
陕　西	–	–	–	–	–	–	–	–
甘　肃	–	–	–	–	–	–	–	–
青　海	–	–	–	–	–	–	–	–
宁　夏	–	–	–	–	–	–	–	–
新　疆	–	–	–	–	–	–	–	–
不分地区	98	8 196 766	–	964 946	–	–	–	–

(续表一)

油 船			4. 拖 船		二、驳 船			
艘数（艘）	净载重量（吨位）	功率（千瓦）	艘数（艘）	功率（千瓦）	艘数（艘）	净载重量（吨位）	载客量（客位）	集装箱位（TEU）
162	14 733 577	1 941 984	5	3 047	9	18 668	–	128
–	–	–	–	–	–	–	–	–
–	–	–	–	–	–	–	–	–
–	–	–	–	–	–	–	–	–
–	–	–	–	–	–	–	–	–
33	5 409 717	568 013	–	–	–	–	–	–
–	–	–	–	–	–	–	–	–
–	–	–	–	–	–	–	–	–
61	5 168 100	771 863	–	–	–	–	–	–
51	4 089 055	561 107	–	–	–	–	–	–
–	–	–	–	–	–	–	–	–
–	–	–	–	–	–	–	–	–
–	–	–	–	–	–	–	–	–
–	–	–	–	–	1	9 600	–	–
–	–	–	–	–	–	–	–	–
–	–	–	–	–	–	–	–	–
–	–	–	–	–	–	–	–	–
11	56 132	26 139	5	3 047	8	9 068	–	128
6	10 573	14 862	–	–	–	–	–	–
–	–	–	–	–	–	–	–	–
–	–	–	–	–	–	–	–	–
–	–	–	–	–	–	–	–	–
–	–	–	–	–	–	–	–	–
–	–	–	–	–	–	–	–	–
–	–	–	–	–	–	–	–	–
–	–	–	–	–	–	–	–	–
–	–	–	–	–	–	–	–	–
–	–	–	–	–	–	–	–	–

3-9 沿海运输

地区	轮驳船总计					一、机		
	艘数（艘）	净载重量（吨位）	载客量（客位）	集装箱位（TEU）	功率（千瓦）	艘数（艘）	净载重量（吨位）	载客量（客位）
全国总计	10 473	49 788 701	158 239	185 761	14 060 220	10 389	49 480 550	158 239
北　京	–	–	–	–	–	–	–	–
天　津	246	3 777 308	–	443	1 059 996	229	3 631 809	–
河　北	119	1 260 930	–	262	262 381	116	1 256 950	–
山　西	–	–	–	–	–	–	–	–
内蒙古	–	–	–	–	–	–	–	–
辽　宁	479	1 687 149	25 435	6 323	715 300	468	1 647 138	25 435
吉　林	–	–	–	–	–	–	–	–
黑龙江	–	–	–	–	–	–	–	–
上　海	517	9 755 466	996	36 748	2 098 527	506	9 700 350	996
江　苏	839	4 650 107	346	14 233	1 206 447	838	4 641 007	346
浙　江	3 654	12 718 946	37 001	13 119	3 442 031	3 637	12 695 752	37 001
安　徽	347	1 085 867	–	2 131	325 385	347	1 085 867	–
福　建	1 223	4 069 875	15 898	70 659	1 223 427	1 219	4 063 448	15 898
江　西	47	156 989	–	–	58 420	47	156 989	–
山　东	794	2 255 863	35 906	20 166	954 802	788	2 249 903	35 906
河　南	–	–	–	–	–	–	–	–
湖　北	597	1 916 091	–	–	609 023	597	1 916 091	–
湖　南	–	–	–	–	–	–	–	–
广　东	682	4 471 676	22 523	6 639	1 163 516	675	4 458 950	22 523
广　西	564	1 427 642	4 082	1 054	453 615	557	1 421 504	4 082
海　南	365	554 792	16 052	13 984	487 350	365	554 792	16 052
重　庆	–	–	–	–	–	–	–	–
四　川	–	–	–	–	–	–	–	–
贵　州	–	–	–	–	–	–	–	–
云　南	–	–	–	–	–	–	–	–
西　藏	–	–	–	–	–	–	–	–
陕　西	–	–	–	–	–	–	–	–
甘　肃	–	–	–	–	–	–	–	–
青　海	–	–	–	–	–	–	–	–
宁　夏	–	–	–	–	–	–	–	–
新　疆	–	–	–	–	–	–	–	–

工具拥有量

动 船		1. 客 船			2. 客货船				
集装箱位（TEU）	功率（千瓦）	艘数（艘）	载客量（客位）	功率（千瓦）	艘数（艘）	净载重量（吨位）	载客量（客位）	集装箱位（TEU）	功率（千瓦）
185 083	**14 060 220**	**1 222**	**97 916**	**446 517**	**124**	**132 829**	**60 323**	**24**	**403 339**
–	–	–	–	–	–	–	–	–	–
443	1 059 996	–	–	–	–	–	–	–	–
262	262 381	–	–	–	–	–	–	–	–
6 323	715 300	51	8 637	26 549	25	23 997	16 798	–	134 906
–	–	–	–	–	–	–	–	–	–
36 748	2 098 527	3	996	9 293	–	–	–	–	–
14 233	1 206 447	5	346	455	–	–	–	–	–
13 119	3 442 031	182	36 268	175 850	8	155	733	–	3 040
2 131	325 385	–	–	–	–	–	–	–	–
70 509	1 223 427	259	15 259	49 085	5	2 069	639	–	1 944
–	58 420	–	–	–	–	–	–	–	–
20 166	954 802	346	16 636	66 543	29	56 705	19 270	–	149 806
–	–	–	–	–	–	–	–	–	–
–	609 023	–	–	–	–	–	–	–	–
6 111	1 163 516	109	11 568	74 826	33	23 926	10 955	–	44 398
1 054	453 615	76	2 675	13 948	5	2 555	1 407	–	5 796
13 984	487 350	191	5 531	29 968	19	23 422	10 521	24	63 449

3-9

地区	3.货船				集装箱船			
	艘数（艘）	净载重量（吨位）	集装箱位（TEU）	功率（千瓦）	艘数（艘）	净载重量（吨位）	集装箱位（TEU）	功率（千瓦）
全国总计	8 805	49 321 640	185 059	12 529 537	314	2 007 869	126 357	869 745
北　京	–	–	–	–	–	–	–	–
天　津	143	3 631 809	443	674 508	1	8 521	443	5 425
河　北	116	1 256 950	262	262 381	1	5 000	262	1 765
山　西	–	–	–	–	–	–	–	–
内蒙古	–	–	–	–	–	–	–	–
辽　宁	388	1 623 138	6 323	545 559	7	78 990	3 693	35 270
吉　林	–	–	–	–	–	–	–	–
黑龙江	–	–	–	–	–	–	–	–
上　海	475	9 692 048	36 748	2 015 951	88	632 283	36 748	219 144
江　苏	815	4 640 335	14 233	1 194 078	55	248 783	13 136	88 407
浙　江	3 428	12 687 956	13 119	3 196 950	31	200 046	13 119	88 808
安　徽	347	1 085 867	2 131	325 385	9	15 830	1 623	7 444
福　建	952	4 061 378	70 509	1 170 518	51	335 642	19 295	129 179
江　西	47	156 989	–	58 420	–	–	–	–
山　东	363	2 189 191	20 166	643 808	14	289 370	17 945	125 496
河　南	–	–	–	–	–	–	–	–
湖　北	597	1 916 091	–	609 023	–	–	–	–
湖　南	–	–	–	–	–	–	–	–
广　东	505	4 429 965	6 111	1 006 034	43	98 221	5 375	45 135
广　西	474	1 418 946	1 054	432 989	5	19 022	758	8 201
海　南	155	530 977	13 960	393 933	9	76 161	13 960	115 471
重　庆	–	–	–	–	–	–	–	–
四　川	–	–	–	–	–	–	–	–
贵　州	–	–	–	–	–	–	–	–
云　南	–	–	–	–	–	–	–	–
西　藏	–	–	–	–	–	–	–	–
陕　西	–	–	–	–	–	–	–	–
甘　肃	–	–	–	–	–	–	–	–
青　海	–	–	–	–	–	–	–	–
宁　夏	–	–	–	–	–	–	–	–
新　疆	–	–	–	–	–	–	–	–

(续表一)

			4. 拖　船		二、驳　船			
油　船								
艘数（艘）	净载重量（吨位）	功率（千瓦）	艘数（艘）	功率（千瓦）	艘数（艘）	净载重量（吨位）	载客量（客位）	集装箱位（TEU）
1 115	**3 248 634**	**1 198 746**	**238**	**680 827**	**84**	**308 151**	**–**	**678**
–	–	–	–	–	–	–	–	–
24	83 489	39 436	86	385 488	17	145 499	–	–
1	2 000	1 617	–	–	3	3 980	–	–
–	–	–	–	–	–	–	–	–
–	–	–	–	–	–	–	–	–
50	270 549	88 403	4	8 286	11	40 011	–	–
–	–	–	–	–	–	–	–	–
–	–	–	–	–	–	–	–	–
63	542 514	210 395	28	73 283	11	55 116	–	–
34	149 284	61 163	18	11 914	1	9 100	–	–
591	1 347 495	426 664	19	66 191	17	23 194	–	–
12	17 233	6 154	–	–	–	–	–	–
83	219 768	74 055	3	1 880	4	6 427	–	150
22	101 523	38 930	–	–	–	–	–	–
62	113 759	59 496	50	94 645	6	5 960	–	–
–	–	–	–	–	–	–	–	–
37	47 623	15 369	–	–	–	–	–	–
–	–	–	–	–	–	–	–	–
80	232 007	99 940	28	38 258	7	12 726	–	528
35	45 851	18 006	2	882	7	6 138	–	–
21	75 539	59 118	–	–	–	–	–	–
–	–	–	–	–	–	–	–	–
–	–	–	–	–	–	–	–	–
–	–	–	–	–	–	–	–	–
–	–	–	–	–	–	–	–	–
–	–	–	–	–	–	–	–	–
–	–	–	–	–	–	–	–	–
–	–	–	–	–	–	–	–	–
–	–	–	–	–	–	–	–	–
–	–	–	–	–	–	–	–	–
–	–	–	–	–	–	–	–	–

3-10 内河运输

地区	轮驳船总计					一、机		
	艘数（艘）	净载重量（吨位）	载客量（客位）	集装箱位（TEU）	功率（千瓦）	艘数（艘）	净载重量（吨位）	载客量（客位）
全国总计	165 721	74 358 614	825 066	127 993	24 235 584	143 031	63 262 522	822 806
北 京	-	-	-	-	-	-	-	-
天 津	83	17 214	2 719	-	26 282	83	17 214	2 719
河 北	-	-	-	-	-	-	-	-
山 西	249	3 462	3 079	-	14 042	249	3 462	3 079
内蒙古	-	-	-	-	-	-	-	-
辽 宁	2	164	-	-	324	2	164	-
吉 林	871	38 638	18 044	-	37 634	842	22 988	18 044
黑龙江	1 564	240 373	22 819	-	117 762	1 205	25 167	22 819
上 海	1 170	637 949	92 410	14 360	332 739	1 063	525 746	92 410
江 苏	48 161	19 308 280	28 511	6 153	5 776 324	37 418	15 002 050	28 511
浙 江	17 758	3 334 661	35 692	81	1 984 976	16 834	3 236 865	35 692
安 徽	28 837	19 660 862	15 666	7 892	6 592 478	26 692	18 865 474	15 666
福 建	1 432	318 688	9 395	-	262 225	1 092	314 345	9 395
江 西	4 170	1 800 953	11 811	2 022	582 158	4 133	1 783 393	11 811
山 东	10 444	7 207 901	12 388	-	1 116 764	5 403	3 313 871	12 388
河 南	5 043	3 604 931	9 836	-	1 176 057	4 916	3 565 860	9 836
湖 北	4 898	4 370 431	36 815	3 506	1 117 793	4 030	3 263 317	36 815
湖 南	7 266	1 837 249	69 601	3 380	791 000	7 223	1 805 389	69 511
广 东	7 041	3 254 474	31 894	13 642	1 519 463	7 033	3 246 950	31 894
广 西	8 112	3 551 349	106 700	41 926	965 314	8 112	3 551 349	106 700
海 南	104	1 180	2 672	-	6 774	104	1 180	2 672
重 庆	4 360	4 168 280	117 985	31 772	1 142 305	3 933	3 792 598	117 985
四 川	8 414	791 559	109 538	3 249	363 347	7 350	728 746	109 538
贵 州	2 210	108 581	37 009	-	124 813	2 090	97 782	36 629
云 南	882	69 244	16 704	10	80 328	880	69 080	16 704
西 藏	-	-	-	-	-	-	-	-
陕 西	1 326	28 064	17 391	-	40 904	1 208	26 917	17 240
甘 肃	540	2 983	11 145	-	27 788	495	2 615	9 506
青 海	73	-	1 256	-	8 997	73	-	1 256
宁 夏	711	1 144	3 986	-	26 993	568	-	3 986
新 疆	-	-	-	-	-	-	-	-

工具拥有量

动船		1.客船			2.客货船				
集装箱位（TEU）	功率（千瓦）	艘数（艘）	载客量（客位）	功率（千瓦）	艘数（艘）	净载重量（吨位）	载客量（客位）	集装箱位（TEU）	功率（千瓦）
125 725	24 235 584	20 280	782 343	1 205 046	373	33 941	40 463	–	82 608
–	–	–	–	–	–	–	–	–	–
–	26 282	56	2 719	12 690	–	–	–	–	–
–	–	–	–	–	–	–	–	–	–
–	14 042	233	3 000	10 304	4	14	79	–	103
–	–	–	–	–	–	–	–	–	–
–	324	–	–	–	–	–	–	–	–
–	37 634	714	18 044	29 552	–	–	–	–	–
–	117 762	607	20 334	48 296	62	1 785	2 485	–	7 235
12 756	332 739	188	87 585	90 434	17	806	4 825	–	14 061
6 153	5 776 324	252	17 937	29 231	57	25 268	10 574	–	32 158
81	1 984 976	1 047	34 192	72 145	3	–	1 500	–	506
7 892	6 592 478	538	15 666	25 953	–	–	–	–	–
–	262 225	319	9 395	30 729	–	–	–	–	–
1 926	582 158	357	11 811	17 470	–	–	–	–	–
–	1 116 764	670	12 388	113 316	–	–	–	–	–
–	1 176 057	600	9 836	34 961	–	–	–	–	–
3 506	1 117 793	679	35 470	91 820	5	3 475	1 345	–	3 214
3 380	791 000	2 349	69 451	83 292	2	4	60	–	52
13 642	1 519 463	449	31 462	36 168	5	103	432	–	589
41 926	965 314	2 647	106 700	72 058	–	–	–	–	–
–	6 774	102	2 472	6 378	2	294	200	–	396
31 204	1 142 305	1 385	103 444	148 206	44	348	14 541	–	19 082
3 249	363 347	3 267	109 538	81 499	–	–	–	–	–
–	124 813	1 349	36 629	61 239	–	–	–	–	–
10	80 328	623	15 013	24 813	75	187	1 691	–	2 871
–	–	–	–	–	–	–	–	–	–
–	40 904	791	15 152	24 086	77	667	2 088	–	943
–	27 788	419	8 863	24 944	20	990	643	–	1 398
–	8 997	73	1 256	8 997	–	–	–	–	–
–	26 993	566	3 986	26 465	–	–	–	–	–
–	–	–	–	–	–	–	–	–	–

地 区	3. 货 船				集 装 箱 船			
	艘数（艘）	净载重量（吨位）	集装箱位（TEU）	功率（千瓦）	艘数（艘）	净载重量（吨位）	集装箱位（TEU）	功率（千瓦）
全国总计	119 323	63 053 280	125 725	22 221 085	813	1 526 315	82 768	485 230
北 京	–	–	–	–	–	–	–	–
天 津	27	17 214	–	13 592	–	–	–	–
河 北	–	–	–	–	–	–	–	–
山 西	12	2 936	–	3 635	–	–	–	–
内蒙古	–	–	–	–	–	–	–	–
辽 宁	2	164	–	324	–	–	–	–
吉 林	110	16 376	–	3 970	–	–	–	–
黑龙江	353	17 383	–	19 365	–	–	–	–
上 海	812	451 970	12 756	191 702	110	192 133	12 496	70 679
江 苏	35 825	14 956 525	6 153	5 450 293	88	222 459	5 501	71 615
浙 江	15 646	3 236 553	81	1 899 294	4	2 021	81	1 176
安 徽	25 943	18 864 322	7 892	6 515 092	29	60 976	3 662	21 312
福 建	722	313 962	–	230 087	–	–	–	–
江 西	3 764	1 783 393	1 926	562 462	24	39 093	1 926	9 208
山 东	4 214	3 311 543	–	881 136	–	–	–	–
河 南	4 293	3 565 126	–	1 137 749	–	–	–	–
湖 北	3 049	3 259 842	3 506	883 454	11	30 408	1 539	10 542
湖 南	4 834	1 802 807	3 380	699 248	33	47 233	3 380	14 606
广 东	6 564	3 216 376	13 642	1 478 299	169	194 999	13 411	80 206
广 西	5 464	3 551 337	41 926	893 120	142	162 553	6 309	43 209
海 南	–	–	–	–	–	–	–	–
重 庆	2 474	3 778 530	31 204	962 583	180	516 672	31 204	150 498
四 川	3 928	728 746	3 249	267 829	22	57 528	3 249	11 812
贵 州	716	97 782	–	58 564	–	–	–	–
云 南	180	59 537	10	52 248	1	240	10	367
西 藏	–	–	–	–	–	–	–	–
陕 西	335	20 192	–	15 593	–	–	–	–
甘 肃	56	664	–	1 446	–	–	–	–
青 海	–	–	–	–	–	–	–	–
宁 夏	–	–	–	–	–	–	–	–
新 疆	–	–	–	–	–	–	–	–

（续表一）

			4. 拖　船		二、驳　船			
油　船								
艘数（艘）	净载重量（吨位）	功率（千瓦）	艘数（艘）	功率（千瓦）	艘数（艘）	净载重量（吨位）	载客量（客位）	集装箱位（TEU）
3 180	**1 651 859**	**691 658**	**3 055**	**726 845**	**22 690**	**11 096 092**	**2 260**	**2 268**
–	–	–	–	–	–	–	–	–
23	14 582	7 340	–	–	–	–	–	–
–	–	–	–	–	–	–	–	–
–	–	–	–	–	–	–	–	–
–	–	–	–	–	–	–	–	–
–	–	–	–	–	–	–	–	–
–	–	–	18	4 112	29	15 650	–	–
2	1 000	736	183	42 866	359	215 206	–	–
172	140 870	63 637	46	36 542	107	112 203	–	1 604
1 936	796 884	294 010	1 284	264 642	10 743	4 306 230	–	–
41	12 226	6 463	138	13 031	924	97 796	–	–
429	189 388	78 867	211	51 433	2 145	795 388	–	–
8	477	503	51	1 409	340	4 343	–	–
46	35 745	11 632	12	2 226	37	17 560	–	96
–	–	–	519	122 312	5 041	3 894 030	–	–
–	–	–	23	3 347	127	39 071	–	–
106	71 675	23 788	297	139 305	868	1 107 114	–	–
33	29 674	10 394	38	8 408	43	31 860	90	–
298	242 420	123 654	15	4 407	8	7 524	–	–
19	21 259	32 983	1	136	–	–	–	–
–	–	–	–	–	–	–	–	–
32	56 804	13 623	30	12 434	427	375 682	–	568
33	38 445	23 080	155	14 019	1 064	62 813	–	–
–	–	–	25	5 010	120	10 799	380	–
2	410	948	2	396	2	164	–	–
–	–	–	–	–	–	–	–	–
–	–	–	5	282	118	1 147	151	–
–	–	–	–	–	45	368	1 639	–
–	–	–	–	–	–	–	–	–
–	–	–	2	528	143	1 144	–	–
–	–	–	–	–	–	–	–	–

3-11 水路客、货运输量

地区	客运量（万人）	旅客周转量（万人公里）	货运量（万吨）	货物周转量（万吨公里）
全国总计	22 392	722 701	378 949	684 275 264
北京	–	–	–	–
天津	48	3 188	11 916	93 242 686
河北	–	–	2 150	4 414 524
山西	64	458	18	595
内蒙古	–	–	–	–
辽宁	490	63 899	10 434	56 957 104
吉林	139	2 005	226	12 692
黑龙江	292	3 462	1 015	70 329
上海	504	54 226	45 407	186 264 048
江苏	512	13 687	48 702	40 957 000
浙江	3 155	60 271	63 258	54 762 376
安徽	139	2 684	32 355	11 319 581
福建	1 444	21 410	16 803	22 188 839
江西	231	3 156	6 513	1 824 105
山东	2 635	118 539	15 633	40 824 989
河南	255	5 993	4 950	3 002 832
湖北	382	27 869	16 153	11 455 518
湖南	919	16 898	15 811	3 421 427
广东	2 241	83 054	43 092	36 422 185
广西	395	17 819	12 832	8 619 876
海南	1 340	27 249	7 966	8 975 635
重庆	1 277	102 092	9 660	12 192 730
四川	2 732	23 084	5 237	751 030
贵州	1 930	45 701	910	127 450
云南	731	17 773	402	69 144
西藏	–	–	–	–
陕西	303	4 337	170	7 907
甘肃	94	2 140	32	37
青海	38	504	–	–
宁夏	102	1 203	–	–
新疆	–	–	–	–
不分地区	–	–	7 304	86 390 625

3-12　水路旅客运输量（按航区分）

地区	客运量（万人）			旅客周转量（万人公里）		
	内河	沿海	远洋	内河	沿海	远洋
全国总计	12 174	9 355	863	295 354	327 482	99 865
北　京	-	-	-	-	-	-
天　津	47	-	1	1 368	-	1 820
河　北	-	-	-	-	-	-
山　西	64	-	-	458	-	-
内蒙古	-	-	-	-	-	-
辽　宁	-	479	11	-	58 469	5 430
吉　林	139	-	-	2 005	-	-
黑龙江	292	-	-	3 462	-	-
上　海	-	504	-	-	54 226	-
江　苏	493	19	-	5 497	8 190	-
浙　江	683	2 472	-	7 614	52 657	-
安　徽	139	-	-	2 684	-	-
福　建	229	1 135	80	3 741	13 266	4 403
江　西	231	-	-	3 156	-	-
山　东	314	2 234	87	2 251	79 742	36 546
河　南	255	-	-	5 993	-	-
湖　北	382	-	-	27 869	-	-
湖　南	919	-	-	16 898	-	-
广　东	285	1 274	682	3 977	27 874	51 203
广　西	263	130	2	10 786	6 570	463
海　南	232	1 108	-	761	26 488	-
重　庆	1 277	-	-	102 092	-	-
四　川	2 732	-	-	23 084	-	-
贵　州	1 930	-	-	45 701	-	-
云　南	731	-	-	17 773	-	-
西　藏	-	-	-	-	-	-
陕　西	303	-	-	4 337	-	-
甘　肃	94	-	-	2 140	-	-
青　海	38	-	-	504	-	-
宁　夏	102	-	-	1 203	-	-
新　疆	-	-	-	-	-	-
不分地区	-	-	-	-	-	-

3-13 水路货物运输量（按航区分）

地区	货运量（万吨）			货物周转量（万吨公里）		
	内河	沿海	远洋	内河	沿海	远洋
全国总计	188 579	132 316	58 054	55 357 403	168 926 327	459 991 534
北　京	-	-	-	-	-	-
天　津	4	4 169	7 743	79	7 687 410	85 555 197
河　北	-	2 150	-	-	4 414 524	-
山　西	18	-	-	595	-	-
内蒙古	-	-	-	-	-	-
辽　宁	11	4 986	5 437	121	7 457 348	49 499 635
吉　林	226	-	-	12 692	-	-
黑龙江	1 015	-	-	70 329	-	-
上　海	1 779	28 456	15 172	383 017	40 527 705	145 353 326
江　苏	35 714	8 911	4 077	6 941 066	8 846 984	25 168 950
浙　江	26 735	34 941	1 582	3 786 630	40 581 035	10 394 711
安　徽	30 376	1 964	15	9 523 452	1 744 516	51 613
福　建	2 771	12 526	1 506	117 754	17 572 506	4 498 579
江　西	6 081	412	20	1 147 431	602 711	73 963
山　东	4 174	5 802	5 657	1 860 101	5 455 893	33 508 995
河　南	4 950	-	-	3 002 832	-	-
湖　北	9 916	6 082	155	5 477 680	4 699 880	1 277 958
湖　南	15 724	-	87	2 860 704	-	560 723
广　东	22 678	11 983	8 431	2 827 122	16 685 650	16 909 413
广　西	9 880	2 605	347	3 828 377	4 643 110	148 389
海　南	354	7 329	283	493 928	8 007 055	474 652
重　庆	9 422	-	238	12 067 925	-	124 805
四　川	5 237	-	-	751 030	-	-
贵　州	910	-	-	127 450	-	-
云　南	402	-	-	69 144	-	-
西　藏	-	-	-	-	-	-
陕　西	170	-	-	7 907	-	-
甘　肃	32	-	-	37	-	-
青　海	-	-	-	-	-	-
宁　夏	-	-	-	-	-	-
新　疆	-	-	-	-	-	-
不分地区	-	-	7 304	-	-	86 390 625

3-14　海上险情及搜救活动

指　标	计算单位	数　量	所占比例（%）
一、船舶、人员遇险次数	次	2 218	100.00
1. 按遇险性质分：碰撞	次	502	22.63
触礁	次	84	3.79
搁浅	次	289	13.03
触损	次	55	2.48
浪损	次	18	0.81
火灾/爆炸	次	64	2.89
风灾	次	75	3.38
自沉	次	214	9.65
机损	次	272	12.26
伤病	次	321	14.47
其他	次	324	14.61
2. 按区域分：东海海区	次	576	25.97
南海海区	次	401	18.08
黄海海区	次	295	13.30
渤海海区	次	223	10.05
江河干流	次	548	24.71
支流、湖泊	次	161	7.26
其他	次	14	0.63
3. 按等级分：一般	次	947	42.70
较大	次	726	32.73
重大	次	498	22.45
特大	次	47	2.12
二、遇险人员救助情况	人次	24 513	100.00
获救人员	人次	23 555	96.09
三、各部门派出搜救船艇	艘次	8 122	100.00
海事	艘次	2 041	25.13
救捞	艘次	688	8.47
军队	艘次	125	1.54
社会	艘次	1 941	23.90
渔船	艘次	2 286	28.15
过往商船	艘次	1 041	12.82
四、各部门派出搜救飞机	架次	389	100.00
海事	架次	1	0.26
救捞	架次	354	91.00
军队	架次	-	-
社会	架次	34	8.74

主要统计指标解释

内河航道通航长度 指报告期末在江河、湖泊、水库、渠道和运河水域内，船舶、排筏在不同水位期可以通航的实际航道里程数。计算单位：公里。内河航道通航里程按主航道中心线实际长度计算。

内河航道通航里程可分为等级航道和等外航道里程，等级航道里程又分为一级航道、二级航道、三级航道、四级航道、五级航道、六级航道和七级航道里程。

船舶数量 指报告期末在交通运输主管部门注册登记的船舶实际数量。计算单位：艘。统计的船舶包括运输船舶、工程船舶和辅助船舶，不包括渔船和军用船舶。

船舶一般分为机动船和驳船，机动船又可分为客船、客货船、货船（包括集装箱船）和拖船。

净载重量 指报告期末所拥有船舶的总载重量减去燃（物）料、淡水、粮食及供应品、人员及其行李等重量及船舶常数后，能够装载货物的实际重量。计算单位：吨。船舶常数指船舶经过一段时间营运后的空船重量与船舶建造出厂时空船重量的差值。

载客量 指报告期末所拥有船舶可用于载运旅客的额定数量。计算单位：客位。载客量包括船员临时占用的旅客铺位，但不包括船员自用铺位。客货船临时将货舱改作载客用途，该船的客位数不作变更。

箱位量 指报告期末所拥有集装箱船舶可装载折合为20英尺集装箱的额定数量。计算单位：TEU。各种外部尺寸的集装箱箱位均按折算系数折算成20英尺集装箱进行计算。

船舶功率 指报告期末所拥有船舶主机的额定功率数。计算单位：千瓦。

客运量 指报告期内船舶实际运送的旅客人数。计算单位：人。

旅客周转量 指报告期内船舶实际运送的每位旅客与该旅客运送距离的乘积之和。计算单位：人公里。

货运量 指报告期内船舶实际运送的货物重量。计算单位：吨。

货物周转量 指报告期内船舶实际运送的每批货物重量与该批货物运送距离的乘积之和。计算单位：吨公里。

四、城市客运

简 要 说 明

一、本篇资料反映我国全国、城市、中心城市公共交通运输发展的基本情况。主要包括：全国、城市、中心城市公共交通的运输工具、运营线路、客运量等内容。

二、从2009年起，交通运输部负责全国城市客运统计。根据交通运输部2010年新制定的《城市（县城）客运统计报表制度》，收集、整理、汇总形成2010年城市客运统计数据。

三、本资料分全国、城市、中心城市公共汽车和无轨电车、轨道交通、出租汽车和客运轮渡。

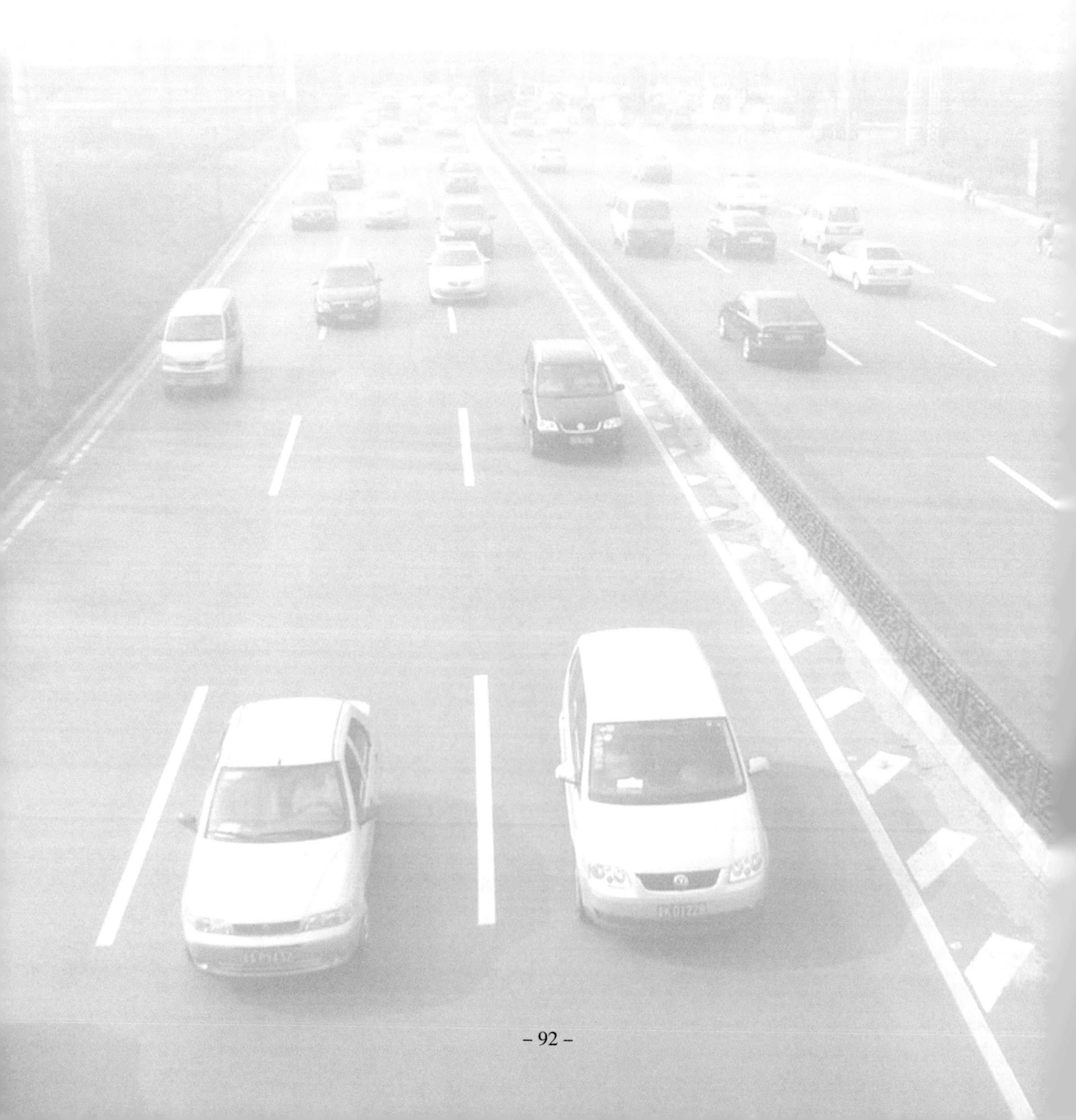

4-1　全国城市客运经营业户

单位：户

地区	公共汽电车经营业户数	国有企业	国有控股企业	私营企业	轨道交通经营业户数	城市客运轮渡经营业户数
全国	3 275	681	306	1 875	21	197
北京	2	1	1	-	2	-
天津	18	15	-	2	2	-
河北	138	20	5	106	-	-
山西	111	6	6	63	-	-
内蒙古	272	7	2	146	-	-
辽宁	100	37	14	45	2	6
吉林	225	11	6	156	1	-
黑龙江	128	24	2	97	-	24
上海	35	-	23	-	6	1
江苏	114	31	35	44	1	12
浙江	136	50	14	52	-	12
安徽	100	31	13	48	-	-
福建	80	48	16	14	-	8
江西	111	28	10	72	-	3
山东	179	63	16	88	-	-
河南	101	28	11	41	-	-
湖北	101	39	18	44	1	7
湖南	150	40	17	85	-	4
广东	188	32	26	111	4	40
广西	101	22	5	66	-	3
海南	41	12	-	29	-	2
重庆	8	3	3	-	1	75
四川	197	38	19	99	1	-
贵州	163	12	3	148	-	-
云南	125	30	15	66	-	-
西藏	11	3	-	8	-	-
陕西	104	17	10	74	-	-
甘肃	67	5	4	53	-	-
青海	27	10	3	14	-	-
宁夏	38	4	1	32	-	-
新疆	104	14	8	72	-	-

4-1 续表（一）

单位：户

地区	出租汽车经营业户数					
	合计	车辆 301 辆以上的企业数	车辆 101-300 辆（含）的企业数	车辆 50-100 辆（含）的企业数	车辆 50 辆（含）以下的企业数	个体经营业户数
全　国	**135 788**	**679**	**2 391**	**2 195**	**3 528**	**126 995**
北　京	1 403	28	63	56	106	1 150
天　津	6 056	25	28	12	15	5 976
河　北	8 578	45	117	63	121	8 232
山　西	248	24	98	74	52	–
内蒙古	12 123	47	79	57	44	11 896
辽　宁	20 397	49	161	108	292	19 787
吉　林	31 871	18	46	26	670	31 111
黑龙江	18 556	69	145	81	84	18 177
上　海	3 301	28	20	44	55	3 154
江　苏	5 503	20	155	129	93	5 106
浙　江	3 920	16	94	113	203	3 494
安　徽	1 563	39	98	68	52	1 306
福　建	270	11	28	45	100	86
江　西	189	5	31	54	91	8
山　东	2 515	40	192	130	101	2 052
河　南	483	35	169	146	132	1
湖　北	1 016	12	86	110	93	715
湖　南	306	11	101	116	78	–
广　东	478	38	128	129	145	38
广　西	218	13	29	41	96	39
海　南	45	2	14	7	22	–
重　庆	1 085	9	35	41	88	912
四　川	1 201	7	87	125	284	698
贵　州	7 053	2	21	30	71	6 929
云　南	1 353	9	52	96	131	1 065
西　藏	28	–	3	20	5	–
陕　西	319	12	72	112	122	1
甘　肃	497	15	95	59	52	276
青　海	138	10	18	8	14	88
宁　夏	83	14	40	15	14	–
新　疆	4 992	26	86	80	102	4 698

4-2　全国城市客运从业人员

单位：人

地区	公共汽电车从业人员	出租汽车从业人员	轨道交通从业人员	客运轮渡从业人员
全国	1 214 219	2 356 682	101 486	12 922
北京	92 849	96 000	23 675	-
天津	16 931	37 482	3 545	-
河北	43 498	93 616	-	-
山西	28 226	66 742	-	-
内蒙古	20 551	100 684	-	-
辽宁	57 853	191 337	3 178	157
吉林	24 875	113 877	1 753	-
黑龙江	39 634	137 425	-	1 052
上海	69 756	125 152	39 785	1 370
江苏	72 839	105 493	3 655	1 759
浙江	61 758	94 437	-	2 859
安徽	32 146	92 671	-	178
福建	27 423	42 240	-	326
江西	19 329	31 680	-	93
山东	75 821	114 541	-	1 564
河南	50 843	107 692	-	-
湖北	65 371	79 311	1 217	1 183
湖南	45 628	73 684	-	119
广东	121 739	134 449	20 068	1 221
广西	22 629	35 144	-	62
海南	7 232	9 171	-	194
	-	-	-	-
重庆	28 609	48 099	3 414	785
四川	53 099	87 205	1 196	-
贵州	17 487	38 613	-	-
云南	22 906	48 838	-	-
西藏	3 112	4 273	-	-
陕西	35 467	71 836	-	-
甘肃	17 080	44 941	-	-
青海	8 486	20 064	-	-
宁夏	7 780	25 348	-	-
新疆	23 262	84 637	-	-

4-3　全国城市客运设施

地区	公交专用车道长度（公里）	轨道交通车站数（个）	换乘站数	城市客运轮渡在用码头数（个）	公交IC卡售卡量（万张）
全　国	3 726.0	977	78	563	15 643.2
北　京	294.0	196	22	-	752.1
天　津	65.0	50	-	-	450.0
河　北	40.6	-	-	-	96.9
山　西	43.7	-	-	-	113.7
内蒙古	45.6	-	-	-	48.4
辽　宁	195.6	78	1	16	780.6
吉　林	79.8	65	-	-	54.4
黑龙江	83.0	-	-	21	257.3
上　海	161.8	275	36	38	4 396.0
江　苏	394.5	57	2	24	1 352.3
浙　江	129.4	-	-	80	869.5
安　徽	98.6	-	-	-	283.8
福　建	85.2	-	-	24	393.3
江　西	13.2	-	-	6	65.0
山　东	425.8	-	-	-	273.7
河　南	129.0	-	-	-	483.9
湖　北	56.8	25	-	24	397.4
湖　南	88.3	-	-	13	199.2
广　东	463.1	196	17	81	2 558.4
广　西	88.3	-	-	2	28.1
海　南	-	-	-	2	0.2
重　庆	13.0	18	-	232	350.0
四　川	257.2	17	-	-	533.8
贵　州	13.0	-	-	-	23.3
云　南	96.4	-	-	-	109.9
西　藏	-	-	-	-	0.6
陕　西	77.1	-	-	-	239.3
甘　肃	-	-	-	-	243.7
青　海	4.5	-	-	-	95.3
宁　夏	32.0	-	-	-	10.0
新　疆	251.5	-	-	-	183.0

4-4 全国公共汽电车数量

地区	公共汽电车数（辆）				标准运营车数（标台）
		空调车	安装卫星定位车载终端的车辆	BRT 运营车辆	
全国	**420 520**	**164 526**	**167 102**	**2 943**	**458 222**
北京	21 548	13 355	7 267	294	31 728
天津	7 162	3 426	977	–	7 966
河北	18 405	766	2 985	–	17 427
山西	8 086	750	1 802	–	8 044
内蒙古	7 769	695	852	–	7 455
辽宁	20 146	1 675	5 193	64	22 735
吉林	10 876	286	1 073	–	10 381
黑龙江	15 155	1 257	3 415	–	15 583
上海	17 455	16 871	10 473	–	21 587
江苏	28 687	16 790	18 897	359	32 927
浙江	24 352	22 483	15 264	130	26 349
安徽	11 875	1 779	3 360	195	12 325
福建	11 334	9 967	5 516	150	11 916
江西	8 014	1 696	2 700	–	8 599
山东	31 166	3 742	16 447	217	33 403
河南	18 912	2 554	4 553	350	18 972
湖北	17 946	8 206	5 821	–	20 069
湖南	15 109	4 140	2 488	–	15 841
广东	41 514	37 908	23 692	1 102	45 889
广西	8 786	846	5 055	–	9 265
海南	2 106	1 910	672	–	2 075
重庆	7 552	4 276	5 843	37	8 145
四川	18 373	6 782	10 139	–	20 821
贵州	4 984	158	2 341	–	4 891
云南	10 627	559	2 631	45	10 051
西藏	1 051	–	–	–	934
陕西	10 974	693	867	–	12 203
甘肃	5 455	287	895	–	5 749
青海	3 215	2	479	–	2 996
宁夏	2 767	287	687	–	2 780
新疆	9 119	380	4 718	–	9 117

4-5 全国公共汽电车数量（按长度分）

地区	公共汽电车数（辆）								
	合计	≤5米	>5米且≤7米	>7米且≤10米	>10米且≤13米	>13米且≤16米	>16米且≤18米	>18米	双层车
全 国	420 520	11 618	58 939	167 449	170 510	5 402	3 047	20	3 535
北 京	21 548	–	–	–	14 385	4 017	2 209	–	937
天 津	7 162	43	81	4 390	2 555	–	–	–	93
河 北	18 405	2 802	3 399	8 036	3 724	402	–	10	32
山 西	8 086	303	2 056	3 651	1 905	9	26	–	136
内蒙古	7 769	729	2 525	1 952	2 469	88	4	–	2
辽 宁	20 146	69	2 337	7 164	10 285	133	34	–	124
吉 林	10 876	177	3 244	5 605	1 830	2	–	–	18
黑龙江	15 155	941	2 963	5 292	5 959	–	–	–	–
上 海	17 455	–	68	3 647	13 695	–	29	–	16
江 苏	28 687	99	2 067	10 771	15 448	66	141	4	91
浙 江	24 352	646	3 019	10 454	10 001	1	130	6	95
安 徽	11 875	338	1 880	5 862	3 731	–	58	–	6
福 建	11 334	256	1 996	4 870	4 139	–	15	–	58
江 西	8 014	30	1 080	3 951	2 889	1	–	–	63
山 东	31 166	685	4 002	14 586	11 552	47	174	–	120
河 南	18 912	857	4 677	7 553	5 552	130	66	–	77
湖 北	17 946	442	2 625	6 072	7 979	64	51	–	713
湖 南	15 109	86	2 408	7 639	4 969	–	–	–	7
广 东	41 514	572	3 613	18 419	18 736	165	5	–	4
广 西	8 786	507	1 206	3 841	3 024	–	–	–	208
海 南	2 106	–	460	1 288	358	–	–	–	–
重 庆	7 552	30	779	3 939	2 804	–	–	–	–
四 川	18 373	35	1 471	7 947	8 532	10	4	–	374
贵 州	4 984	337	882	2 725	993	–	–	–	47
云 南	10 627	703	3 306	4 461	1 964	–	45	–	148
西 藏	1 051	–	668	112	268	–	–	–	3
陕 西	10 974	23	2 430	2 243	6 134	–	–	–	144
甘 肃	5 455	274	1 023	2 083	1 829	190	56	–	–
青 海	3 215	126	953	1 723	403	–	–	–	10
宁 夏	2 767	9	435	1 849	462	6	–	–	6
新 疆	9 119	499	1 286	5 324	1 936	71	–	–	3

4-6 全国公共汽电车数量（按燃料类型分）

地区	公共汽电车数（辆）										
	合计	汽油车	乙醇汽油车	柴油车	液化石油气车	天然气车	双燃料车	无轨电车	纯电动客车	混合动力车	其他
全 国	420 520	33 917	13 920	290 271	7 535	54 867	15 076	1 967	957	1 970	40
北 京	21 548	315	–	17 480	–	3 113	–	490	150	–	–
天 津	7 162	30	–	6 525	–	607	–	–	–	–	–
河 北	18 405	4 059	719	11 232	–	2 318	77	–	–	–	–
山 西	8 086	1 966	–	4 662	–	391	934	133	–	–	–
内蒙古	7 769	2 157	–	3 326	–	1 327	959	–	–	–	–
辽 宁	20 146	1 705	1 007	16 197	496	325	335	61	–	20	–
吉 林	10 876	–	3 962	6 897	–	–	–	–	–	17	–
黑龙江	15 155	–	3 128	9 511	810	1 525	181	–	–	–	–
上 海	17 455	–	–	16 802	–	226	–	287	130	10	–
江 苏	28 687	4 399	1 040	22 525	–	589	90	–	5	39	–
浙 江	24 352	757	–	22 689	–	331	–	65	1	501	8
安 徽	11 875	482	1 776	7 878	–	1 563	115	–	30	–	31
福 建	11 334	161	–	10 503	–	670	–	–	–	–	–
江 西	8 014	288	–	7 674	–	–	–	–	–	52	–
山 东	31 166	2 255	150	24 877	–	3 108	275	285	26	190	–
河 南	18 912	2 114	1 074	13 085	14	382	2 074	138	21	10	–
湖 北	17 946	2 595	3	12 362	511	1 427	516	236	–	296	–
湖 南	15 109	1 030	–	13 003	–	297	–	–	–	779	–
广 东	41 514	493	–	33 391	5 457	1 259	135	272	451	56	–
广 西	8 786	96	1 061	7 621	–	–	–	–	8	–	–
海 南	2 106	–	–	1 318	113	675	–	–	–	–	–
重 庆	7 552	10	–	378	–	7 164	–	–	–	–	–
四 川	18 373	523	–	1 949	–	12 406	3 485	–	10	–	–
贵 州	4 984	1 892	–	2 353	–	739	–	–	–	–	–
云 南	10 627	2 630	–	7 798	–	80	–	–	119	–	–
西 藏	1 051	30	–	1 021	–	–	–	–	–	–	–
陕 西	10 974	695	–	1 951	–	3 098	5 230	–	–	–	–
甘 肃	5 455	743	–	2 473	–	2 239	–	–	–	–	–
青 海	3 215	451	–	535	–	2 225	4	–	–	–	–
宁 夏	2 767	263	–	932	–	1 300	272	–	–	–	–
新 疆	9 119	1 778	–	1 323	134	5 483	394	–	6	–	1

4-7 全国公共汽电车数量（按排放标准分）

地 区	公共汽电车数（辆）				
	合计	国Ⅱ及以下	国Ⅲ	国Ⅳ	国Ⅴ及以上
全 国	420 520	219 498	179 491	17 383	4 148
北 京	21 548	340	14 883	5 487	838
天 津	7 162	2 724	4 019	257	162
河 北	18 405	11 383	6 564	458	–
山 西	8 086	4 981	2 772	165	168
内蒙古	7 769	3 319	3 996	454	–
辽 宁	20 146	14 478	5 250	337	81
吉 林	10 876	6 873	3 773	151	79
黑龙江	15 155	7 835	6 901	419	–
上 海	17 455	6 322	10 507	617	9
江 苏	28 687	11 644	14 769	2 169	105
浙 江	24 352	12 035	11 156	1 063	98
安 徽	11 875	8 502	2 948	306	119
福 建	11 334	5 292	5 660	71	311
江 西	8 014	5 347	2 563	104	–
山 东	31 166	19 554	10 879	443	290
河 南	18 912	13 137	5 662	33	80
湖 北	17 946	11 563	6 214	169	–
湖 南	15 109	9 000	5 877	232	–
广 东	41 514	17 087	22 358	1 576	493
广 西	8 786	5 671	2 962	145	8
海 南	2 106	672	1 426	8	–
重 庆	7 552	4 280	3 272	–	–
四 川	18 373	12 010	4 731	1 632	–
贵 州	4 984	3 333	1 621	30	
云 南	10 627	7 347	3 135	144	1
西 藏	1 051	726	93	232	
陕 西	10 974	6 759	4 098	106	11
甘 肃	5 455	1 603	3 448	169	235
青 海	3 215	1 206	1 756	253	–
宁 夏	2 767	1 853	895	19	
新 疆	9 119	2 622	5 303	134	1 060

4-8 全国公共汽电车场站及线路

地 区	保养场面积（万平方米）	停车场面积（万平方米）	运营线路条数（条）	运营线路总长度（公里）	BRT线路长度	无轨电车线路长度
全 国	805.9	3 689.7	33 672	633 690	514	967
北 京	37.9	26.0	713	18 743	55	201
天 津	5.6	56.9	523	12 322	–	–
河 北	13.6	138.0	1 485	23 901	–	–
山 西	7.1	79.9	901	17 837	–	46
内蒙古	9.8	91.2	931	24 572	–	–
辽 宁	58.8	209.2	1 334	21 163	14	8
吉 林	4.7	33.2	833	11 176	–	–
黑龙江	8.8	177.8	914	14 913	–	12
上 海	37.2	140.5	1 165	23 130	–	169
江 苏	109.3	345.9	2 398	44 941	60	–
浙 江	78.1	239.7	2 782	47 074	72	14
安 徽	61.8	158.0	863	12 242	20	–
福 建	24.2	107.2	1 019	16 352	86	–
江 西	15.4	63.1	847	14 619	–	–
山 东	35.8	375.6	2 354	53 992	110	96
河 南	13.0	183.3	1 349	22 994	30	34
湖 北	55.1	149.6	1 119	19 592	–	89
湖 南	26.8	95.8	1 116	19 377	–	–
广 东	41.0	310.7	3 407	72 531	23	160
广 西	10.4	111.8	934	13 627	–	–
海 南	2.2	16.8	166	4 159	–	–
重 庆	5.5	41.4	455	11 183	13	–
四 川	32.6	157.4	1 574	22 432	–	–
贵 州	13.6	21.4	439	6 056	–	–
云 南	10.5	97.8	1 420	35 560	31	12
西 藏	0.1	1.7	60	1 134	–	–
陕 西	47.3	89.5	601	11 638	–	126
甘 肃	6.9	48.1	442	6 765	–	–
青 海	1.9	16.2	255	4 340	–	–
宁 夏	5.8	19.7	281	5 861	–	–
新 疆	25.0	86.3	992	19 464	–	–

4-9 全国公共汽电车客运量

地区	运营里程（万公里）	客运量（万人次）		
			月票换算	使用IC卡
全 国	3 178 612	6 701 237	255 274	2 358 114
北 京	140 906	505 144	-	428 318
天 津	39 468	108 810	3 920	28 135
河 北	138 968	195 949	29 102	16 060
山 西	53 177	116 966	4 359	33 161
内蒙古	68 446	100 390	2 147	30 242
辽 宁	133 210	409 475	14 581	131 622
吉 林	70 353	155 161	759	29 436
黑龙江	116 065	225 288	7 273	57 025
上 海	117 191	280 758	-	204 454
江 苏	214 480	391 854	6 197	161 589
浙 江	178 392	334 261	1 181	114 593
安 徽	91 731	201 905	4 996	59 754
福 建	79 729	208 826	6 408	58 669
江 西	65 388	137 982	1 835	26 719
山 东	237 956	388 766	43 723	99 267
河 南	130 331	246 315	4 180	73 998
湖 北	143 987	297 957	2 005	104 043
湖 南	140 567	284 112	4 024	42 402
广 东	399 290	584 784	5 633	242 680
广 西	67 094	156 061	2 839	26 131
海 南	27 141	37 863	-	25
重 庆	57 330	161 932	11 949	67 927
四 川	121 039	332 527	72 824	46 183
贵 州	39 753	120 220	6 153	15 231
云 南	67 975	162 328	1 629	65 407
西 藏	5 320	6 279	-	239
陕 西	77 607	233 784	1 084	89 830
甘 肃	29 639	92 349	628	39 592
青 海	20 462	44 912	3	29 551
宁 夏	17 886	29 597	1	1 402
新 疆	87 735	148 685	15 843	34 430

4-10 全国出租汽车车辆数

单位：辆

地 区	运营车数 合计	汽油车	乙醇汽油车	柴油车	液化石油气车	天然气车	双燃料车	纯电动车	其他
全 国	1 225 740	643 228	212 711	88 020	30 657	90 107	160 835	50	132
北 京	66 646	66 646	–	–	–	–	–	–	–
天 津	31 940	31 939	–	1	–	–	–	–	–
河 北	61 629	35 216	7 343	1 377	–	1 890	15 803	–	–
山 西	38 773	30 839	–	161	–	1 964	5 809	–	–
内蒙古	56 704	48 895	–	193	–	7 473	143	–	–
辽 宁	88 199	47 350	16 562	12 279	–	66	11 942	–	–
吉 林	67 761	–	56 582	11 179	–	–	–	–	–
黑龙江	86 304	–	79 674	6 630	–	–	–	–	–
上 海	50 007	47 965	–	568	–	–	1 474	–	–
江 苏	52 957	38 951	10 299	2 713	–	129	865	–	–
浙 江	38 865	25 181	–	12 522	256	–	906	–	–
安 徽	50 068	11 943	13 207	926	1 768	14 201	8 023	–	–
福 建	18 684	10 994	–	4 123	–	150	3 417	–	–
江 西	14 642	7 664	–	6 878	–	–	–	–	100
山 东	67 018	39 137	3 576	1 505	415	7 904	14 481	–	–
河 南	57 394	27 576	9 142	4 185	964	11 175	4 352	–	–
湖 北	35 707	15 389	2 587	94	7 503	9 052	1 082	–	–
湖 南	32 665	14 689	–	12 611	–	–	5 333	–	32
广 东	61 790	31 818	–	4 402	18 380	1 992	5 148	50	–
广 西	16 685	1 468	13 665	1 172	–	171	209	–	–
海 南	4 116	268	–	1 582	–	140	2 126	–	–
重 庆	17 098	805	–	–	–	588	15 705	–	–
四 川	36 067	5 751	74	68	–	4 384	25 790	–	–
贵 州	15 087	13 087	–	2 000	–	–	–	–	–
云 南	25 963	25 161	–	802	–	–	–	–	–
西 藏	2 001	621	–	1	1 279	–	100	–	–
陕 西	31 740	11 290	–	1	–	1 356	19 093	–	–
甘 肃	29 805	20 426	–	–	–	9 223	156	–	–
青 海	11 916	6 172	–	–	–	–	5 744	–	–
宁 夏	15 673	9 924	–	–	–	3 603	2 146	–	–
新 疆	41 836	16 063	–	47	92	14 646	10 988	–	–

4-11 全国出租汽车运量

地区	载客车次总数（万车次）	运营里程（万公里）	载客里程	客运量（万人次）
全　国	1 774 968	14 888 521	10 352 381	3 462 785
北　京	49 347	561 678	365 091	69 000
天　津	17 300	385 549	242 896	34 600
河　北	60 426	658 597	427 681	119 133
山　西	45 244	395 712	288 248	100 237
内蒙古	57 618	640 422	464 829	113 616
辽　宁	108 107	1 125 634	837 043	209 519
吉　林	122 836	726 425	575 620	220 115
黑龙江	134 657	779 752	546 126	273 674
上　海	63 307	648 527	397 915	114 499
江　苏	78 814	715 272	437 666	149 612
浙　江	73 612	654 737	454 249	149 877
安　徽	78 502	605 124	435 353	163 188
福　建	30 761	250 770	175 073	62 504
江　西	26 580	203 031	148 633	55 264
山　东	80 018	805 634	515 527	159 710
河　南	77 209	693 730	483 292	150 587
湖　北	59 470	538 716	398 025	126 396
湖　南	81 262	493 656	354 738	166 285
广　东	98 873	969 322	619 686	188 680
广　西	20 238	187 709	129 761	43 020
海　南	4 446	58 835	43 901	9 617
重　庆	41 712	307 067	208 552	75 110
四　川	70 423	545 345	370 443	138 182
贵　州	38 243	194 898	168 118	79 255
云　南	38 726	218 719	156 155	78 179
西　藏	5 957	37 005	25 760	12 766
陕　西	54 427	428 339	297 413	105 994
甘　肃	40 581	292 588	217 819	79 573
青　海	14 176	113 643	81 687	24 684
宁　夏	24 915	168 174	125 814	50 571
新　疆	77 182	483 911	359 265	139 339

4-12 全国轨道交通运营车辆数

地区	运营车数（辆）						标准运营车数（标台）	编组列数（列）
	合计	地铁	轻轨	单轨	有轨电车	磁悬浮		
全 国	8 285	7 437	601	108	125	14	21 165	1 695
北 京	2 463	2 463	-	-	-	-	7 058	446
天 津	292	116	152	-	24	-	692	46
河 北	-	-	-	-	-	-	-	-
山 西	-	-	-	-	-	-	-	-
内蒙古	-	-	-	-	-	-	-	-
辽 宁	354	138	144	-	72	-	825	131
吉 林	218	-	189	-	29	-	281	332
黑龙江	-	-	-	-	-	-	-	-
上 海	2 842	2 828	-	-	-	14	7 105	445
江 苏	366	366	-	-	-	-	915	6
浙 江	-	-	-	-	-	-	-	-
安 徽	-	-	-	-	-	-	-	-
福 建	-	-	-	-	-	-	-	-
江 西	-	-	-	-	-	-	-	-
山 东	-	-	-	-	-	-	-	-
河 南	-	-	-	-	-	-	-	-
湖 北	116	-	116	-	-	-	290	29
湖 南	-	-	-	-	-	-	-	-
广 东	1 424	1 424	-	-	-	-	3 560	256
广 西	-	-	-	-	-	-	-	-
海 南	-	-	-	-	-	-	-	-
重 庆	108	-	-	108	-	-	184	4
四 川	102	102	-	-	-	-	255	-
贵 州	-	-	-	-	-	-	-	-
云 南	-	-	-	-	-	-	-	-
西 藏	-	-	-	-	-	-	-	-
陕 西	-	-	-	-	-	-	-	-
甘 肃	-	-	-	-	-	-	-	-
青 海	-	-	-	-	-	-	-	-
宁 夏	-	-	-	-	-	-	-	-
新 疆	-	-	-	-	-	-	-	-

4-13 全国轨道交通运营线路条数

单位：条

地区	运营线路条数					
	合计	地铁	轻轨	单轨	有轨电车	磁悬浮
全 国	**53**	**42**	**5**	**1**	**4**	**1**
北 京	14	14	–	–	–	–
天 津	3	1	1	–	1	–
河 北	–	–	–	–	–	–
山 西	–	–	–	–	–	–
内蒙古	–	–	–	–	–	–
辽 宁	5	1	2	–	2	–
吉 林	2	–	1	–	1	–
黑龙江	–	–	–	–	–	–
上 海	12	11	–	–	–	1
江 苏	2	2	–	–	–	–
浙 江	–	–	–	–	–	–
安 徽	–	–	–	–	–	–
福 建	–	–	–	–	–	–
江 西	–	–	–	–	–	–
山 东	–	–	–	–	–	–
河 南	–	–	–	–	–	–
湖 北	1	–	1	–	–	–
湖 南	–	–	–	–	–	–
广 东	12	12	–	–	–	–
广 西	–	–	–	–	–	–
海 南	–	–	–	–	–	–
重 庆	1	–	–	1	–	–
四 川	1	1	–	–	–	–
贵 州	–	–	–	–	–	–
云 南	–	–	–	–	–	–
西 藏	–	–	–	–	–	–
陕 西	–	–	–	–	–	–
甘 肃	–	–	–	–	–	–
青 海	–	–	–	–	–	–
宁 夏	–	–	–	–	–	–
新 疆	–	–	–	–	–	–

4-14 全国轨道交通运营线路里程

单位：公里

地区	运营线路总长度					
	合计	地铁	轻轨	单轨	有轨电车	磁悬浮
全　国	1 471.3	1 217.0	168.6	17.4	39.2	29.1
北　京	336.0	336.0	-	-	-	-
天　津	79.8	26.6	45.6	-	7.6	-
河　北	-	-	-	-	-	-
山　西	-	-	-	-	-	-
内蒙古	-	-	-	-	-	-
辽　宁	114.9	27.9	63.0	-	24.0	-
吉　林	38.7	-	31.1	-	7.6	-
黑龙江	-	-	-	-	-	-
上　海	452.6	423.5	-	-	-	29.1
江　苏	85.0	85.0	-	-	-	-
浙　江	-	-	-	-	-	-
安　徽	-	-	-	-	-	-
福　建	-	-	-	-	-	-
江　西	-	-	-	-	-	-
山　东	-	-	-	-	-	-
河　南	-	-	-	-	-	-
湖　北	28.9	-	28.9	-	-	-
湖　南	-	-	-	-	-	-
广　东	299.5	299.5	-	-	-	-
广　西	-	-	-	-	-	-
海　南	-	-	-	-	-	-
重　庆	17.4	-	-	17.4	-	-
四　川	18.5	18.5	-	-	-	-
贵　州	-	-	-	-	-	-
云　南	-	-	-	-	-	-
西　藏	-	-	-	-	-	-
陕　西	-	-	-	-	-	-
甘　肃	-	-	-	-	-	-
青　海	-	-	-	-	-	-
宁　夏	-	-	-	-	-	-
新　疆	-	-	-	-	-	-

4-15 全国轨道交通运量

地区	运营里程（万列公里）	客运量（万人次）
全　国	13 929	556 777
北　京	3 594	184 645
天　津	535	6 568
河　北	–	–
山　西	–	–
内蒙古	–	–
辽　宁	666	8 627
吉　林	436	3 636
黑龙江		
上　海	4 778	188 407
江　苏	613	21 459
浙　江	–	–
安　徽	–	–
福　建	–	–
江　西	–	–
山　东		
河　南	–	–
湖　北	187	3 300
湖　南	–	–
广　东	2 901	134 373
广　西	–	–
海　南	–	–
重　庆	183	4 576
四　川	36	1 187
贵　州	–	–
云　南	–	–
西　藏	–	–
陕　西	–	–
甘　肃	–	–
青　海	–	–
宁　夏	–	–
新　疆	–	–

4-16　全国城市客运轮渡船舶及航线数

地区	运营船数（艘）	运营航线条数（条）	运营航线总长度（公里）
全　国	1 192	533	4193.3
北　京	-	-	-
天　津	-	-	-
河　北	-	-	-
山　西	-	-	-
内蒙古	-	-	-
辽　宁	19	25	630.0
吉　林	-	-	-
黑龙江	262	59	467.1
上　海	42	18	11.3
江　苏	67	23	111.0
浙　江	228	86	1256.3
安　徽	6	1	3.4
福　建	31	15	98.3
江　西	8	4	43.5
山　东	38	15	208.0
河　南	-	-	-
湖　北	55	24	116.7
湖　南	25	21	8.7
广　东	193	84	180.8
广　西	55	29	400.0
海　南	18	13	21.1
重　庆	145	116	637.1
四　川	-	-	-
贵　州	-	-	-
云　南	-	-	-
西　藏	-	-	-
陕　西	-	-	-
甘　肃	-	-	-
青　海	-	-	-
宁　夏	-	-	-
新　疆	-	-	-

4-17 全国城市客运轮渡运量

地区	运量		
	客运量（万人次）	机动车运量（辆）	非机动车运量（辆）
全 国	18 968	10 427 090	33 304 389
北 京	–	–	–
天 津	–	–	–
河 北	–	–	–
山 西	–	–	–
内蒙古	–	–	–
辽 宁	163	–	–
吉 林	–	–	–
黑龙江	776	101 650	28 480
上 海	2 503	1 932 437	32 116 454
江 苏	1 905	2 278 398	518 961
浙 江	3 014	2 329 405	750
安 徽	118	57 364	–
福 建	2 273	–	–
江 西	60	20 120	1 000
山 东	1 302	1 446 048	–
河 南	–	–	–
湖 北	1 568	416 834	180 206
湖 南	117	–	–
广 东	4 002	1 740 914	458 529
广 西	135	–	–
海 南	137	103 800	9
重 庆	896	120	–
四 川	–	–	–
贵 州	–	–	–
云 南	–	–	–
西 藏	–	–	–
陕 西	–	–	–
甘 肃	–	–	–
青 海	–	–	–
宁 夏	–	–	–
新 疆	–	–	–

4-18 城市客运经营业户

单位：户

地区	公共汽电车经营业户数	国有企业	国有控股企业	私营企业	轨道交通经营业户数	城市客运轮渡经营业户数
全　国	1 689	438	205	889	21	128
北　京	2	1	1	-	2	-
天　津	17	15	-	2	2	-
河　北	39	15	4	19	-	-
山　西	44	6	4	16	-	-
内蒙古	56	7	1	38	-	-
辽　宁	83	31	13	35	2	-
吉　林	95	7	5	63	1	-
黑龙江	91	19	1	66	-	14
上　海	35	-	23	-	6	1
江　苏	82	26	31	22	1	11
浙　江	81	32	7	24	-	10
安　徽	45	15	10	16	-	-
福　建	39	26	6	7	-	3
江　西	42	16	3	22	-	-
山　东	112	51	6	51	-	-
河　南	57	16	8	22	-	-
湖　北	69	27	15	27	1	6
湖　南	69	20	7	38	-	3
广　东	159	26	24	96	4	40
广　西	32	10	1	20	-	-
海　南	34	9	-	25	-	2
重　庆	8	3	3	-	1	38
四　川	86	15	10	43	1	-
贵　州	131	10	2	119	-	-
云　南	28	7	3	15	-	-
西　藏	6	1	-	5	-	-
陕　西	46	11	6	28	-	-
甘　肃	22	3	3	13	-	-
青　海	6	-	1	5	-	-
宁　夏	23	3	1	19	-	-
新　疆	50	10	6	33	-	-

4-18 续表（一）

单位：户

地区	出租汽车经营业户数					个体经营业户数
	合计	车辆301辆以上的企业数	车辆101-300辆（含）的企业数	车辆50-100辆（含）的企业数	车辆50辆（含）以下的企业数	
全国	97 741	608	1 905	1 423	2 385	91 420
北京	1 403	28	63	56	106	1 150
天津	6 056	25	28	12	15	5 976
河北	6 577	35	84	30	28	6 400
山西	130	24	61	31	14	–
内蒙古	5 685	37	53	34	13	5 548
辽宁	18 444	43	145	101	284	17 871
吉林	23 322	13	39	20	668	22 582
黑龙江	10 105	49	105	64	80	9 807
上海	3 301	28	20	44	55	3 154
江苏	4 217	20	136	103	74	3 884
浙江	3 497	16	81	81	126	3 193
安徽	274	33	68	25	24	124
福建	138	11	27	36	61	3
江西	111	5	27	31	45	3
山东	2 013	39	160	99	63	1 652
河南	344	34	133	94	82	1
湖北	703	12	77	84	67	463
湖南	178	11	87	55	25	–
广东	432	38	128	116	114	36
广西	139	13	25	25	37	39
海南	38	2	14	7	15	–
重庆	1 022	9	27	23	57	906
四川	449	7	70	88	179	105
贵州	3 998	2	19	11	23	3 943
云南	898	8	36	37	41	776
西藏	18	–	1	15	2	–
陕西	140	12	60	36	32	–
甘肃	175	13	61	24	16	61
青海	12	8	2	1	1	–
宁夏	58	13	29	11	5	–
新疆	3 864	20	39	29	33	3 743

4-19 城市客运从业人员

单位：人

地区	公共汽电车从业人员	出租汽车从业人员	轨道交通从业人员	客运轮渡从业人员
全国	1 111 170	1 984 422	101 486	11 599
北京	92 849	96 000	23 675	—
天津	16 856	37 482	3 545	—
河北	36 830	74 280	—	—
山西	24 850	53 476	—	—
内蒙古	16 975	73 883	—	—
辽宁	56 609	174 657	3 178	—
吉林	23 524	96 895	1 753	—
黑龙江	36 425	103 352	—	784
上海	69 756	125 152	39 785	1 370
江苏	69 760	93 559	3 655	1 743
浙江	55 362	80 405	—	2 437
安徽	26 957	73 359	—	178
福建	24 657	38 292	—	314
江西	16 097	25 308	—	—
山东	68 559	100 384	—	1 564
河南	44 063	86 688	—	—
湖北	61 528	71 881	1 217	1 121
湖南	37 772	54 819	—	95
广东	119 130	131 169	20 068	1 221
广西	18 917	30 280	—	—
海南	6 877	8 861	—	194
重庆	28 609	40 984	3 414	578
四川	43 454	68 270	1 196	—
贵州	16 207	25 938	—	—
云南	15 343	32 258	—	—
西藏	2 865	2 936	—	—
陕西	32 746	53 433	—	—
甘肃	14 628	32 001	—	—
青海	6 413	13 575	—	—
宁夏	6 747	21 822	—	—
新疆	19 805	63 023	—	—

4-20 城市客运设施

地区	公交专用车道长度（公里）	轨道交通车站数（个）	换乘站数	城市客运轮渡在用码头数（个）	公交 IC 卡售卡量（万张）
全 国	3 512.5	977	78	326	15 566.3
北 京	294.0	196	22	–	752.1
天 津	65.0	50	–	–	450.0
河 北	40.6	–	–	–	96.9
山 西	43.7	–	–	–	113.7
内蒙古	45.6	–	–	–	47.8
辽 宁	195.6	78	1	–	779.7
吉 林	79.8	65	–	–	51.7
黑龙江	83.0	–	–	15	256.9
上 海	161.8	275	36	38	4 396.0
江 苏	394.5	57	2	23	1 345.7
浙 江	129.4	–	–	58	857.3
安 徽	98.6	–	–	–	283.2
福 建	85.2	–	–	14	391.3
江 西	13.2	–	–	–	59.7
山 东	386.8	–	–	–	267.4
河 南	129.0	–	–	–	483.7
湖 北	55.3	25	–	22	395.9
湖 南	88.3	–	–	12	198.3
广 东	421.1	196	17	81	2 538.7
广 西	88.3	–	–	–	28.0
海 南	–	–	–	2	0.0
重 庆	13.0	18	–	61	350.0
四 川	254.2	17	–	–	532.0
贵 州	13.0	–	–	–	21.0
云 南	96.4	–	–	–	107.6
西 藏	–	–	–	–	0.6
陕 西	77.1	–	–	–	239.2
甘 肃	–	–	–	–	243.5
青 海	4.5	–	–	–	91.6
宁 夏	32.0	–	–	–	10.0
新 疆	123.5	–	–	–	176.9

4-21　城市公共汽电车数量

地区	公共汽电车数（辆）				标准运营车数（标台）
		空调车	安装卫星定位车载终端的车辆	BRT运营车辆	
全　国	374 876	155 598	159 128	2 943	421 805
北　京	21 548	13 355	7 267	294	31 728
天　津	7 121	3 426	977	-	7 946
河　北	14 630	470	2 740	-	15 142
山　西	6 609	433	1 626	-	6 969
内蒙古	5 771	567	772	-	6 133
辽　宁	19 416	1 675	4 960	64	22 137
吉　林	10 203	274	982	-	9 868
黑龙江	13 567	1 192	3 326	-	14 388
上　海	17 455	16 871	10 473	-	21 587
江　苏	27 195	16 222	18 147	359	31 574
浙　江	21 589	20 238	14 964	130	23 829
安　徽	9 626	1 199	3 184	195	10 586
福　建	10 306	9 449	5 231	150	11 116
江　西	6 266	1 492	2 640	-	7 078
山　东	27 752	3 293	14 916	217	30 596
河　南	16 096	2 391	4 392	350	16 827
湖　北	16 428	7 884	5 676	-	18 871
湖　南	12 344	3 544	2 403	-	13 481
广　东	40 509	37 374	23 653	1 102	45 080
广　西	6 839	567	4 542	-	7 699
海　南	1 964	1 809	616	-	1 955
重　庆	7 552	4 276	5 843	37	8 145
四　川	15 186	6 011	9 844	-	17 643
贵　州	4 584	137	2 286	-	4 528
云　南	7 135	136	1 504	45	7 408
西　藏	940	-	-	-	839
陕　西	9 953	604	747	-	11 392
甘　肃	4 382	246	793	-	4 951
青　海	2 175	-	58	-	2 169
宁　夏	2 382	271	452	-	2 443
新　疆	7 353	192	4 114	-	7 702

4-22 城市公共汽电车数量（按长度分）

地区	公共汽电车数（辆）								
	合计	≤5米	>5米且≤7米	>7米且≤10米	>10米且≤13米	>13米且≤16米	>16米且≤18米	>18米	双层车
全国	374 876	4 306	38 790	150 818	168 979	5 383	3 047	20	3 533
北 京	21 548	–	–	–	14 385	4 017	2 209	–	937
天 津	7 121	2	81	4 390	2 555	–	–	–	93
河 北	14 630	410	2 392	7 687	3 697	402	–	10	32
山 西	6 609	1	1 181	3 390	1 866	9	26	–	136
内蒙古	5 771	71	1 317	1 872	2 417	88	4	–	2
辽 宁	19 416	69	1 836	6 995	10 225	133	34	–	124
吉 林	10 203	130	2 788	5 435	1 830	2	–	–	18
黑龙江	13 567	782	1 903	4 940	5 942	–	–	–	–
上 海	17 455	–	68	3 647	13 695	–	29	–	16
江 苏	27 195	99	1 556	9 838	15 400	66	141	4	91
浙 江	21 589	531	2 145	8 935	9 746	1	130	6	95
安 徽	9 626	24	685	5 141	3 712	–	58	–	6
福 建	10 306	217	1 302	4 575	4 139	–	15	–	58
江 西	6 266	16	323	2 998	2 866	–	–	–	63
山 东	27 752	188	2 705	13 066	11 454	47	174	–	118
河 南	16 096	365	3 257	6 655	5 546	130	66	–	77
湖 北	16 428	209	1 857	5 644	7 890	64	51	–	713
湖 南	12 344	–	1 131	6 307	4 899	–	–	–	7
广 东	40 509	491	3 095	18 013	18 736	165	5	–	4
广 西	6 839	111	541	3 009	2 970	–	–	–	208
海 南	1 964	–	388	1 218	358	–	–	–	–
重 庆	7 552	30	779	3 939	2 804	–	–	–	–
四 川	15 186	27	963	5 763	8 050	5	4	–	374
贵 州	4 584	337	748	2 470	982	–	–	–	47
云 南	7 135	112	1 431	3 464	1 935	–	45	–	148
西 藏	940	–	615	54	268	–	–	–	3
陕 西	9 953	–	1 748	1 950	6 111	–	–	–	144
甘 肃	4 382	–	561	1 748	1 827	190	56	–	–
青 海	2 175	46	377	1 339	403	–	–	–	10
宁 夏	2 382	4	284	1 620	462	6	–	–	6
新 疆	7 353	34	733	4 716	1 809	58	–	–	3

4-23　城市公共汽电车数量（按燃料类型分）

地区	公共汽电车数（辆）										
	合计	汽油车	乙醇汽油车	柴油车	液化石油气车	天然气车	双燃料车	无轨电车	纯电动客车	混合动力车	其他
全　国	374 876	27 630	11 813	257 116	7 401	51 503	14 602	1 967	838	1 966	40
北　京	21 548	315	-	17 480	-	3 113	-	490	150	-	-
天　津	7 121	20	-	6 494	-	607	-	-	-	-	-
河　北	14 630	2 245	38	9 968	-	2 318	61	-	-	-	-
山　西	6 609	1 636	-	3 546	-	360	934	133	-	-	-
内蒙古	5 771	1 385	-	2 180	-	1 247	959	-	-	-	-
辽　宁	19 416	1 685	1 007	15 487	496	325	335	61	-	20	-
吉　林	10 203	-	3 880	6 306	-	-	-	-	-	17	-
黑龙江	13 567	-	2 957	8 094	810	1 525	181	-	-	-	-
上　海	17 455	-	-	16 802	-	226	-	287	130	10	-
江　苏	27 195	4 353	1 040	21 127	-	541	90	-	5	39	-
浙　江	21 589	615	-	20 069	-	330	-	65	1	501	8
安　徽	9 626	482	1 329	6 124	-	1 515	115	-	30	-	31
福　建	10 306	149	-	9 542	-	615	-	-	-	-	-
江　西	6 266	257	-	5 957	-	-	-	-	-	52	-
山　东	27 752	1 606	80	22 338	-	2 985	242	285	26	190	-
河　南	16 096	1 758	856	10 843	14	382	2 074	138	21	10	-
湖　北	16 428	2 370	1	11 076	511	1 422	516	236	-	296	-
湖　南	12 344	1 016	-	10 256	-	297	-	-	-	775	-
广　东	40 509	421	-	32 458	5 457	1 259	135	272	451	56	-
广　西	6 839	-	625	6 206	-	-	-	-	8	-	-
海　南	1 964	-	-	1 176	113	675	-	-	-	-	-
重　庆	7 552	10	-	378	-	7 164	-	-	-	-	-
四　川	15 186	401	-	1 349	-	10 213	3 213	-	10	-	-
贵　州	4 584	1 889	-	1 956	-	739	-	-	-	-	-
云　南	7 135	2 461	-	4 594	-	80	-	-	-	-	-
西　藏	940	30	-	910	-	-	-	-	-	-	-
陕　西	9 953	544	-	1 156	-	3 023	5 230	-	-	-	-
甘　肃	4 382	359	-	1 785	-	2 238	-	-	-	-	-
青　海	2 175	213	-	52	-	1 910	-	-	-	-	-
宁　夏	2 382	230	-	650	-	1 271	231	-	-	-	-
新　疆	7 353	1 180	-	757	-	5 123	286	-	6	-	1

4-24 城市公共汽电车数量（按排放标准分）

地区	公共汽电车数（辆）				
	合计	国Ⅱ及以下	国Ⅲ	国Ⅳ	国Ⅴ及以上
全 国	374 876	194 886	160 712	15 350	3 928
北 京	21 548	340	14 883	5 487	838
天 津	7 121	2 690	4 012	257	162
河 北	14 630	9 888	4 671	71	–
山 西	6 609	4 415	1 967	59	168
内蒙古	5 771	1 932	3 447	392	–
辽 宁	19 416	14 053	4 945	337	81
吉 林	10 203	6 620	3 492	91	–
黑龙江	13 567	7 120	6 130	317	
上 海	17 455	6 322	10 507	617	9
江 苏	27 195	10 727	14 224	2 169	75
浙 江	21 589	10 553	9 921	1 039	76
安 徽	9 626	7 465	1 836	206	119
福 建	10 306	4 601	5 340	60	305
江 西	6 266	4 429	1 837	–	–
山 东	27 752	17 549	9 561	354	288
河 南	16 096	11 594	4 414	8	80
湖 北	16 428	10 676	5 609	143	–
湖 南	12 344	7 623	4 711	10	–
广 东	40 509	16 526	21 914	1 576	493
广 西	6 839	4 846	1 925	60	8
海 南	1 964	576	1 380	8	
重 庆	7 552	4 280	3 272	–	–
四 川	15 186	9 506	4 092	1 588	
贵 州	4 584	3 154	1 430	–	
云 南	7 135	5 173	1 962	–	
西 藏	940	615	93	232	
陕 西	9 953	6 312	3 592	38	11
甘 肃	4 382	1 137	2 942	105	198
青 海	2 175	615	1 560	–	
宁 夏	2 382	1 676	688	18	
新 疆	7 353	1 873	4 355	108	1 017

4-25　城市公共汽电车场站及线路

地　区	保养场面积（万平方米）	停车场面积（万平方米）	运营线路条数（条）	运营线路总长度（公里）	BRT 线路长度	无轨电车线路长度
全　国	739.1	3 288.2	26 000	488 812	514	955
北　京	37.9	26.0	713	18 743	55	201
天　津	5.3	56.6	520	12 240	-	-
河　北	8.7	117.0	879	14 869	-	-
山　西	4.6	68.0	638	12 200	-	46
内蒙古	8.8	82.5	453	9 272	-	-
辽　宁	56.4	205.3	1 193	19 104	14	8
吉　林	4.4	28.6	742	10 136	-	-
黑龙江	8.2	167.5	711	11 956	-	12
上　海	37.2	140.5	1 165	23 130	-	169
江　苏	107.1	327.9	2 213	41 266	60	-
浙　江	75.7	211.9	2 310	39 989	72	14
安　徽	58.8	136.0	613	8 948	20	-
福　建	21.8	96.9	796	13 555	86	-
江　西	9.3	25.7	518	9 934	-	-
山　东	32.6	336.6	1 848	39 470	110	96
河　南	9.3	167.3	1 013	16 362	30	34
湖　北	52.6	136.4	905	16 706	-	89
湖　南	22.9	69.9	776	14 791	-	-
广　东	40.4	301.6	3 268	69 485	23	160
广　西	6.9	89.9	562	8 099	-	-
海　南	1.9	15.3	137	3 818	-	-
重　庆	5.5	41.4	455	11 183	13	-
四　川	27.0	125.5	1 086	15 239	-	-
贵　州	12.8	18.5	348	5 143	-	-
云　南	6.6	74.5	629	13 218	31	-
西　藏	0.0	1.7	45	949	-	-
陕　西	46.3	80.4	409	8 697	-	126
甘　肃	4.9	40.4	276	4 173	-	-
青　海	1.1	11.8	93	1 554	-	-
宁　夏	4.6	13.1	210	4 325	-	-
新　疆	19.5	73.4	476	10 258	-	-

4-26 城市公共汽电车客运量

地 区	运营里程（万公里）	客运量（万人次）	月票换算	使用IC卡
全 国	2 814 793	6 310 720	246 660	2 345 240
北 京	140 906	505 144	–	428 318
天 津	38 972	108 581	3 920	28 135
河 北	110 912	178 559	28 855	16 057
山 西	41 976	110 135	4 285	33 161
内蒙古	53 397	89 963	2 142	30 170
辽 宁	127 159	400 802	14 391	131 360
吉 林	65 576	148 242	602	29 233
黑龙江	104 298	212 581	6 181	56 825
上 海	117 191	280 758	–	204 454
江 苏	200 954	377 257	5 793	159 617
浙 江	156 383	302 932	454	112 138
安 徽	73 520	181 876	4 013	59 735
福 建	71 214	197 723	6 070	58 511
江 西	52 707	121 628	426	25 918
山 东	204 019	371 800	43 531	97 751
河 南	107 988	229 237	3 701	73 983
湖 北	128 735	281 181	1 764	103 600
湖 南	114 289	241 463	3 801	42 239
广 东	390 778	576 764	5 388	241 603
广 西	52 187	141 942	2 700	26 060
海 南	25 990	36 470	–	–
重 庆	57 330	161 932	11 949	67 927
四 川	94 749	289 504	72 007	45 927
贵 州	36 236	113 505	6 113	15 162
云 南	42 682	138 213	1 507	64 292
西 藏	4 483	5 296	–	239
陕 西	70 068	223 729	872	89 795
甘 肃	25 458	85 327	373	39 464
青 海	13 165	38 964	–	28 357
宁 夏	15 375	27 130	1	1 402
新 疆	76 098	132 084	15 823	33 808

4-27 城市出租汽车车辆数

单位：辆

地区	运营车数								
	合计	汽油车	乙醇汽油车	柴油车	液化石油气车	天然气车	双燃料车	纯电动车	其他
全国	986 190	493 791	152 883	81 073	30 225	82 633	145 403	50	132
北京	66 646	66 646	–	–	–	–	–	–	–
天津	31 940	31 939	–	1	–	–	–	–	–
河北	46 016	20 390	6 608	1 366	–	1 874	15 778	–	–
山西	28 848	21 061	–	161	–	1 818	5 808	–	–
内蒙古	37 131	29 593	–	193	–	7 345	–	–	–
辽宁	79 890	42 351	13 330	12 201	–	66	11 942	–	–
吉林	54 933	–	43 759	11 174	–	–	–	–	–
黑龙江	61 129	–	54 503	6 626	–	–	–	–	–
上海	50 007	47 965	–	568	–	–	1 474	–	–
江苏	46 075	35 836	6 917	2 532	–	–	790	–	–
浙江	32 532	21 419	–	10 296	256	–	561	–	–
安徽	36 681	5 236	7 016	917	1 768	13 915	7 829	–	–
福建	16 782	9 443	–	3 772	–	150	3 417	–	–
江西	10 854	4 488	–	6 266	–	–	–	–	100
山东	57 687	32 136	2 997	1 422	350	7 333	13 449	–	–
河南	44 525	19 546	5 032	4 131	839	10 985	3 992	–	–
湖北	31 325	11 670	2 081	94	7 471	8 927	1 082	–	–
湖南	23 778	8 335	–	10 078	–	–	5 333	–	32
广东	59 972	30 164	–	4 238	18 380	1 992	5 148	50	–
广西	13 566	1 468	10 566	1 166	–	171	195	–	–
海南	3 978	226	–	1 486	–	140	2 126	–	–
重庆	14 021	–	–	–	–	36	13 985	–	–
四川	27 022	3 166	74	2	–	2 798	20 982	–	–
贵州	9 091	7 259	–	1 832	–	–	–	–	–
云南	15 164	14 642	–	522	–	–	–	–	–
西藏	1 357	196	–	–	1 161	–	–	–	–
陕西	21 288	3 482	–	–	–	962	16 844	–	–
甘肃	19 309	10 326	–	–	–	8 827	156	–	–
青海	7 119	1 603	–	–	–	–	5 516	–	–
宁夏	12 978	7 789	–	–	–	3 603	1 586	–	–
新疆	24 546	5 416	–	29	–	11 691	7 410	–	–

4-28 城市出租汽车运量

地 区	载客车次总数（万车次）	运营里程（万公里）		客运量（万人次）
			载客里程	
全 国	1 452 749	12 520 452	8 634 415	2 824 076
北 京	49 347	561 678	365 091	69 000
天 津	17 300	385 549	242 896	34 600
河 北	47 614	504 052	323 109	94 585
山 西	36 218	309 902	223 230	84 921
内蒙古	43 262	480 634	337 998	82 196
辽 宁	98 634	1 036 464	780 610	189 673
吉 林	105 962	616 113	489 186	191 555
黑龙江	101 502	588 216	412 260	208 945
上 海	63 307	648 527	397 915	114 499
江 苏	67 107	628 307	384 737	129 781
浙 江	62 980	551 332	378 180	128 128
安 徽	61 829	495 034	351 908	130 614
福 建	28 841	226 558	157 332	58 357
江 西	20 882	154 081	110 450	43 589
山 东	71 429	710 666	448 020	143 916
河 南	60 204	548 616	379 318	116 813
湖 北	53 340	490 995	359 186	110 004
湖 南	58 741	365 014	260 307	119 287
广 东	97 322	943 275	598 323	185 509
广 西	18 278	156 840	106 713	39 018
海 南	4 355	55 842	41 820	9 444
重 庆	33 016	266 773	183 677	61 302
四 川	52 800	419 611	285 595	101 301
贵 州	23 255	125 468	105 681	44 432
云 南	22 478	146 182	102 119	45 800
西 藏	3 928	26 822	19 060	8 433
陕 西	36 880	306 886	207 881	72 093
甘 肃	28 778	204 122	154 226	55 391
青 海	10 944	72 474	51 839	19 419
宁 夏	21 400	146 640	112 172	43 417
新 疆	50 815	347 780	263 577	88 056

4-29　城市轨道交通运营车辆数

地区	运营车数（辆）						标准运营车数（标台）	编组列数（列）
	合计	地铁	轻轨	单轨	有轨电车	磁悬浮		
全　国	**8 285**	**7 437**	**601**	**108**	**125**	**14**	**21 165**	**1 695**
北　京	2 463	2 463	-	-	-	-	7 058	446
天　津	292	116	152	-	24	-	692	46
河　北	-	-	-	-	-	-	-	-
山　西	-	-	-	-	-	-	-	-
内蒙古	-	-	-	-	-	-	-	-
辽　宁	354	138	144	-	72	-	825	131
吉　林	218	-	189	-	29	-	281	332
黑龙江	-	-	-	-	-	-	-	-
上　海	2 842	2 828	-	-	-	14	7 105	445
江　苏	366	366	-	-	-	-	915	6
浙　江	-	-	-	-	-	-	-	-
安　徽	-	-	-	-	-	-	-	-
福　建	-	-	-	-	-	-	-	-
江　西	-	-	-	-	-	-	-	-
山　东	-	-	-	-	-	-	-	-
河　南	-	-	-	-	-	-	-	-
湖　北	116	-	116	-	-	-	290	29
湖　南	-	-	-	-	-	-	-	-
广　东	1 424	1 424	-	-	-	-	3 560	256
广　西	-	-	-	-	-	-	-	-
海　南	-	-	-	-	-	-	-	-
重　庆	108	-	-	108	-	-	184	4
四　川	102	102	-	-	-	-	255	-
贵　州	-	-	-	-	-	-	-	-
云　南	-	-	-	-	-	-	-	-
西　藏	-	-	-	-	-	-	-	-
陕　西	-	-	-	-	-	-	-	-
甘　肃	-	-	-	-	-	-	-	-
青　海	-	-	-	-	-	-	-	-
宁　夏	-	-	-	-	-	-	-	-
新　疆	-	-	-	-	-	-	-	-

4-30 城市轨道交通运营线路条数

单位：条

地区	运营线路条数					
	合计	地铁	轻轨	单轨	有轨电车	磁悬浮
全 国	**53**	**42**	**5**	**1**	**4**	**1**
北 京	14	14	–	–	–	–
天 津	3	1	1	–	1	–
河 北	–	–	–	–	–	–
山 西	–	–	–	–	–	–
内蒙古	–	–	–	–	–	–
辽 宁	5	1	2	–	2	–
吉 林	2	–	1	–	1	–
黑龙江	–	–	–	–	–	–
上 海	12	11	–	–	–	1
江 苏	2	2	–	–	–	–
浙 江	–	–	–	–	–	–
安 徽	–	–	–	–	–	–
福 建	–	–	–	–	–	–
江 西	–	–	–	–	–	–
山 东	–	–	–	–	–	–
河 南	–	–	–	–	–	–
湖 北	1	–	1	–	–	–
湖 南	–	–	–	–	–	–
广 东	12	12	–	–	–	–
广 西	–	–	–	–	–	–
海 南	–	–	–	–	–	–
重 庆	1	–	–	1	–	–
四 川	1	1	–	–	–	–
贵 州	–	–	–	–	–	–
云 南	–	–	–	–	–	–
西 藏	–	–	–	–	–	–
陕 西	–	–	–	–	–	–
甘 肃	–	–	–	–	–	–
青 海	–	–	–	–	–	–
宁 夏	–	–	–	–	–	–
新 疆	–	–	–	–	–	–

4-31 城市轨道交通运营线路里程

单位：公里

地区	运营线路总长度					
	合计	地铁	轻轨	单轨	有轨电车	磁悬浮
全　国	1 471.3	1 217.0	168.6	17.4	39.2	29.1
北　京	336.0	336.0	-	-	-	-
天　津	79.8	26.6	45.6	-	7.6	-
河　北	-	-	-	-	-	-
山　西	-	-	-	-	-	-
内蒙古	-	-	-	-	-	-
辽　宁	114.9	27.9	63.0	-	24.0	-
吉　林	38.7	-	31.1	-	7.6	-
黑龙江	-	-	-	-	-	-
上　海	452.6	423.5	-	-	-	29.1
江　苏	85.0	85.0	-	-	-	-
浙　江	-	-	-	-	-	-
安　徽	-	-	-	-	-	-
福　建	-	-	-	-	-	-
江　西	-	-	-	-	-	-
山　东	-	-	-	-	-	-
河　南	-	-	-	-	-	-
湖　北	28.9	-	28.9	-	-	-
湖　南	-	-	-	-	-	-
广　东	299.5	299.5	-	-	-	-
广　西	-	-	-	-	-	-
海　南	-	-	-	-	-	-
重　庆	17.4	-	-	17.4	-	-
四　川	18.5	18.5	-	-	-	-
贵　州	-	-	-	-	-	-
云　南	-	-	-	-	-	-
西　藏	-	-	-	-	-	-
陕　西	-	-	-	-	-	-
甘　肃	-	-	-	-	-	-
青　海	-	-	-	-	-	-
宁　夏	-	-	-	-	-	-
新　疆	-	-	-	-	-	-

4-32 城市轨道交通运量

地区	运营里程（万列公里）	客运量（万人次）
全　国	**13 929**	**556 777**
北　京	3 594	184 645
天　津	535	6 568
河　北	–	–
山　西	–	–
内蒙古	–	–
辽　宁	666	8 627
吉　林	436	3 636
黑龙江	–	–
上　海	4 778	188 407
江　苏	613	21 459
浙　江	–	–
安　徽	–	–
福　建	–	–
江　西	–	–
山　东	–	–
河　南	–	–
湖　北	187	3 300
湖　南	–	–
广　东	2 901	134 373
广　西	–	–
海　南	–	–
重　庆	183	4 576
四　川	36	1 187
贵　州	–	–
云　南	–	–
西　藏	–	–
陕　西	–	–
甘　肃	–	–
青　海	–	–
宁　夏	–	–
新　疆	–	–

4-33　城市客运轮渡船舶及航线数

地　区	运营船数（艘）	运营航线条数（条）	运营航线总长度（公里）
全　国	959	377	2 341.0
北　京	-	-	-
天　津	-	-	-
河　北	-	-	-
山　西	-	-	-
内蒙古	-	-	-
辽　宁	-	-	-
吉　林	-	-	-
黑龙江	223	53	443.8
上　海	42	18	11.3
江　苏	64	22	107.6
浙　江	206	73	727.3
安　徽	6	1	3.4
福　建	25	10	96.0
江　西	-	-	-
山　东	38	15	208.0
河　南	-	-	-
湖　北	52	22	108.7
湖　南	17	11	6.4
广　东	193	84	180.8
广　西	-	-	-
海　南	18	13	21.1
重　庆	75	55	426.6
四　川	-	-	-
贵　州	-	-	-
云　南	-	-	-
西　藏	-	-	-
陕　西	-	-	-
甘　肃	-	-	-
青　海	-	-	-
宁　夏	-	-	-
新　疆	-	-	-

4-34 城市客运轮渡运量

地区	运量		
	客运量（万人次）	机动车运量（辆）	非机动车运量（辆）
全 国	17 512	10 209 604	33 235 109
北 京	–	–	–
天 津	–	–	–
河 北	–	–	–
山 西	–	–	–
内蒙古	–	–	–
辽 宁	–	–	–
吉 林	–	–	–
黑龙江	630	30 230	16 700
上 海	2 503	1 932 437	32 116 454
江 苏	1 875	2 278 398	498 961
浙 江	2 523	2 313 079	750
安 徽	118	57 364	–
福 建	2 264	–	–
江 西	–	–	–
山 东	1 302	1 446 048	–
河 南	–	–	–
湖 北	1 468	307 334	143 706
湖 南	103	–	–
广 东	4 002	1 740 914	458 529
广 西	–	–	–
海 南	137	103 800	9
重 庆	587	–	–
四 川	–	–	–
贵 州	–	–	–
云 南	–	–	–
西 藏	–	–	–
陕 西	–	–	–
甘 肃	–	–	–
青 海	–	–	–
宁 夏	–	–	–
新 疆	–	–	–

4-35 中心城市城市客运经营业户

单位：户

地 区	公共汽电车经营业户数	国有企业	国有控股企业	私营企业	轨道交通经营业户数	城市客运轮渡经营业户数
北　京	2	1	1	-	2	-
天　津	17	15	-	2	2	-
石家庄	1	1	-	-	-	-
太　原	7	-	-	1	-	-
呼和浩特	1	1	-	-	-	-
沈　阳	14	1	3	6	1	-
长　春	27	-	1	26	1	-
哈尔滨	35	2	1	32	-	6
上　海	35	-	23	-	6	1
南　京	10	2	6	1	1	1
杭　州	6	3	-	-	-	-
合　肥	6	4	2	-	-	-
福　州	4	2	1	1	-	2
南　昌	2	2	-	-	-	-
济　南	4	2	1	1	-	-
郑　州	2	1	1	-	-	-
武　汉	16	3	9	4	1	1
长　沙	8	-	-	4	-	-
广　州	7	-	7	-	1	1
南　宁	6	1	1	4	-	-
海　口	10	4	-	6	-	1
重　庆	8	3	3	-	1	38
成　都	18	1	2	10	1	-
贵　阳	72	2	-	70	-	-
昆　明	9	4	3	2	-	-
拉　萨	5	1	-	4	-	-
西　安	24	1	5	18	-	-
兰　州	2	-	1	-	-	-
西　宁	3	-	1	2	-	-
银　川	1	1	-	-	-	-
乌鲁木齐	20	1	3	16	-	-
大　连	11	6	-	5	1	-
青　岛	4	4	-	-	-	-
宁　波	6	3	-	3	-	-
深　圳	9	-	4	3	3	-
厦　门	7	4	1	2	-	1

4-35 续表（一）

单位：户

地区	出租汽车经营业户数					
	合计	301辆以上的企业数	101~300辆（含）的企业数	50~100辆（含）的企业数	50辆（含）以下的企业数	个体经营业户数
北京	1 403	28	63	56	106	1 150
天津	6 056	25	28	12	15	5 976
石家庄	27	–	20	4	3	–
太原	23	7	7	2	7	–
呼和浩特	26	4	16	4	2	–
沈阳	1 530	12	45	34	98	1 341
长春	393	2	1	4	1	385
哈尔滨	107	9	37	37	24	–
上海	3 301	28	20	44	55	3 154
南京	1 449	4	25	14	14	1 392
杭州	1 541	4	23	17	58	1 439
合肥	131	6	–	–	1	124
福州	18	6	7	3	2	–
南昌	26	3	6	5	12	–
济南	201	8	22	11	–	160
郑州	60	11	29	18	2	–
武汉	478	9	33	4	15	417
长沙	27	6	20	1	–	–
广州	66	12	22	23	9	–
南宁	10	9	1	–	–	–
海口	11	2	7	1	1	–
重庆	1 022	9	27	23	57	906
成都	130	6	22	20	82	–
贵阳	2 613	1	2	–	–	2 610
昆明	36	8	13	8	7	–
拉萨	15	–	1	13	1	–
西安	59	7	27	12	13	–
兰州	90	7	16	4	2	61
西宁	6	6	–	–	–	–
银川	19	6	11	1	1	–
乌鲁木齐	41	5	15	11	10	–
大连	2 738	1	10	34	147	2 546
青岛	32	9	20	1	2	–
宁波	1 211	1	10	9	11	1 180
深圳	83	13	38	15	17	–
厦门	12	4	1	6	1	–

4-36 中心城市城市客运从业人员

单位：人

地区	公共汽电车从业人员	出租汽车从业人员	轨道交通从业人员	客运轮渡从业人员
北京	92 849	96 000	23 675	-
天津	16 856	37 482	3 545	-
石家庄	9 129	15 388	-	-
太原	8 687	17 866	-	-
呼和浩特	4 365	12 527	-	-
沈阳	14 452	43 261	1 788	-
长春	8 255	27 233	1 753	-
哈尔滨	17 470	26 774	-	420
上海	69 756	125 152	39 785	1 370
南京	22 033	20 748	3 655	351
杭州	21 994	24 189	-	196
合肥	8 725	20 700	-	-
福州	7 352	12 522	-	19
南昌	5 858	10 342	-	-
济南	11 219	12 061	-	-
郑州	10 437	23 230	-	-
武汉	37 740	35 387	1 217	827
长沙	9 527	16 858	-	-
广州	26 070	41 659	10 856	297
南宁	7 366	11 200	-	-
海口	4 288	4 862	-	75
重庆	28 609	40 984	3 414	578
成都	18 104	27 561	1 196	-
贵阳	7 978	10 290	-	-
昆明	9 459	13 852	-	-
拉萨	2 770	2 529	-	-
西安	23 218	32 457	-	-
兰州	9 335	12 776	-	-
西宁	6 148	10 950	-	-
银川	3 690	9 972	-	-
乌鲁木齐	10 415	17 066	-	-
大连	13 999	25 633	1 390	-
青岛	16 116	19 142	-	1 564
宁波	8 162	10 019	-	66
深圳	49 063	32 893	9 212	-
厦门	7 400	10 332	-	295

4-37 中心城市城市客运设施

地区	公交专用车道长度（公里）	轨道交通车站数（个）	换乘站数	城市客运轮渡在用码头数（个）	公交IC卡售卡量（张）
北　京	294.0	196	22	–	752.1
天　津	65.0	50	–	–	450.0
石家庄	29.8	–	–	–	26.5
太　原	43.7	–	–	–	66.6
呼和浩特	17.0	–	–	–	43.6
沈　阳	99.2	22	–	–	423.6
长　春	66.8	65	–	–	12.0
哈尔滨	12.0	–	–	15	220.6
上　海	161.8	275	36	38	4 396.0
南　京	63.0	57	2	15	590.9
杭　州	92.0	–	–	–	416.8
合　肥	20.4	–	–	–	149.2
福　州	16.0	–	–	5	70.8
南　昌	–	–	–	–	10.3
济　南	113.0	–	–	–	60.0
郑　州	30.0	–	–	–	348.6
武　汉	32.9	25	–	14	320.0
长　沙	69.0	–	–	–	36.0
广　州	128.5	144	14	22	2 016.0
南　宁	60.0	–	–	–	6.4
海　口	–	–	–	–	–
重　庆	13.0	18	–	61	350.0
成　都	230.2	17	–	–	470.0
贵　阳	13.0	–	–	–	8.5
昆　明	95.5	–	–	–	58.6
拉　萨	–	–	–	–	0.6
西　安	65.6	–	–	–	165.0
兰　州	–	–	–	–	198.0
西　宁	4.5	–	–	–	91.6
银　川	32.0	–	–	–	8.1
乌鲁木齐	21.0	–	–	–	141.4
大　连	43.0	56	1	–	272.0
青　岛	58.0	–	–	–	10.4
宁　波	22.9	–	–	–	215.0
深　圳	183.0	51	2	–	223.1
厦　门	63.2	–	–	9	289.4

4-38 中心城市公共汽电车数量

地区	公共汽电车数（辆）				标准运营车数（标台）
		空调车	安装卫星定位车载终端	BRT运营车辆	
北京	21 548	13 355	7 267	294	31 728
天津	7 121	3 426	977	-	7 946
石家庄	3 363	-	-	-	4 251
太原	1 984	-	-	-	2 214
呼和浩特	1 577	-	-	-	1 872
沈阳	5 327	25	514	-	6 586
长春	4 433	131	331	-	4 782
哈尔滨	5 173	349	2 999	-	6 351
上海	17 455	16 871	10 473	-	21 587
南京	6 178	3 988	3 330	-	7 669
杭州	7 345	6 970	7 309	130	8 733
合肥	2 713	479	1 932	195	3 180
福州	3 042	2 837	320	-	3 498
南昌	2 490	556	1 934	-	3 151
济南	4 060	1 010	2 858	167	4 966
郑州	4 826	1 617	3 731	350	5 833
武汉	7 460	5 330	1 906	-	9 836
长沙	3 557	1 012	246	-	4 370
广州	8 405	8 281	6 965	1 102	10 085
南宁	2 601	225	2 290	-	3 169
海口	1 184	1 179	482	-	1 241
重庆	7 552	4 276	5 843	37	8 145
成都	7 298	4 430	6 432	-	9 155
贵阳	2 423	127	2 155	-	2 592
昆明	4 312	95	1 134	45	4 713
拉萨	904	-	-	-	813
西安	7 107	415	74	-	8 135
兰州	2 151	-	-	-	2 665
西宁	1 932	-	-	-	1 975
银川	1 196	224	-	-	1 321
乌鲁木齐	3 634	-	2 426	-	3 979
大连	4 696	273	965	64	5 786
青岛	4 664	408	2 870	-	5 817
宁波	3 455	3 455	2 874	-	4 042
深圳	12 456	12 274	5 193	-	14 677
厦门	3 363	3 363	2 829	150	3 982

4-39 中心城市公共汽电车数量（按长度分）

地区	公共汽电车数（辆）							
	合计	≤5米	>5米且≤7米	>7米且≤10米	>10米且≤13米	>13米且≤16米	>16米且≤18米	>18米	双层车
北　京	21 548	–	–	–	14 385	4 017	2 209	–	937
天　津	7 121	2	81	4 390	2 555	–	–	–	93
石家庄	3 363	–	78	811	2 078	374	–	10	12
太　原	1 984	–	166	1 211	448	–	26	–	133
呼和浩特	1 577	–	190	215	1 172	–	–	–	–
沈　阳	5 327	–	15	1 359	3 795	88	–	–	70
长　春	4 433	2	143	2 981	1 305	–	–	–	2
哈尔滨	5 173	–	32	1 183	3 958	–	–	–	–
上　海	17 455	–	68	3 647	13 695	–	29	–	16
南　京	6 178	20	196	808	5 132	–	–	–	22
杭　州	7 345	408	329	1 281	5 194	–	130	–	3
合　肥	2 713	–	45	1 201	1 409	–	58	–	–
福　州	3 042	120	99	1 003	1 820	–	–	–	–
南　昌	2 490	16	20	275	2 143	–	–	–	36
济　南	4 060	–	103	1 396	2 307	1	167	–	86
郑　州	4 826	104	268	1 059	3 173	96	66	–	60
武　汉	7 460	–	295	563	5 782	64	51	–	705
长　沙	3 557	–	–	847	2 710	–	–	–	–
广　州	8 405	61	485	1 684	6 170	–	5	–	–
南　宁	2 601	–	15	681	1 903	–	–	–	2
海　口	1 184	–	91	812	281	–	–	–	–
重　庆	7 552	30	779	3 939	2 804	–	–	–	–
成　都	7 298	–	387	1 074	5 468	–	4	–	365
贵　阳	2 423	231	66	1 195	889	–	–	–	42
昆　明	4 312	12	668	1 953	1 514	–	45	–	120
拉　萨	904	–	579	54	268	–	–	–	3
西　安	7 107	–	1 509	889	4 595	–	–	–	114
兰　州	2 151	–	30	379	1 742	–	–	–	–
西　宁	1 932	–	291	1 228	403	–	–	–	10
银　川	1 196	–	32	735	417	6	–	–	6
乌鲁木齐	3 634	–	91	2 379	1 107	57	–	–	–
大　连	4 696	–	11	1 224	3 366	25	34	–	36
青　岛	4 664	–	–	851	3 791	20	–	–	2
宁　波	3 455	–	298	1 017	2 089	–	–	6	45
深　圳	12 456	–	742	3 749	7 830	135	–	–	–
厦　门	3 363	–	157	1 130	2 007	–	15	–	54

4-40 中心城市公共汽电车数量（按燃料类型分）

地区	公共汽电车数（辆）									
	合计	汽油车	乙醇汽油车	柴油车	液化石油气车	天然气车	双燃料车	无轨电车	纯电动客车	混合动力车
北京	21 548	315	–	17 480	–	3 113	–	490	150	–
天津	7 121	20	–	6 494	–	607	–	–	–	–
石家庄	3 363	23	–	1 336	–	2 004	–	–	–	–
太原	1 984	865	–	367	–	1	618	133	–	–
呼和浩特	1 577	580	–	–	–	98	899	–	–	–
沈阳	5 327	566	194	3 486	496	250	335	–	–	–
长春	4 433	–	2 123	2 293	–	–	–	–	–	17
哈尔滨	5 173	–	1 143	1 785	810	1 435	–	–	–	–
上海	17 455	–	–	16 802	–	226	–	287	130	10
南京	6 178	2 381	–	3 794	–	–	–	–	3	–
杭州	7 345	417	–	6 245	–	157	–	65	–	453
合肥	2 713	–	130	1 807	–	746	–	–	30	–
福州	3 042	120	–	2 617	–	305	–	–	–	–
南昌	2 490	52	–	2 386	–	–	–	–	–	52
济南	4 060	14	–	2 673	–	1 127	–	140	6	100
郑州	4 826	–	107	2 531	–	100	2 020	58	–	10
武汉	7 460	135	–	5 384	511	898	–	236	–	296
长沙	3 557	280	–	2 795	–	230	–	–	–	252
广州	8 405	46	–	2 548	5 457	–	–	272	26	56
南宁	2 601	–	416	2 177	–	–	–	–	8	–
海口	1 184	–	–	600	113	471	–	–	–	–
重庆	7 552	10	–	378	–	7 164	–	–	–	–
成都	7 298	–	–	615	–	6 633	40	–	10	–
贵阳	2 423	1 456	–	248	–	719	–	–	–	–
昆明	4 312	1 917	–	2 335	–	60	–	–	–	–
拉萨	904	30	–	874	–	–	–	–	–	–
西安	7 107	–	–	342	–	2 620	4 145	–	–	–
兰州	2 151	–	–	16	–	2 135	–	–	–	–
西宁	1 932	13	–	9	–	1 910	–	–	–	–
银川	1 196	–	–	–	–	1 196	–	–	–	–
乌鲁木齐	3 634	–	–	13	–	3 615	–	–	6	–
大连	4 696	–	274	4 270	–	71	–	61	–	20
青岛	4 664	568	–	3 445	–	508	–	139	4	–
宁波	3 455	11	–	3 309	–	135	–	–	–	–
深圳	12 456	–	–	11 731	–	300	–	–	425	–
厦门	3 363	8	–	3 045	–	310	–	–	–	–

4-41　中心城市公共汽电车数量（按排放标准分）

地 区	公共汽电车数（辆）				
	合计	国Ⅱ及以下	国Ⅲ	国Ⅳ	国Ⅴ及以上
北　京	21 548	340	14 883	5 487	838
天　津	7 121	2 690	4 012	257	162
石家庄	3 363	2 076	1 287	—	—
太　原	1 984	1 195	648	8	133
呼和浩特	1 577	—	1 577	—	—
沈　阳	5 327	3 579	1 536	212	—
长　春	4 433	2 633	1 800	—	—
哈尔滨	5 173	1 258	3 746	169	—
上　海	17 455	6 322	10 507	617	9
南　京	6 178	2 912	3 187	79	—
杭　州	7 345	2 985	3 352	935	73
合　肥	2 713	2 263	450	—	—
福　州	3 042	1 330	1 407	—	305
南　昌	2 490	1 455	1 035	—	—
济　南	4 060	1 701	2 113	100	146
郑　州	4 826	3 888	938	—	—
武　汉	7 460	5 343	2 117	—	—
长　沙	3 557	2 445	1 112	—	—
广　州	8 405	3 764	3 812	531	298
南　宁	2 601	2 247	346	—	8
海　口	1 184	272	904	8	—
重　庆	7 552	4 280	3 272	—	—
成　都	7 298	4 058	1 895	1 345	—
贵　阳	2 423	1 667	756	—	—
昆　明	4 312	3 337	975	—	—
拉　萨	904	579	93	232	—
西　安	7 107	4 226	2 832	38	11
兰　州	2 151	—	2 135	16	—
西　宁	1 932	545	1 387	—	—
银　川	1 196	957	239	—	—
乌鲁木齐	3 634	—	2 617	—	1 017
大　连	4 696	3 473	1 157	5	61
青　岛	4 664	2 226	2 438	—	—
宁　波	3 455	1 922	1 478	55	—
深　圳	12 456	816	11 385	255	—
厦　门	3 363	1 179	2 184	—	—

4-42 中心城市公共汽电车场站及线路

地区	保养场面积（万平方米）	停车场面积（万平方米）	运营线路条数（条）	运营线路总长度（公里）	BRT 线路长度	无轨电车线路长度
北京	37.9	26.0	713	18 743	55	201
天津	5.3	56.6	520	12 240	–	–
石家庄	1.0	9.3	166	2 405	–	–
太原	–	31.2	149	2 529	–	46
呼和浩特	4.7	30.7	90	1 556	–	–
沈阳	33.9	41.4	202	3 718	–	–
长春	1.4	1.6	242	4 371	–	–
哈尔滨	6.9	144.8	195	3 766	–	12
上海	37.2	140.5	1 165	23 130	–	169
南京	19.1	62.1	416	6 907	–	–
杭州	62.2	62.4	622	10 776	72	14
合肥	48.7	58.5	121	1 856	20	–
福州	2.8	37.9	162	2 502	–	–
南昌	4.3	4.2	145	3 371	–	–
济南	1.1	83.4	195	3 681	75	46
郑州	–	73.0	260	4 434	30	–
武汉	38.6	55.8	292	5 793	–	89
长沙	11.4	24.1	130	3 173	–	–
广州	14.7	75.9	600	11 547	23	160
南宁	2.5	32.6	137	2 336	–	–
海口	0.8	7.0	71	2 426	–	–
重庆	5.5	41.4	455	11 183	13	–
成都	8.4	63.0	337	5 953	–	–
贵阳	9.6	11.8	183	2 612	–	–
昆明	3.8	54.4	319	8 658	31	–
拉萨	–	1.7	40	840	–	–
西安	42.8	52.6	232	5 531	–	126
兰州	1.8	18.8	94	1 084	–	–
西宁	0.8	11.1	63	982	–	–
银川	2.8	…	60	1 076	–	–
乌鲁木齐	2.4	40.5	134	3 515	–	–
大连	6.3	50.3	190	3 090	14	8
青岛	12.0	52.3	205	4 087	–	30
宁波	5.9	51.9	320	5 729	–	–
深圳	10.5	105.9	758	16 987	–	–
厦门	6.9	21.6	235	4 463	86	–

4-43 中心城市公共汽电车客运量

地区	运营里程（万公里）	客运量（万人次）	月票换算	使用IC卡
北京	140 906	505 144	–	428 318
天津	38 972	108 581	3 920	28 135
石家庄	30 824	51 266	14 111	3 975
太原	11 871	42 879	–	22 918
呼和浩特	12 268	44 805	–	26 836
沈阳	32 642	119 273	–	57 409
长春	28 381	64 721	–	19 309
哈尔滨	47 221	109 078	–	44 970
上海	117 191	280 758	–	204 454
南京	42 317	103 691	–	62 756
杭州	47 655	127 825	–	81 277
合肥	18 645	60 873	–	21 710
福州	19 469	59 394	–	15 255
南昌	23 549	53 918	–	11 171
济南	19 318	84 872	37 045	12 912
郑州	24 527	83 049	–	39 878
武汉	57 424	153 504	1 493	77 118
长沙	29 154	72 222	–	26 677
广州	62 860	177 074	1	101 730
南宁	18 734	63 598	981	7 165
海口	16 437	23 032	–	–
重庆	57 330	161 932	11 949	67 927
成都	35 699	121 538	71 187	5 337
贵阳	15 893	59 551	5 863	13 396
昆明	21 910	90 262	–	47 051
拉萨	4 216	4 983	–	239
西安	48 088	165 387	–	76 348
兰州	14 354	60 907	48	30 375
西宁	11 472	38 594	–	28 349
银川	6 383	18 171	–	1 162
乌鲁木齐	22 566	73 490	14 294	26 341
大连	27 908	103 107	283	41 539
青岛	23 824	85 251	512	38 342
宁波	32 222	45 507	–	215
深圳	98 061	194 246	–	102 470
厦门	23 971	73 526	–	37 522

4-44　中心城市出租汽车车辆数

单位：辆

地区	运营车数								
	合计	汽油车	乙醇汽油车	柴油车	液化石油气车	天然气车	双燃料车	纯电动车	其他
北　京	66 646	66 646	-	-	-	-	-	-	-
天　津	31 940	31 939	-	1	-	-	-	-	-
石家庄	6 826	86	-	-	-	-	6 740	-	-
太　原	8 291	7 087	-	2	-	766	436	-	-
呼和浩特	5 568	4 398	-	70	-	1 100	-	-	-
沈　阳	18 470	2 163	-	4 367	-	-	11 940	-	-
长　春	16 967	-	9 026	7 941	-	-	-	-	-
哈尔滨	14 366	-	9 178	5 188	-	-	-	-	-
上　海	50 007	47 965	-	568	-	-	1 474	-	-
南　京	10 145	9 128	-	1 017	-	-	-	-	-
杭　州	9 362	8 299	-	801	256	-	6	-	-
合　肥	8 395	-	89	52	-	-	8 254	-	-
福　州	4 945	3 245	-	1 620	-	-	80	-	-
南　昌	3 813	414	-	3 299	-	-	-	-	100
济　南	8 237	314	1 187	225	-	-	6 511	-	-
郑　州	10 718	192	1 183	196	-	9 147	-	-	-
武　汉	13 996	3 263	-	-	7 471	3 262	-	-	-
长　沙	6 281	249	-	4 471	-	-	1 561	-	-
广　州	18 991	55	-	-	18 380	-	556	-	-
南　宁	4 795	-	4 695	100	-	-	-	-	-
海　口	1 915	-	-	25	-	-	1 890	-	-
重　庆	14 021	-	-	-	-	36	13 985	-	-
成　都	11 408	1 000	-	-	-	-	10 408	-	-
贵　阳	3 396	2 458	-	938	-	-	-	-	-
昆　明	7 104	6 952	-	152	-	-	-	-	-
拉　萨	1 163	2	-	-	1 161	-	-	-	-
西　安	11 879	170	-	-	-	-	11 709	-	-
兰　州	6 995	257	-	-	-	6 738	-	-	-
西　宁	5 516	-	-	-	-	-	5 516	-	-
银　川	5 006	1 406	-	-	-	3 600	-	-	-
乌鲁木齐	7 950	-	-	-	-	7 950	-	-	-
大　连	10 173	10 173	-	-	-	-	-	-	-
青　岛	9 639	8 488	-	7	-	1 144	-	-	-
宁　波	3 842	480	-	3 362	-	-	-	-	-
深　圳	14 340	14 290	-	-	-	-	-	50	-
厦　门	4 574	1 752	-	-	-	-	2 822	-	-

4-45　中心城市出租汽车运量

地区	载客车次总数（万车次）	运营里程（万公里）	载客里程	客运量（万人次）
北　京	49 347	561 678	365 091	69 000
天　津	17 300	385 549	242 896	34 600
石家庄	10 179	83 744	54 684	20 393
太　原	10 803	94 776	64 239	27 681
呼和浩特	9 020	82 184	48 108	9 020
沈　阳	22 358	254 309	178 016	44 717
长　春	38 363	233 333	197 842	72 103
哈尔滨	20 733	157 739	108 392	43 231
上　海	63 307	648 527	397 915	114 499
南　京	13 890	126 019	79 095	27 375
杭　州	15 284	142 589	96 761	34 316
合　肥	14 272	128 444	89 911	28 543
福　州	8 000	51 500	36 477	16 000
南　昌	7 671	57 017	37 897	16 649
济　南	9 998	94 586	53 161	19 995
郑　州	13 830	128 394	81 503	29 274
武　汉	22 954	323 331	226 332	35 152
长　沙	14 544	102 953	70 517	29 081
广　州	37 417	312 477	221 574	75 245
南　宁	7 351	62 514	43 229	14 701
海　口	2 489	24 682	19 704	5 248
重　庆	33 016	266 773	183 677	61 302
成　都	18 474	163 329	104 550	27 306
贵　阳	8 106	41 970	33 311	10 789
昆　明	8 068	69 407	46 525	16 277
拉　萨	3 077	23 199	16 432	6 917
西　安	18 702	169 804	108 327	37 224
兰　州	11 658	89 521	68 819	21 012
西　宁	7 955	53 418	43 510	14 514
银　川	9 203	62 499	48 688	18 364
乌鲁木齐	15 290	106 405	77 859	21 712
大　连	14 853	145 345	130 810	25 723
青　岛	13 478	145 456	88 521	27 663
宁　波	7 028	61 616	43 131	12 651
深　圳	21 956	228 780	136 658	33 812
厦　门	10 017	76 798	51 421	20 634

4-46　中心城市轨道交通运营车辆数

地区	运营车数（辆）						标准运营车数（标台）	编组列数（列）
	合计	地铁	轻轨	单轨	有轨电车	磁悬浮		
北　京	2 463	2 463	-	-	-	-	7 058	446
天　津	292	116	152	-	24	-	692	46
石家庄	-	-	-	-	-	-	-	-
太　原	-	-	-	-	-	-	-	-
呼和浩特	-	-	-	-	-	-	-	-
沈　阳	138	138	-	-	-	-	345	23
长　春	218	-	189	-	29	-	281	332
哈尔滨	-	-	-	-	-	-	-	-
上　海	2 842	2 828	-	-	-	14	7 105	445
南　京	366	366	-	-	-	-	915	6
杭　州	-	-	-	-	-	-	-	-
合　肥	-	-	-	-	-	-	-	-
福　州	-	-	-	-	-	-	-	-
南　昌	-	-	-	-	-	-	-	-
济　南	-	-	-	-	-	-	-	-
郑　州	-	-	-	-	-	-	-	-
武　汉	116	-	116	-	-	-	290	29
长　沙	-	-	-	-	-	-	-	-
广　州	1 106	1 106	-	-	-	-	2 765	203
南　宁	-	-	-	-	-	-	-	-
海　口	-	-	-	-	-	-	-	-
重　庆	108	-	-	108	-	-	184	4
成　都	102	102	-	-	-	-	255	-
贵　阳	-	-	-	-	-	-	-	-
昆　明	-	-	-	-	-	-	-	-
拉　萨	-	-	-	-	-	-	-	-
西　安	-	-	-	-	-	-	-	-
兰　州	-	-	-	-	-	-	-	-
西　宁	-	-	-	-	-	-	-	-
银　川	-	-	-	-	-	-	-	-
乌鲁木齐	-	-	-	-	-	-	-	-
大　连	216	-	144	-	72	-	480	108
青　岛	-	-	-	-	-	-	-	-
宁　波	-	-	-	-	-	-	-	-
深　圳	318	318	-	-	-	-	795	53
厦　门	-	-	-	-	-	-	-	-

4-47 中心城市轨道交通运营线路条数

单位：条

地区	运营线路条数					
	合计	地铁	轻轨	单轨	有轨电车	磁悬浮
北京	14	14	-	-	-	-
天津	3	1	1	-	1	-
石家庄	-	-	-	-	-	-
太原	-	-	-	-	-	-
呼和浩特	-	-	-	-	-	-
沈阳	1	1	-	-	-	-
长春	2	-	1	-	1	-
哈尔滨	-	-	-	-	-	-
上海	12	11	-	-	-	1
南京	2	2	-	-	-	-
杭州	-	-	-	-	-	-
合肥	-	-	-	-	-	-
福州	-	-	-	-	-	-
南昌	-	-	-	-	-	-
济南	-	-	-	-	-	-
郑州	-	-	-	-	-	-
武汉	1	-	1	-	-	-
长沙	-	-	-	-	-	-
广州	8	8	-	-	-	-
南宁	-	-	-	-	-	-
海口	-	-	-	-	-	-
重庆	1	-	-	1	-	-
成都	1	1	-	-	-	-
贵阳	-	-	-	-	-	-
昆明	-	-	-	-	-	-
拉萨	-	-	-	-	-	-
西安	-	-	-	-	-	-
兰州	-	-	-	-	-	-
西宁	-	-	-	-	-	-
银川	-	-	-	-	-	-
乌鲁木齐	-	-	-	-	-	-
大连	4	-	2	-	2	-
青岛	-	-	-	-	-	-
宁波	-	-	-	-	-	-
深圳	4	4	-	-	-	-
厦门	-	-	-	-	-	-

4-48　中心城市轨道交通运营线路里程

单位：公里

地　区	运营线路总长度 合计	地铁	轻轨	单轨	有轨电车	磁悬浮
北　京	336.0	336.0	-	-	-	-
天　津	79.8	26.6	45.6	-	7.6	-
石家庄	-	-	-	-	-	-
太　原	-	-	-	-	-	-
呼和浩特	-	-	-	-	-	-
沈　阳	27.9	27.9	-	-	-	-
长　春	38.7	-	31.1	-	7.6	-
哈尔滨	-	-	-	-	-	-
上　海	452.6	423.5	-	-	-	29.1
南　京	85.0	85.0	-	-	-	-
杭　州	-	-	-	-	-	-
合　肥	-	-	-	-	-	-
福　州	-	-	-	-	-	-
南　昌	-	-	-	-	-	-
济　南	-	-	-	-	-	-
郑　州	-	-	-	-	-	-
武　汉	28.9	-	28.9	-	-	-
长　沙	-	-	-	-	-	-
广　州	236.0	236.0	-	-	-	-
南　宁	-	-	-	-	-	-
海　口	-	-	-	-	-	-
重　庆	17.4	-	-	17.4	-	-
成　都	18.5	18.5	-	-	-	-
贵　阳	-	-	-	-	-	-
昆　明	-	-	-	-	-	-
拉　萨	-	-	-	-	-	-
西　安	-	-	-	-	-	-
兰　州	-	-	-	-	-	-
西　宁	-	-	-	-	-	-
银　川	-	-	-	-	-	-
乌鲁木齐	-	-	-	-	-	-
大　连	87.0	-	63.0	-	24.0	-
青　岛	-	-	-	-	-	-
宁　波	-	-	-	-	-	-
深　圳	63.5	63.5	-	-	-	-
厦　门	-	-	-	-	-	-

4-49 中心城市轨道交通运量

地 区	运营里程（万列公里）	客运量（万人次）
北 京	3 594	184 645
天 津	535	6 568
石家庄	–	–
太 原	–	–
呼和浩特	–	–
沈 阳	42	1 243
长 春	436	3 636
哈尔滨	–	–
上 海	4 778	188 407
南 京	613	21 459
杭 州	–	–
合 肥	–	–
福 州	–	–
南 昌	–	–
济 南	–	–
郑 州	–	–
武 汉	187	3 300
长 沙	–	–
广 州	2 602	118 102
南 宁	–	–
海 口	–	–
重 庆	183	4 576
成 都	36	1 187
贵 阳	–	–
昆 明	–	–
拉 萨	–	–
西 安	–	–
兰 州	–	–
西 宁	–	–
银 川	–	–
乌鲁木齐	–	–
大 连	624	7 384
青 岛	–	–
宁 波	–	–
深 圳	300	16 271
厦 门	–	–

4-50 中心城市客运轮渡船舶及航线数

地区	运营船数（艘）	运营航线条数（条）	运营航线总长度（公里）
北　京	-	-	-
天　津	-	-	-
石家庄	-	-	-
太　原	-	-	-
呼和浩特	-	-	-
沈　阳	-	-	-
长　春	-	-	-
哈尔滨	79	16	146.8
上　海	42	18	11.3
南　京	19	7	31.4
杭　州	52	8	75.7
合　肥	-	-	-
福　州	5	3	33.5
南　昌	-	-	-
济　南	-	-	-
郑　州	-	-	-
武　汉	26	11	53.2
长　沙	-	-	-
广　州	25	17	112.7
南　宁	-	-	-
海　口	16	11	20.1
重　庆	75	55	426.6
成　都	-	-	-
贵　阳	-	-	-
昆　明	-	-	-
拉　萨	-	-	-
西　安	-	-	-
兰　州	-	-	-
西　宁	-	-	-
银　川	-	-	-
乌鲁木齐	-	-	-
大　连	-	-	-
青　岛	38	15	208.0
宁　波	3	1	0.3
深　圳	-	-	-
厦　门	20	7	62.5

4-51 中心城市客运轮渡运量

地区	运量		
	客运量（万人次）	机动车运量（辆）	非机动车运量（辆）
北　京	–	–	–
天　津	–	–	–
石家庄	–	–	–
太　原	–	–	–
呼和浩特	–	–	–
沈　阳	–	–	–
长　春	–	–	–
哈尔滨	505	–	500
上　海	2 503	1 932 437	32 116 454
南　京	1 201	–	–
杭　州	41	–	–
合　肥	–	–	–
福　州	34	–	–
南　昌	–	–	–
济　南	–	–	–
郑　州	–	–	–
武　汉	953	267 334	119 706
长　沙	–	–	–
广　州	1 745	–	–
南　宁	–	–	–
海　口	50	–	9
重　庆	587	–	–
成　都	–	–	–
贵　阳	–	–	–
昆　明	–	–	–
拉　萨	–	–	–
西　安	–	–	–
兰　州	–	–	–
西　宁	–	–	–
银　川	–	–	–
乌鲁木齐	–	–	–
大　连	–	–	–
青　岛	1 302	1 446 048	–
宁　波	398	–	–
深　圳	–	–	–
厦　门	2 230	–	–

主要统计指标解释

经营业户 指截至报告期末持有主管部门核发的有效运营资质证件，从事城市客运交通经营活动的业户。按经营类别分为公共汽电车、出租汽车、轨道交通和城市客运轮渡经营业户。计算单位：户。

从业人员数 指在本单位工作并取得劳动报酬的期末实有人员数。从业人员包括在各单位工作的外方人员和港澳台方人员、兼职人员、再就业的离退休人员、借用的外单位人员和第二职业者，但不包括离开本单位仍保留劳动关系的职工。包括公共汽电车、出租汽车、轨道交通和城市客运轮渡从业人员数。计算单位：人。

公交专用车道 指为了调整公共交通车辆与其他社会车辆的路权使用分配关系，提高公共交通车辆运营速度和道路资源利用率而科学、合理设置的公共交通优先车道、专用车道（路）、路口专用线（道）、专用街道、单向优先专用线（道）等。计算单位：公里。

轨道交通车站数 指轨道交通运营线路上供乘客候车和上下车的场所个数。包括地面、地下、高架车站。如同一个车站被多条线路共用，同站台换乘站计为一站；非同站台换乘站，按累计计算。计算单位：个。

城市客运轮渡在用码头数 指报告期末在用的、供城市客运轮渡停靠和乘客购票、候船和乘降的场所个数。计算单位：个。

公交 IC 卡售卡量 指截至报告期末，累计发售的主要用于乘坐城市公共交通车辆的公交 IC 卡总量。计算单位：张。

公共汽电车运营车数 指城市（县城）用于公共客运交通运营业务的全部公共汽电车车辆数。新购、新制和调入的运营车辆，自投入之日起开始计算；调出、报废和调作他用的运营车辆，自上级主管机关批准之日起不再计入。可按不同车长、不同燃料类型、不同排放标准和是否配备空调等分别统计。计算单位：辆。

公共汽电车标准运营车数 指不同类型的运营车辆按统一的标准当量折算合成的运营车数。计算单位：标台。计算公式：标准运营车数 = Σ（每类型车辆数 × 相应换算系数）。各类型车辆换算系数标准如下表所示。

各类型车辆换算系数标准表

类别	车长范围	换算系数
1	5 米以下（含）	0.5
2	5 米～ 7 米（含）	0.7
3	7 米～ 10 米（含）	1.0
4	10 米～ 13 米（含）	1.3
5	13 米～ 16 米（含）	1.7
6	16 米～ 18 米（含）	2.0
7	18 米以上	2.5
8	双层	1.9

保养场 指主要为公共汽电车提供车辆养护、保修的场所。计算单位：平方米。

停车场 指公交企业所属或租赁的运营车辆停车场地，其中租赁的停车场是指截至报告期末，公交企业仍在正常租用的社会停车场。计算单位：平方米。

公共汽电车运营线路条数 指为运营车辆设置的固定运营线路条数。包括干线、支线、专线和高峰时间行驶的固定线路。不包括临时行驶和联营线路。计算单位：条。

运营线路总长度 指全部运营线路长度之和。单向行驶的环行线路长度等于起点至终点里程与终点下客站至起点里程之和的一半。运营线路长度不包括折返、试车、联络线等非运营线路。计算单位：公里。

公共汽电车运营里程 指报告期内运营车辆为运营而出车行驶的全部里程。包括载客里程和空驶里程。计算单位：公里。

公共汽电车客运量 指报告期内公共汽电车运送乘客的总人次，包括付费乘客和不付费乘客人次，包括在城市道路和公路完成的客运量。计算单位：人次。

载客车次总数 指企业所有出租汽车年载客运行的总次数，数据可通过计价器、车载 GPS 等车载设备采集获得。计算单位：车次。

出租车客运量 指报告期内出租汽车运送乘客的总人次。计算单位：人次。

轨道交通运营车数 指城市用于轨道交通运营业务的全部车辆数。以企业（单位）固定资产台账中已投入运营的车辆数为准；新购、新制和调入的运营车辆，自投入之日起开始计算；调出、报废和调作他用的运营车辆，自上级主管机关批准之日起不再计入。计算单位：辆。

轨道交通标准运营车数 指不同类型的运营车辆按统一的标准当量折算合成的运营车数。计算单位：标台。计算公式：标准运营车数 =Σ（每类型车辆数 × 相应换算系数）。各类型车辆换算系数标准如下表所示。

各类型车辆换算系数标准表

类别	车长范围	换算系数
1	7米以下（含）	0.7
2	7米~10米（含）	1.0
3	10米~13米（含）	1.3
4	13米~16米（含）	1.7
5	16米~18米（含）	2.0
6	18米以上	2.5

编组列数 指某一城市各条轨道交通运营线路列车日均编组的数量合计数。计算单位：列。

轨道交通运营线路条数 指为运营列车设置的固定线路总条数。按规划设计为同一条线路但分期建成的线路，统计时仍按一条线路计算。计算单位：条。

轨道交通客运量 指报告期内轨道交通运送乘客的总人次，包括付费乘客和不付费乘客人次。计算单位：人次。

轨道交通运营里程 指轨道交通车辆在运营中运行的全部里程，包括载客里程和调度空驶里程。计算单位：万列公里。

运营船数 指用于城市客渡运营业务的全部船舶数，不含旅游客轮（长途旅游和市内供游人游览江、河、湖泊的船舶）。计算单位：艘。

运营航线条数 指为运营船舶设置的固定航线的总条数，包括对江航线和顺江航线。计算单位：条。

运营航线总长度 指全部运营航线长度之和。测定运营航线的长度，应按实际航程的曲线长度计算。水位变化大的对江河客渡航线长度，可通过实测计算出一个平均长度，作为常数值使用。计算单位：公里。

轮渡客运量 指报告期内城市客运轮渡运输经营业户运送乘客的总人次。计算单位：人次。

轮渡机动车运量 指报告期内城市客运轮渡运输经营业户运送机动车（如电瓶车、摩托车等）的总量。计算单位：辆。

轮渡非机动车运量 指报告期内城市客运轮渡运输经营业户运送非机动车（如自行车、三轮车等）的总量。计算单位：辆。

五、港口吞吐量

简 要 说 明

一、本篇资料反映我国港口发展的基本情况。主要包括：全国港口码头泊位拥有量、全国港口吞吐量、规模以上港口旅客吞吐量、货物吞吐量和集装箱吞吐量。

二、全国港口统计范围是在各地港口行政管理部门注册的全部港口企业和从事港口生产活动的单位。规模以上港口的统计范围为年货物吞吐量在 1 000 万吨以上的沿海港口和 200 万吨以上的内河港口，其范围由交通运输部划定。2010 年规模以上港口的数量为 97 个，其中沿海港口的数量 40 个，内河港口的数量 57 个。

三、全国港口的码头泊位拥有量为年末生产用码头泊位数，全国港口吞吐量为全年累计数，根据各港口企业和生产活动单位的资料整理，由各省（区、市）交通运输厅（局、委）提供。

四、港口吞吐量资料由各港口行政管理机构提供。

5-1　全国港口生产用码头泊位拥有量

地 区	泊位长度（米）		生产用码头泊位（个）		#万吨级泊位（个）	
	总长	公用	总数	公用	总数	公用
总　计	2 058 728	896 588	31 634	10 806	1 661	1 257
沿海合计	658 708	396 379	5 453	2 311	1 343	1 067
天　津	30 567	30 567	140	140	95	95
河　北	29 855	25 002	130	106	97	90
辽　宁	58 988	48 156	334	264	153	133
上　海	72 537	34 921	602	216	150	89
江　苏	14 517	10 102	118	65	41	33
浙　江	104 504	31 497	1 095	157	159	89
福　建	60 242	37 679	443	214	123	101
山　东	79 372	60 786	473	309	197	174
广　东	168 552	93 874	1 764	684	245	198
广　西	24 694	15 641	217	99	49	41
海　南	14 880	8 154	137	57	34	24
内河合计	1 400 020	500 209	26 181	8 495	318	190
山　西	180	–	6	–	–	–
辽　宁	345	345	6	6	–	–
吉　林	1 726	1 238	31	19	–	–
黑龙江	11 725	10 071	135	116	–	–
上　海	92 345	8 175	1 925	177	–	–
江　苏	409 877	101 192	7 198	1 069	315	190
浙　江	193 433	15 972	4 269	327	–	–
安　徽	79 319	49 623	1 351	911	3	–
福　建	4 132	2 538	86	44	–	–
江　西	62 990	10 391	1 701	150	–	–
山　东	19 535	18 075	273	254	–	–
河　南	3 213	360	71	6	–	–
湖　北	148 243	63 325	1 861	629	–	–
湖　南	84 664	60 925	1 889	1 483	–	–
广　东	74 449	16 604	1 149	250	–	–
广　西	24 456	8 548	431	146	–	–
重　庆	73 008	44 766	853	491	–	–
四　川	73 761	68 247	1 953	1 872	–	–
贵　州	20 357	2 437	372	34	–	–
云　南	8 840	4 206	190	86	–	–
陕　西	10 777	10 777	255	255	–	–
甘　肃	2 645	2 394	176	170	–	–

5-2 全国港口吞吐量

地　区	旅客吞吐量（万人次）	货物吞吐量（万吨）		集装箱吞吐量	
			外贸	箱量（万 TEU）	重量（万吨）
总　计	**17 692**	**893 223**	**250 068**	**14 613**	**153 180**
沿海合计	**7 332**	**564 464**	**228 810**	**13 145**	**137 076**
天　津	23	41 325	20 709	1 009	10 916
河　北	6	60 344	13 607	62	997
辽　宁	631	67 790	16 845	969	15 666
上　海	168	56 320	30 225	2 907	27 992
江　苏	14	13 847	7 871	391	3 810
浙　江	1 065	78 846	29 375	1 404	12 276
福　建	995	32 687	12 789	867	10 743
山　东	1 145	86 421	49 073	1 531	15 189
广　东	2 109	105 299	39 231	3 868	37 413
广　西	27	11 923	7 195	56	926
海　南	1 149	9 662	1 891	82	1 147
内河合计	**10 360**	**328 759**	**21 258**	**1 468**	**16 104**
山　西	–	–	–	–	–
辽　宁	–	162	–	–	–
吉　林	–	68	–	–	–
黑龙江	285	395	91	…	1
上　海	–	9 019	–	–	–
江　苏	–	145 130	16 301	744	8 389
浙　江	51	33 941	–	…	1
安　徽	69	32 502	258	22	206
福　建	267	382	–	–	–
江　西	449	21 131	140	17	213
山　东	–	6 546	–	–	–
河　南	40	139	–	–	–
湖　北	318	18 783	640	77	1 091
湖　南	932	19 254	204	21	267
广　东	374	16 958	3 213	492	4 828
广　西	11	6 707	69	30	358
重　庆	1 527	9 668	288	56	662
四　川	1 599	6 388	22	7	87
贵　州	3 045	889	–	–	–
云　南	928	419	32	–	–
陕　西	466	277	–	–	–
甘　肃	–	–	–	–	–

5-3　全国港口货物吞吐量

单位：万吨

地区	合计	液体散货	干散货	件杂货	集装箱 (万TEU)	重量	滚装汽车 (万辆)	重量
总　计	893 223	85 396	515 318	95 448	14 613	153 180	1 410	43 882
沿海合计	564 464	68 547	270 251	47 875	13 145	137 076	1 297	40 716
天　津	41 325	6 630	18 784	2 944	1 009	10 916	65	2 052
河　北	60 344	1 683	54 763	2 901	62	997	-	-
辽　宁	67 790	10 312	23 842	9 835	969	15 666	132	8 134
上　海	56 320	3 128	19 363	5 032	2 907	27 992	75	806
江　苏	13 847	349	8 628	1 060	391	3 810	-	-
浙　江	78 846	15 071	39 992	3 765	1 404	12 276	346	7 742
福　建	32 687	2 672	14 391	4 294	867	10 743	50	586
山　东	86 421	9 899	45 127	8 274	1 531	15 189	122	7 931
广　东	105 299	15 535	34 418	7 729	3 868	37 413	362	10 204
广　西	11 923	1 276	8 741	899	56	926	3	81
海　南	9 662	1 991	2 203	1 141	82	1 147	141	3 180
内河合计	328 759	16 850	245 067	47 573	1 468	16 104	113	3 166
山　西	-	-	-	-	-	-	-	-
辽　宁	162	-	162	-	-	-	-	-
吉　林	68	-	68	-	-	-	-	-
黑龙江	395	11	275	79	…	1	1	29
上　海	9 019	133	7 460	1 426	-	-	-	-
江　苏	145 130	12 108	95 956	28 663	744	8 389	1	14
浙　江	33 941	637	30 686	2 617	…	1	-	-
安　徽	32 502	608	28 027	3 612	22	206	5	49
福　建	382	-	254	129	-	-	-	-
江　西	21 131	221	19 760	937	17	213	-	-
山　东	6 546	61	5 904	581	-	-	-	-
河　南	139	-	132	8	-	-	-	-
湖　北	18 783	548	12 796	2 883	77	1 091	50	1 465
湖　南	19 254	519	17 210	1 258	21	267	-	-
广　东	16 958	1 583	8 372	2 175	492	4 828	-	-
广　西	6 707	57	5 129	1 163	30	358	-	-
重　庆	9 668	266	5 990	1 142	56	662	56	1 609
四　川	6 388	84	5 857	359	7	87	-	-
贵　州	889	14	431	443	-	-	-	-
云　南	419	-	346	73	-	-	-	-
陕　西	277	-	252	25	-	-	-	-
甘　肃	-	-	-	-	-	-	-	-

5-4 规模以上港口旅客吞吐量

单位：万人次

港口	总计	到达量	国际航线	发送量	国际航线
总　计	8 843	4 360	465	4 483	514
沿海合计	6 689	3 307	414	3 381	463
丹　东	14	7	7	7	7
大　连	612	311	5	301	4
营　口	5	2	2	3	3
锦　州	–	–	–	–	–
秦皇岛	6	3	3	3	3
黄　骅	–	–	–	–	–
唐　山	–	–	–	–	–
#京　唐	–	–	–	–	–
曹妃甸	–	–	–	–	–
天　津	23	12	9	12	9
烟　台	402	203	5	199	5
#龙　口	–	–	–	–	–
威　海	118	53	14	65	14
青　岛	13	7	7	6	6
日　照	–	–	–	–	–
#石　臼	–	–	–	–	–
岚　山	–	–	–	–	–
上　海	168	83	15	85	14
连云港	14	7	7	7	7
嘉　兴	–	–	–	–	–
宁波-舟山	674	340	–	335	…
#宁　波	306	149	–	157	–
舟　山	368	191	–	178	…
台　州	200	100	1	100	1
温　州	191	95	–	96	–
宁　德	–	–	–	–	–
福　州	6	3	3	3	3
莆　田	–	–	–	–	–
泉　州	10	5	5	5	5
厦　门	980	489	66	491	67
漳　州	–	–	–	–	–
汕　头	–	–	–	–	–
汕　尾	–	–	–	–	–

5-4 续表（一）

单位：万人次

港口	总计	到达量	国际航线	发送量	国际航线
惠 州	-	-	-	-	-
深 圳	334	150	80	184	116
#蛇 口	290	129	59	161	93
赤 湾	-	-	-	-	-
妈 湾	-	-	-	-	-
东角头	-	-	-	-	-
盐 田	-	-	-	-	-
下 洞	-	-	-	-	-
虎 门	31	10	10	21	21
#太 平	31	10	10	21	21
麻 涌	-	-	-	-	-
沙 田	-	-	-	-	-
广 州	79	37	36	42	40
中 山	104	52	52	52	52
珠 海	510	256	86	255	86
江 门	-	-	-	-	-
#新 会	-	-	-	-	-
公 益	-	-	-	-	-
阳 江	-	-	-	-	-
茂 名	-	-	-	-	-
湛 江	1 051	514	-	538	-
#原湛江	-	-	-	-	-
海 安	1 051	514	-	538	-
北部湾港	27	13	2	13	2
#北 海	27	13	2	13	2
钦 州	-	-	-	-	-
防 城	-	-	-	-	-
海 口	1 118	556	…	562	…
洋 浦	-	-	-	-	-
八 所	-	-	-	-	-
内河合计	2 154	1 053	51	1 101	51
哈尔滨	-	-	-	-	-
佳木斯	-	-	-	-	-
上 海	-	-	-	-	-
南 京	-	-	-	-	-
镇 江	-	-	-	-	-

5-4 续表（二）

单位：万人次

港口	总计	到达量	国际航线	发送量	国际航线
苏 州	–	–	–	–	–
#常 熟	–	–	–	–	–
太 仓	–	–	–	–	–
张家港	–	–	–	–	–
南 通	–	–	–	–	–
常 州	–	–	–	–	–
江 阴	–	–	–	–	–
扬 州	–	–	–	–	–
泰 州	–	–	–	–	–
徐 州	–	–	–	–	–
连云港	–	–	–	–	–
无 锡	–	–	–	–	–
#原无锡	–	–	–	–	–
宜 兴	–	–	–	–	–
宿 迁	–	–	–	–	–
淮 安	–	–	–	–	–
扬州内河	–	–	–	–	–
镇江内河	–	–	–	–	–
杭 州	–	–	–	–	–
嘉兴内河	–	–	–	–	–
湖 州	–	–	–	–	–
合 肥	…	…	–	…	–
亳 州	–	–	–	–	–
阜 阳	–	–	–	–	–
淮 南	–	–	–	–	–
滁 州	–	–	–	–	–
马鞍山	–	–	–	–	–
巢 湖	6	2	–	4	–
芜 湖	5	2	–	3	–
铜 陵	–	–	–	–	–
池 州	–	–	–	–	–
安 庆	–	–	–	–	–
南 昌	–	–	–	–	–
九 江	88	45	–	44	–
武 汉	–	–	–	–	–
黄 石	–	–	–	–	–

5-4 续表（三）

单位：万人次

港口	总计	到达量	国际航线	发送量	国际航线
荆　州	-	-	-	-	-
宜　昌	91	28	-	63	-
长　沙	-	-	-	-	-
湘　潭	-	-	-	-	-
株　洲	-	-	-	-	-
岳　阳	19	10	-	10	-
番　禺	-	-	-	-	-
新　塘	-	-	-	-	-
五　和	-	-	-	-	-
中　山	-	-	-	-	-
佛　山	77	39	39	39	39
#容　奇	72	36	36	36	36
西　南	-	-	-	-	-
南海三山	-	-	-	-	-
新　市	-	-	-	-	-
江　门	24	12	12	12	12
#原江门	18	9	9	9	9
三　埠	-	-	-	-	-
虎　门	-	-	-	-	-
肇　庆	-	-	-	-	-
惠　州	-	-	-	-	-
南　宁	-	-	-	-	-
柳　州	-	-	-	-	-
贵　港	-	-	-	-	-
梧　州	-	-	-	-	-
来　宾	-	-	-	-	-
重　庆	1 527	752	-	775	-
#原重庆	59	18	-	41	-
涪　陵	6	2	-	4	-
万　州	387	191	-	196	-
重庆航管处	83	41	-	42	-
泸　州	2	1	-	1	-
宜　宾	75	39	-	36	-
乐　山	12	6	-	6	-
南　充	65	34	-	31	-
广　安	95	48	-	46	-
达　州	67	35	-	32	-

5-5 规模以上港口货物吞吐量

单位：万吨

港口	总计		出港		进港	
		外贸		外贸		外贸
总　计	**810 180**	**247 963**	**352 455**	**68 783**	**457 725**	**179 180**
沿海合计	**548 358**	**226 938**	**237 778**	**62 220**	**310 580**	**164 719**
丹　东	5 343	454	2 251	204	3 092	250
大　连	31 399	10 830	15 380	3 420	16 019	7 411
营　口	22 579	4 868	10 830	884	11 750	3 984
锦　州	6 008	688	4 420	240	1 588	447
秦皇岛	26 297	1 718	24 108	504	2 189	1 214
黄　骅	9 438	494	8 959	489	479	5
唐　山	24 609	11 395	12 144	420	12 465	10 975
#京　唐	12 017	4 125	7 294	397	4 723	3 728
曹妃甸	12 591	7 270	4 850	23	7 741	7 248
天　津	41 325	20 709	20 048	6 293	21 278	14 416
烟　台	15 033	5 697	5 267	1 117	9 766	4 580
#龙　口	5 030	2 560	1 173	458	3 857	2 102
威　海	2 407	1 174	1 131	578	1 276	597
青　岛	35 012	25 541	13 362	6 491	21 650	19 051
日　照	22 597	15 204	5 357	437	17 240	14 767
#石　臼	16 893	11 437	4 138	350	12 755	11 087
岚　山	5 704	3 767	1 219	87	4 485	3 680
上　海	56 320	30 225	22 755	13 759	33 565	16 466
连云港	12 739	7 804	4 484	1 404	8 255	6 399
嘉　兴	4 432	448	859	80	3 573	368
宁波－舟山	63 300	27 738	25 646	6 331	37 654	21 407
#宁　波	41 217	20 337	14 500	6 186	26 717	14 151
舟　山	22 084	7 401	11 146	144	10 938	7 257
台　州	4 706	1 000	666	6	4 039	993
温　州	6 408	190	1 242	41	5 166	149
宁　德	1 420	558	619	245	802	313
福　州	7 125	2 720	1 748	768	5 376	1 952
莆　田	1 756	517	92	12	1 664	505
泉　州	8 455	1 865	2 403	87	6 052	1 778
厦　门	12 728	7 082	5 449	3 394	7 279	3 688
漳　州	1 202	47	1 115	22	88	25
汕　头	3 509	1 001	424	206	3 085	795
汕　尾	489	36	26	5	463	32

5-5 续表（一）

单位：万吨

港　口	总计	外贸	出港	外贸	进港	外贸
惠　州	4 534	2 089	1 075	24	3 458	2 065
深　圳	22 098	17 106	11 197	9 259	10 901	7 847
#蛇　口	6 614	4 101	3 365	2 200	3 249	1 901
赤　湾	6 176	5 739	3 183	2 866	2 993	2 873
妈　湾	1 931	477	409	-	1 522	477
东角头	73	-	12	-	61	-
盐　田	5 430	5 374	3 808	3 789	1 622	1 585
下　洞	506	344	156	153	350	191
虎　门	4 892	1 289	1 298	109	3 594	1 180
#太　平	1 145	322	7	5	1 138	316
麻　涌	1 879	283	773	1	1 106	281
沙　田	1 866	685	519	102	1 348	582
广　州	41 095	8 992	16 312	2 966	24 784	6 026
中　山	1 868	487	615	272	1 253	216
珠　海	6 056	1 679	2 121	605	3 935	1 074
江　门	3 115	149	1 269	75	1 846	74
#新　会	2 016	115	1 241	57	774	58
公　益	34	34	18	18	16	16
阳　江	799	242	4	1	794	241
茂　名	2 284	1 070	356	64	1 928	1 006
湛　江	13 638	4 760	5 024	381	8 614	4 380
#原湛江	7 635	4 760	2 049	381	5 586	4 380
海　安	5 924	…	2 929	-	2 996	…
北部湾港	11 923	7 195	3 707	858	8 216	6 337
#北　海	1 251	436	707	219	543	218
钦　州	3 022	1 096	683	58	2 339	1 038
防　城	7 650	5 662	2 317	581	5 333	5 081
海　口	5 700	207	2 377	26	3 323	182
洋　浦	2 825	1 432	1 105	93	1 720	1 339
八　所	893	238	532	50	361	187
内河合计	**261 822**	**21 025**	**114 677**	**6 563**	**147 145**	**14 461**
哈尔滨	58	-	5	-	52	-
佳木斯	67	-	7	-	60	-
上　海	9 019	-	1 036	-	7 984	-
南　京	14 719	833	6 018	402	8 701	432
镇　江	10 634	1 546	4 620	431	6 014	1 115

5-5 续表（二）

单位：万吨

港口	总计	外贸	出港	外贸	进港	外贸
苏州	32 877	8 137	12 011	2 002	20 866	6 135
#常熟	5 040	944	1 713	274	3 327	670
太仓	8 058	2 631	3 076	401	4 982	2 230
张家港	19 779	4 563	7 222	1 328	12 557	3 235
南通	15 070	2 961	5 930	567	9 140	2 395
常州	3 156	342	1 040	67	2 116	275
江阴	12 522	1 292	4 224	217	8 297	1 075
扬州	3 642	371	1 201	84	2 440	287
泰州	9 890	803	3 931	216	5 959	587
徐州	6 308	–	4 013	–	2 295	–
连云港	767	–	263	–	504	–
无锡	7 532	9	2 202	8	5 330	2
#原无锡	382	–	60	–	322	–
宜兴	60	–	12	–	48	–
宿迁	1 416	–	539	–	877	–
淮安	4 381	–	1 661	–	2 720	–
扬州内河	2 714	–	174	–	2 540	–
镇江内河	511	–	151	–	360	–
杭州	8 753	–	3 119	–	5 634	–
嘉兴内河	9 486	–	3 114	–	6 372	–
湖州	14 357	–	11 311	–	3 046	–
合肥	2 184	–	65	–	2 119	–
亳州	409	–	166	–	243	–
阜阳	430	–	108	–	322	–
淮南	1 096	–	1 039	–	57	–
滁州	2 270	–	1 656	–	613	–
马鞍山	4 826	42	1 052	13	3 774	28
巢湖	4 435	–	4 142	–	293	–
芜湖	6 609	139	4 724	77	1 885	63
铜陵	3 914	34	3 097	30	817	4
池州	2 576	34	2 190	33	386	1
安庆	2 813	9	2 195	5	618	4
南昌	1 172	29	475	20	697	8
九江	3 291	111	1 931	72	1 360	39
武汉	6 620	402	1 974	247	4 646	156
黄石	1 605	185	740	11	865	174

5-5 续表(三)

单位：万吨

港 口	总计	外贸	出港	外贸	进港	外贸
荆　州	453	26	80	21	373	5
宜　昌	818	27	487	22	331	5
长　沙	4 110	83	61	58	4 049	25
湘　潭	762	-	238	-	524	-
株　洲	554	…	9	…	545	…
岳　阳	8 171	121	6 273	73	1 898	48
番　禺	475	2	63	…	412	2
新　塘	396	45	59	…	337	44
五　和	478	54	267	40	212	14
中　山	2 930	242	421	118	2 509	124
佛　山	5 410	2 267	2 214	1 246	3 196	1 021
#容　奇	468	226	167	151	300	75
西　南	146	99	24	23	122	76
南海三山	484	484	250	250	235	235
新　市	311	197	252	154	59	43
江　门	1 849	312	483	181	1 366	131
#原江门	983	235	301	138	682	98
三　埠	39	29	14	13	25	17
虎　门	765	13	150	2	616	11
肇　庆	1 597	150	616	63	981	88
惠　州	139	25	52	…	87	25
南　宁	485	-	194	-	291	-
柳　州	189	-	187	-	2	-
贵　港	3 807	18	2 555	9	1 252	10
梧　州	1 601	50	1 430	29	170	21
来　宾	569	-	567	-	3	-
重　庆	9 668	288	3 986	189	5 682	99
#原重庆	1 886	239	897	175	989	64
涪　陵	170	15	52	9	117	5
万　州	1 060	4	573	3	487	1
重庆航管处	3 864	4	1 103	1	2 761	2
泸　州	1 772	22	873	10	899	12
宜　宾	1 102	-	767	-	336	-
乐　山	289	-	285	-	4	-
南　充	470	-	59	-	412	-
广　安	450	-	21	-	430	-
达　州	381	-	154	-	227	-

5-6 规模以上港口分货类吞吐量

单位：万吨

货物种类	总计	外贸	出港	外贸	进港	外贸
总　计	810 180	247 963	352 455	68 783	457 725	179 180
煤炭及制品	164 617	18 963	80 419	2 196	84 197	16 768
石油、天然气及制品	71 206	29 563	25 097	2 522	46 109	27 040
#原油	38 818	22 877	8 786	296	30 032	22 581
金属矿石	125 926	73 944	27 538	73	98 388	73 871
钢铁	39 127	5 731	22 102	3 690	17 025	2 041
矿建材料	120 745	2 836	51 124	2 395	69 622	442
水泥	18 657	1 292	12 580	1 181	6 077	111
木材	5 121	3 333	1 094	302	4 028	3 031
非金属矿石	18 545	4 271	10 196	1 547	8 349	2 723
化学肥料及农药	3 542	1 708	2 310	1 261	1 232	447
盐	1 298	290	331	30	967	260
粮食	16 861	6 330	5 340	114	11 521	6 216
机械、设备、电器	16 957	10 076	8 943	5 461	8 014	4 615
化工原料及制品	15 908	6 813	5 977	1 420	9 931	5 392
有色金属	920	727	286	196	634	531
轻工、医药产品	9 392	5 077	5 044	2 809	4 348	2 268
农林牧渔业产品	4 090	1 482	1 585	294	2 506	1 187
其他	177 267	75 528	92 490	43 290	84 777	32 237

5-7 沿海规模以上港口分货类吞吐量

单位：万吨

货 物 种 类	总计		出港		进港	
		外贸		外贸		外贸
总 计	**548 358**	**226 938**	**237 778**	**62 220**	**310 580**	**164 719**
煤炭及制品	116 258	18 276	63 856	2 166	52 402	16 109
石油、天然气及制品	60 786	28 949	20 958	2 282	39 827	26 667
#原油	35 985	22 876	8 007	296	27 978	22 580
金属矿石	93 143	69 107	18 621	59	74 522	69 048
钢铁	21 226	4 154	12 689	2 855	8 537	1 299
矿建材料	33 729	2 404	11 555	1 984	22 175	420
水泥	3 048	597	849	489	2 199	108
木材	3 343	2 223	671	287	2 671	1 935
非金属矿石	7 827	3 667	3 109	1 279	4 718	2 387
化学肥料及农药	1 973	1 571	1 344	1 146	629	425
盐	631	230	67	15	564	215
粮食	12 504	5 624	4 036	106	8 468	5 519
机械、设备、电器	16 243	9 694	8 487	5 172	7 756	4 522
化工原料及制品	8 625	4 421	3 163	1 110	5 462	3 310
有色金属	747	626	211	160	536	466
轻工、医药产品	7 786	4 474	4 259	2 578	3 527	1 896
农林牧渔业产品	3 374	1 315	1 376	276	1 999	1 039
其他	157 115	69 607	82 529	40 255	74 587	29 352

5-8 内河规模以上港口分货类吞吐量

单位：万吨

货 物 种 类	总计	外贸	出港	外贸	进港	外贸
总 计	**261 822**	**21 025**	**114 677**	**6 563**	**147 145**	**14 461**
煤炭及制品	48 359	688	16 563	29	31 795	658
石油、天然气及制品	10 420	613	4 139	240	6 282	373
#原油	2 832	1	779	–	2 053	1
金属矿石	32 783	4 837	8 917	14	23 867	4 823
钢铁	17 901	1 577	9 413	834	8 488	743
矿建材料	87 016	432	39 569	411	47 447	21
水泥	15 609	695	11 731	692	3 878	3
木材	1 779	1 110	422	15	1 356	1 095
非金属矿石	10 718	604	7 087	268	3 630	336
化学肥料及农药	1 569	138	966	115	603	22
盐	667	60	265	16	402	44
粮食	4 357	706	1 304	8	3 053	698
机械、设备、电器	714	381	457	288	258	93
化工原料及制品	7 283	2 392	2 814	310	4 470	2 082
有色金属	173	102	75	36	98	66
轻工、医药产品	1 606	603	786	231	821	372
农林牧渔业产品	716	167	209	19	507	148
其他	20 152	5 921	9 962	3 035	10 190	2 886

5-9　规模以上港口煤炭及制品吞吐量

单位：千吨

港　口	总计	外贸	出港	外贸	进港	外贸
总　计	1 646 165	189 632	804 192	21 957	841 973	167 675
沿海合计	1 162 578	182 756	638 560	21 664	524 019	161 092
丹　东	6 996	966	3 370	102	3 626	865
大　连	9 736	377	1 196	–	8 540	377
营　口	33 322	5 091	10 742	2	22 580	5 089
锦　州	16 841	445	16 097	–	744	445
秦皇岛	224 755	2 619	223 413	1 296	1 342	1 323
黄　骅	89 338	4 879	89 116	4 879	222	–
唐　山	111 358	17 047	93 710	1 542	17 648	15 505
#京　唐	66 945	14 637	52 700	1 542	14 245	13 095
曹妃甸	44 413	2 410	41 010	–	3 403	2 410
天　津	82 591	13 046	79 811	10 652	2 781	2 393
烟　台	19 533	5 460	2 948	140	16 585	5 320
#龙　口	14 729	4 580	2 332	124	12 397	4 457
威　海	1 883	–	–	–	1 883	–
青　岛	16 249	4 404	10 311	1 583	5 938	2 821
日　照	29 742	12 931	13 377	707	16 366	12 224
#石　臼	27 337	10 851	13 194	707	14 143	10 144
岚　山	2 406	2 080	183	–	2 223	2 080
上　海	91 197	4 625	18 724	90	72 473	4 535
连云港	18 370	6 880	9 892	528	8 478	6 352
嘉　兴	27 301	689	5 946	–	21 354	689
宁波-舟山	82 357	10 289	12 375	–	69 982	10 289
#宁　波	61 208	5 205	2 607	–	58 600	5 205
舟　山	21 149	5 083	9 768	–	11 382	5 083
台　州	16 498	7 715	2	–	16 496	7 715
温　州	18 489	587	80	–	18 409	587
宁　德	4 787	2 755	–	–	4 787	2 755
福　州	20 863	6 165	1 722	–	19 141	6 165
莆　田	3 391	2 201	1	–	3 390	2 201
泉　州	7 263	2 687	46	–	7 217	2 687
厦　门	14 161	7 740	529	–	13 631	7 740
漳　州	–	–	–	–	–	–
汕　头	13 717	6 383	8	–	13 709	6 383
汕　尾	3 691	–	–	–	3 691	–

5-9 续表（一）

单位：千吨

港口	总计	外贸	出港	外贸	进港	外贸
惠 州	2 027	123	—	—	2 027	123
深 圳	5 003	894	62	—	4 941	894
#蛇 口	—	—	—	—	—	—
赤 湾	—	—	—	—	—	—
妈 湾	5 003	894	62	—	4 941	894
东角头	—	—	—	—	—	—
盐 田	—	—	—	—	—	—
下 洞	—	—	—	—	—	—
虎 门	27 053	6 351	6 837	—	20 216	6 351
#太 平	10 233	2 628	—	—	10 233	2 628
麻 涌	14 310	2 354	6 381	—	7 930	2 354
沙 田	2 509	1 370	456	—	2 053	1 370
广 州	77 890	15 199	24 977	1	52 912	15 198
中 山	481	…	40	—	441	…
珠 海	13 243	3 119	2 516	—	10 728	3 119
江 门	12 751	161	249	…	12 502	161
#新 会	2 296	161	249	…	2 046	161
公 益	—	—	—	—	—	—
阳 江	5 018	547	—	—	5 018	547
茂 名	2 107	—	5	—	2 102	—
湛 江	5 788	1 510	22	—	5 766	1 510
#原湛江	5 158	1 510	22	—	5 136	1 510
海 安	311	—	—	—	311	—
北部湾港	39 400	25 839	10 397	141	29 003	25 698
#北 海	1 726	1 077	—	—	1 726	1 077
钦 州	6 755	4 168	535	—	6 220	4 168
防 城	30 919	20 593	9 862	141	21 057	20 452
海 口	3 111	934	16	—	3 095	934
洋 浦	1 098	429	26	—	1 072	429
八 所	3 179	1 669	—	—	3 179	1 669
内河合计	483 587	6 876	165 632	292	317 955	6 583
哈尔滨	178	—	—	—	178	—
佳木斯	66	—	66	—	—	—
上 海	1 420	—	352	—	1 068	—
南 京	31 198	—	9 002	—	22 196	—
镇 江	26 660	1 510	6 521	194	20 139	1 317

5-9 续表（二）

单位：千吨

港　口	总计	外贸	出港	外贸	进港	外贸
苏　州	85 790	2 897	18 951	94	66 839	2 803
＃常　熟	12 739	329	1 081	-	11 659	329
太　仓	18 913	1 151	3 491	91	15 421	1 060
张家港	54 138	1 417	14 379	3	39 759	1 414
南　通	28 981	1 205	6 663	-	22 318	1 205
常　州	7 651	44	1 066	-	6 585	44
江　阴	33 098	12	8 114	-	24 983	12
扬　州	23 162	601	7 288	-	15 873	601
泰　州	31 774	546	11 117	-	20 657	546
徐　州	28 063	-	27 314	-	749	-
连云港	254	-	-	-	254	-
无　锡	17 190	-	1 990	-	15 200	-
＃原无锡	1 381	-	44	-	1 337	-
宜　兴	172	-	…	-	171	-
宿　迁	1 736	-	…	-	1 735	-
淮　安	7 111	-	11	-	7 101	-
扬州内河	5 214	-	2	-	5 212	-
镇江内河	757	-	-	-	757	-
杭　州	8 686	-	228	-	8 458	-
嘉兴内河	16 082	-	10 260	-	5 821	-
湖　州	7 851	-	399	-	7 452	-
合　肥	69	-	16	-	53	-
亳　州	987	-	985	-	2	-
阜　阳	571	-	571	-	-	-
淮　南	7 917	-	7 916	-	1	-
滁　州	118	-	51	-	67	-
马鞍山	3 893	-	97	-	3 796	-
巢　湖	726	-	20	-	705	-
芜　湖	10 323	-	5 549	-	4 774	-
铜　陵	4 736	1	548	1	4 188	-
池　州	3 139	-	39	-	3 100	-
安　庆	3 644	-	260	-	3 384	-
南　昌	677	1	61	-	616	1
九　江	4 127	-	137	-	3 990	-
武　汉	4 648	-	3 094	-	1 555	-
黄　石	2 209	44	294	-	1 915	44

5-9 续表（三）

单位：千吨

港口	总计	外贸	出港	外贸	进港	外贸
荆 州	2 074	–	41	–	2 033	–
宜 昌	2 961	–	1 707	–	1 254	–
长 沙	186	–	–	–	186	–
湘 潭	257	–	5	–	252	–
株 洲	33	–	13	–	20	–
岳 阳	3 123	–	247	–	2 876	–
番 禺	603	–	10	–	593	–
新 塘	1 135	–	–	–	1 135	–
五 和	419	–	1	–	417	–
中 山	2 265	–	179	–	2 086	–
佛 山	6 742	10	354	–	6 388	10
#容 奇	1 742	–	47	–	1 694	–
西 南	467	–	5	–	463	–
南海三山	–	–	–	–	–	–
新 市	…	–	–	–	…	–
江 门	3 443	–	265	–	3 179	–
#原江门	1 202	–	29	–	1 173	–
三 埠	60	–	–	–	60	–
虎 门	2 520	–	…	–	2 520	–
肇 庆	3 151	–	41	–	3 111	–
惠 州	56	–	–	–	56	–
南 宁	52	–	23	–	28	–
柳 州	1	–	1	–	–	–
贵 港	5 727	–	3 279	–	2 448	–
梧 州	133	–	–	–	133	–
来 宾	491	–	491	–	–	–
重 庆	23 829	–	18 701	–	5 127	–
#原重庆	2 875	–	2 793	–	82	–
涪 陵	713	–	170	–	544	–
万 州	4 360	–	3 560	–	801	–
重庆航管处	3 302	–	2 035	–	1 267	–
泸 州	8 416	5	7 282	4	1 134	1
宜 宾	4 133	–	3 368	–	765	–
乐 山	301	–	294	–	7	–
南 充	7	–	–	–	7	–
广 安	12	–	4	–	8	–
达 州	814	–	344	–	470	–

5-10 规模以上港口石油、天然气及制品吞吐量

单位：千吨

港口	总计	外贸	出港	外贸	进港	外贸
总 计	**712 056**	**295 629**	**250 968**	**25 224**	**461 087**	**270 405**
沿海合计	**607 855**	**289 494**	**209 583**	**22 819**	**398 272**	**266 675**
丹 东	1	–	1	–	–	–
大 连	61 121	29 399	28 273	3 567	32 848	25 832
营 口	21 192	7 001	10 859	286	10 333	6 715
锦 州	9 552	3 062	4 698	1 268	4 854	1 794
秦皇岛	9 313	352	5 675	174	3 638	178
黄 骅		–	–	–	–	–
唐 山	7 191	6 658	105	88	7 087	6 570
#京 唐	622	88	105	88	517	
曹妃甸	6 570	6 570			6 570	6 570
天 津	61 510	21 363	32 363	2 210	29 147	19 153
烟 台	9 803	1 531	1 642	415	8 161	1 115
#龙 口	8 994	1 145	1 398	176	7 596	969
威 海	202	72	7	–	195	72
青 岛	66 499	43 075	24 126	1 646	42 373	41 429
日 照	6 065	2 429	999	30	5 066	2 399
#石 臼	1 689	948	257	1	1 432	947
岚 山	4 376	1 481	742	30	3 634	1 452
上 海	23 961	7 810	7 674	1 736	16 287	6 075
连云港	1 487	349	417	47	1 071	302
嘉 兴	7 159	618	539	–	6 620	618
宁波-舟山	125 576	77 821	36 368	3 512	89 208	74 309
#宁 波	80 542	47 216	24 345	2 208	56 197	45 007
舟 山	45 034	30 605	12 024	1 303	33 011	29 301
台 州	2 052	–	191	–	1 860	–
温 州	4 429	101	884	–	3 545	101
宁 德	325	–	–	–	325	–
福 州	2 056	122	40	–	2 016	122
莆 田	2 001	1 957	–	–	2 001	1 957
泉 州	17 133	10 808	4 747		12 387	10 808
厦 门	2 458	72	138		2 320	72
漳 州	760	422	214	214	546	208
汕 头	639	4	16	–	623	4
汕 尾	139	–			139	–

5-10 续表（一）

单位：千吨

港口	总计		出港		进港	
		外贸		外贸		外贸
惠州	38 055	18 074	9 232	–	28 823	18 074
深圳	14 469	9 533	2 121	1 529	12 349	8 004
#蛇口	590	–	80	–	510	–
赤湾	8	8	–	–	8	8
妈湾	1 530	62	449	–	1 081	62
东角头	376	–	31	–	345	–
盐田	–	–	–	–	–	–
下洞	5 064	3 441	1 561	1 529	3 503	1 912
虎门	5 195	453	1 986	–	3 209	453
#太平	205	–	–	–	205	–
麻涌	907	–	390	–	518	–
沙田	4 062	453	1 596	–	2 466	453
广州	25 943	4 921	11 824	1 158	14 118	3 763
中山	719	1	83	…	635	1
珠海	12 100	7 156	5 451	3 145	6 649	4 012
江门	927	56	473	27	454	29
#新会	739	56	377	27	362	29
公益	–	–	–	–	–	–
阳江	196	–	7	–	189	–
茂名	13 642	10 261	1 186	521	12 456	9 739
湛江	23 919	12 833	6 184	213	17 735	12 620
#原湛江	23 906	12 833	6 184	213	17 722	12 620
海安	13	–	–	–	13	–
北部湾港	12 220	1 951	3 219	118	9 001	1 834
#北海	2 535	344	1 838	–	697	344
钦州	8 993	1 327	1 303	116	7 690	1 211
防城	692	280	78	2	614	278
海口	1 815	74	422	–	1 394	74
洋浦	15 992	9 154	7 420	916	8 572	8 238
八所	37	–	–	–	37	–
内河合计	**104 200**	**6 135**	**41 385**	**2 404**	**62 815**	**3 730**
哈尔滨	54	–	54	–	–	–
佳木斯	48	–	–	–	48	–
上海	1 333	–	642	–	692	–
南京	33 399	1 068	16 465	774	16 933	294
镇江	3 274	672	1 193	380	2 082	292

5-10 续表（二）

单位：千吨

港口	总计	外贸	出港	外贸	进港	外贸
苏 州	4 100	1 227	1 544	66	2 556	1 161
#常 熟	333	37	139	7	194	30
太 仓	2 565	687	898	59	1 667	628
张家港	1 202	503	507	-	695	503
南 通	9 501	1 084	3 598	244	5 903	840
常 州	-	-	-	-	-	-
江 阴	7 222	995	2 524	446	4 698	550
扬 州	806	-	318	-	488	-
泰 州	5 478	1 052	2 710	487	2 768	565
徐 州	176	-	176	-	-	-
连云港	-	-	-	-	-	-
无 锡	681	-	12	-	669	-
#原无锡	-	-	-	-	-	-
宜 兴	…	-	…	-	-	-
宿 迁	771	-	274	-	498	-
淮 安	1 403	-	471	-	932	-
扬州内河	2 190	-	1 408	-	781	-
镇江内河	-	-	-	-	-	-
杭 州	2 918	-	558	-	2 360	-
嘉兴内河	535	-	176	-	359	-
湖 州	616	-	3	-	614	-
合 肥	294	-	1	-	294	-
亳 州	-	-	-	-	-	-
阜 阳	83	-	-	-	83	-
淮 南	7	-	-	-	7	-
滁 州	243	-	-	-	243	-
马鞍山	140	-	11	-	129	-
巢 湖	1	-	-	-	1	-
芜 湖	1 539	20	462	-	1 077	20
铜 陵	182	-	3	-	179	-
池 州	258	6	5	-	253	6
安 庆	2 666	…	2 087	-	579	…
南 昌	239	-	-	-	239	-
九 江	1 693	-	816	-	877	-
武 汉	2 484	-	1 448	-	1 037	-
黄 石	224	-	-	-	224	-

5-10 续表（三）

单位：千吨

港口	总计	外贸	出港	外贸	进港	外贸
荆　州	142	－	32	－	110	－
宜　昌	－	－	－	－	－	－
长　沙	291	－	－	－	291	－
湘　潭	－	－	－	－	－	－
株　洲	－	－	－	－	－	－
岳　阳	3 402	－	703	－	2 699	－
番　禺	1 271	－	428	－	843	－
新　塘	783	－	232	－	551	－
五　和	10	－	2	－	8	－
中　山	1 076	8	389	8	687	－
佛　山	6 121	2	1 538	…	4 583	1
#容　奇	93	－	－	－	93	－
西　南	－	－	－	－	－	－
南海三山	1	1	…	…	1	1
新　市	…	…	－	－	…	…
江　门	1 147	－	248	－	898	－
#原江门	264	－	82	－	183	－
三　埠	－	－	－	－	－	－
虎　门	935	－	340	－	594	－
肇　庆	948	…	93	－	855	…
惠　州	－	－	－	－	－	－
南　宁	－	－	－	－	－	－
柳　州	－	－	－	－	－	－
贵　港	83	－	10	－	74	－
梧　州	241	－	－	－	241	－
来　宾	－	－	－	－	－	－
重　庆	2 349	－	224	－	2 126	－
#原重庆	564	－	24	－	540	－
涪　陵	－	－	－	－	－	－
万　州	14	－	－	－	14	－
重庆航管处	1 515	－	188	－	1 327	－
泸　州	567	－	23	－	544	－
宜　宾	271	－	164	－	107	－
乐　山	－	－	－	－	－	－
南　充	－	－	－	－	－	－
广　安	4	－	1	－	3	－
达　州	－	－	－	－	－	－

5-11 规模以上港口原油吞吐量

单位：千吨

港口	总计	外贸	出港	外贸	进港	外贸
总 计	**388 175**	**228 768**	**87 859**	**2 957**	**300 316**	**225 812**
沿海合计	359 854	228 759	80 071	2 957	279 782	225 802
丹 东	-	-	-	-	-	-
大 连	34 155	25 640	3 584	148	30 571	25 492
营 口	7 843	6 548	745	76	7 098	6 472
锦 州	4 626	1 794	-	-	4 626	1 794
秦皇岛	7 567	-	5 182	-	2 385	-
黄 骅	-	-	-	-	-	-
唐 山	6 570	6 570	-	-	6 570	6 570
#京 唐	-	-	-	-	-	-
曹妃甸	6 570	6 570	-	-	6 570	6 570
天 津	51 634	16 778	28 916	933	22 718	15 845
烟 台	3 266	-	50	-	3 216	-
#龙 口	3 266	-	50	-	3 216	-
威 海	202	72	7	-	195	72
青 岛	55 539	41 154	14 737	761	40 802	40 393
日 照	904	70	-	-	904	70
#石 臼	-	-	-	-	-	-
岚 山	904	70	-	-	904	70
上 海	4 323	-	-	-	4 323	-
连云港	-	-	-	-	-	-
嘉 兴	3 895	158	-	-	3 895	158
宁波-舟山	95 050	70 439	17 429	825	77 621	69 613
#宁 波	62 119	43 775	10 462	126	51 657	43 649
舟 山	32 931	26 664	6 967	700	25 964	25 964
台 州	-	-	-	-	-	-
温 州	633	-	-	-	633	-
宁 德	-	-	-	-	-	-
福 州	-	-	-	-	-	-
莆 田	-	-	-	-	-	-
泉 州	10 752	10 752	-	-	10 752	10 752
厦 门	-	-	-	-	-	-
漳 州	422	422	214	214	208	208
汕 头	-	-	-	-	-	-
汕 尾						

5-11 续表（一）

单位：千吨

港口	总计		出港		进港	
		外贸		外贸		外贸
惠州	23 590	16 139	–	–	23 590	16 139
深圳	–	–	–	–	–	–
#蛇口	–	–	–	–	–	–
赤湾	–	–	–	–	–	–
妈湾	–	–	–	–	–	–
东角头	–	–	–	–	–	–
盐田	–	–	–	–	–	–
下洞	–	–	–	–	–	–
虎门	–	–	–	–	–	–
#太平	–	–	–	–	–	–
麻涌	–	–	–	–	–	–
沙田	–	–	–	–	–	–
广州	5 168	996	2 584	–	2 584	996
中山	4	–	–	–	4	–
珠海	–	–	–	–	–	–
江门	–	–	–	–	–	–
#新会	–	–	–	–	–	–
公益	–	–	–	–	–	–
阳江	–	–	–	–	–	–
茂名	9 730	9 730	–	–	9 730	9 730
湛江	19 157	12 354	4 793	–	14 364	12 354
#原湛江	19 157	12 354	4 793	–	14 364	12 354
海安	–	–	–	–	–	–
北部湾港	6 143	897	1 718	–	4 425	897
#北海	1 817	–	1 718	–	99	–
钦州	4 326	897	–	–	4 326	897
防城	–	–	–	–	–	–
海口	124	10	112	–	12	10
洋浦	8 555	8 238	–	–	8 555	8 238
八所	–	–	–	–	–	–
内河合计	**28 321**	**9**	**7 788**	**–**	**20 533**	**9**
哈尔滨	–	–	–	–	–	–
佳木斯	–	–	–	–	–	–
上海	–	–	–	–	–	–
南京	15 289	–	4 309	–	10 980	–
镇江	–	–	–	–	–	–

5-11 续表（二）

单位：千吨

港口	总计	外贸	出港	外贸	进港	外贸
苏州	-	-	-	-	-	-
#常熟	-	-	-	-	-	-
太仓	-	-	-	-	-	-
张家港	-	-	-	-	-	-
南通	189	-	85	-	104	-
常州	-	-	-	-	-	-
江阴	703	9	105	-	599	9
扬州	-	-	-	-	-	-
泰州	3 570	-	1 785	-	1 785	-
徐州	-	-	-	-	-	-
连云港	-	-	-	-	-	-
无锡	-	-	-	-	-	-
#原无锡	-	-	-	-	-	-
宜兴	-	-	-	-	-	-
宿迁	72	-	-	-	72	-
淮安	856	-	245	-	611	-
扬州内河	1 168	-	965	-	203	-
镇江内河	-	-	-	-	-	-
杭州	743	-	-	-	743	-
嘉兴内河	11	-	3	-	8	-
湖州	-	-	-	-	-	-
合肥	-	-	-	-	-	-
亳州	-	-	-	-	-	-
阜阳	-	-	-	-	-	-
淮南	-	-	-	-	-	-
滁州	-	-	-	-	-	-
马鞍山	-	-	-	-	-	-
巢湖	-	-	-	-	-	-
芜湖	-	-	-	-	-	-
铜陵	15	-	-	-	15	-
池州	-	-	-	-	-	-
安庆	455	-	-	-	455	-
南昌	-	-	-	-	-	-
九江	189	-	-	-	189	-
武汉	47	-	8	-	40	-
黄石	2	-	-	-	2	-

5-11 续表（三）

单位：千吨

港口	总计	外贸	出港	外贸	进港	外贸
荆　州	-	-	-	-	-	-
宜　昌	-	-	-	-	-	-
长　沙	-	-	-	-	-	-
湘　潭	-	-	-	-	-	-
株　洲	-	-	-	-	-	-
岳　阳	1 922	-	-	-	1 922	-
番　禺	-	-	-	-	-	-
新　塘	531	-	229	-	302	-
五　和	-	-	-	-	-	-
中　山	-	-	-	-	-	-
佛　山	1 278	-	-	-	1 278	-
#容　奇	-	-	-	-	-	-
西　南	-	-	-	-	-	-
南海三山	-	-	-	-	-	-
新　市	-	-	-	-	-	-
江　门	-	-	-	-	-	-
#原江门	-	-	-	-	-	-
三　埠	-	-	-	-	-	-
虎　门	-	-	-	-	-	-
肇　庆	503	-	55	-	449	-
惠　州	-	-	-	-	-	-
南　宁	-	-	-	-	-	-
柳　州	-	-	-	-	-	-
贵　港	-	-	-	-	-	-
梧　州	-	-	-	-	-	-
来　宾	-	-	-	-	-	-
重　庆	235	-	-	-	235	-
#原重庆	235	-	-	-	235	-
涪　陵	-	-	-	-	-	-
万　州	-	-	-	-	-	-
重庆航管处	-	-	-	-	-	-
泸　州	543	-	-	-	543	-
宜　宾	-	-	-	-	-	-
乐　山	-	-	-	-	-	-
南　充	-	-	-	-	-	-
广　安	-	-	-	-	-	-
达　州	-	-	-	-	-	-

5-12 规模以上港口金属矿石吞吐量

单位：千吨

港　口	总计	外贸	出港	外贸	进港	外贸
总　计	1 259 263	739 438	275 378	731	983 885	738 707
沿海合计	931 432	691 069	186 212	589	745 219	690 481
丹　东	4 654	599	2 921	21	1 733	578
大　连	28 665	18 889	9 641	3	19 024	18 886
营　口	38 385	26 169	7 295	3	31 090	26 166
锦　州	3 603	1 740	1 240	-	2 363	1 740
秦皇岛	13 699	8 105	711	-	12 988	8 105
黄　骅	3 617	46	-	-	3 617	46
唐　山	95 867	87 437	237	-	95 629	87 437
#京　唐	29 451	24 081	66	-	29 386	24 081
曹妃甸	66 415	63 356	172	-	66 244	63 356
天　津	79 214	78 491	291	159	78 924	78 332
烟　台	23 639	17 454	5 642	24	17 997	17 430
#龙　口	3 601	2 490	975	24	2 626	2 466
威　海	337	216	120	-	216	216
青　岛	124 193	100 824	23 461	198	100 732	100 626
日　照	126 718	111 347	14 740	3	111 978	111 344
#石　臼	100 124	85 837	14 198	3	85 926	85 834
岚　山	26 594	25 510	542	-	26 052	25 510
上　海	82 162	38 288	25 593	9	56 569	38 279
连云港	47 043	39 745	6 735	58	40 308	39 687
嘉　兴	309	46	49	-	260	46
宁波-舟山	150 305	82 497	66 770	-	83 535	82 497
#宁　波	74 896	44 984	29 073	-	45 822	44 984
舟　山	75 409	37 514	37 696	-	37 712	37 514
台　州	-	-	-	-	-	-
温　州	832	-	343	-	488	-
宁　德	413	308	67	-	346	308
福　州	10 133	8 496	722	-	9 411	8 496
莆　田	-	-	-	-	-	-
泉　州	1 036	1 011	15	-	1 021	1 011
厦　门	7 562	6 799	576	-	6 986	6 799
漳　州	-	-	-	-	-	-
汕　头	44	22	22	-	22	22
汕　尾	-	-	-	-	-	-

5-12 续表（一）

单位：千吨

港口	总计	外贸	出港	外贸	进港	外贸
惠　州	75	–	75	–	–	–
深　圳	12 725	7 973	4 735	–	7 990	7 973
#蛇　口	7 711	4 457	3 237	–	4 475	4 457
赤　湾	–	–	–	–	–	–
妈　湾	5 013	3 515	1 498	–	3 515	3 515
东角头	–	–	–	–	–	–
盐　田	–	–	–	–	–	–
下　洞	–	–	–	–	–	–
虎　门	15	–	–	–	15	–
#太　平	–	–	–	–	–	–
麻　涌	15	–	–	–	15	–
沙　田	–	–	–	–	–	–
广　州	7 675	4 324	204	…	7 471	4 324
中　山	2	1	1	–	1	1
珠　海	1 421	–	19	–	1 402	–
江　门	–	–	–	–	–	–
#新　会	–	–	–	–	–	–
公　益	–	–	–	–	–	–
阳　江	1 598	828	–	–	1 598	828
茂　名	25	–	23	–	2	–
湛　江	32 044	25 063	6 087	75	25 957	24 988
#原湛江	32 044	25 063	6 087	75	25 957	24 988
海　安	–	–	–	–	–	–
北部湾港	28 751	24 283	3 425	29	25 326	24 254
#北　海	802	282	1	–	801	282
钦　州	4 327	3 861	343	28	3 985	3 833
防　城	23 621	20 140	3 081	1	20 540	20 139
海　口	394	36	324	5	70	31
洋　浦	920	31	772	–	148	31
八　所	3 358	–	3 358	–	–	–
内河合计	**327 831**	**48 369**	**89 166**	**143**	**238 665**	**48 226**
哈尔滨	–	–	–	–	–	–
佳木斯	–	–	–	–	–	–
上　海	63	–	1	–	62	–
南　京	29 378	1 262	6 640	–	22 737	1 262
镇　江	39 329	5 393	19 085	–	20 244	5 393

5-12 续表（二）

单位：千吨

港口	总计	外贸	出港	外贸	进港	外贸
苏 州	74 272	19 683	19 594	27	54 678	19 657
#常 熟	1 030	–	515	–	515	–
太 仓	22 213	11 276	10 869	–	11 344	11 276
张家港	51 030	8 408	8 210	27	42 819	8 381
南 通	42 044	14 277	20 643	–	21 401	14 277
常 州	9 593	1 282	2 896	–	6 697	1 282
江 阴	22 851	4 063	6 347	–	16 504	4 063
扬 州	2 736	663	1 331	–	1 405	663
泰 州	11 193	43	4 540	7	6 654	36
徐 州	513	–	–	–	513	–
连云港	2 931	–	–	–	2 931	–
无 锡	60	–	–	–	60	–
#原无锡	–	–	–	–	–	–
宜 兴	–	–	–	–	–	–
宿 迁	137	–	16	–	121	–
淮 安	4 633	–	–	–	4 633	–
扬州内河	–	–	–	–	–	–
镇江内河	17	–	–	–	17	–
杭 州	1 339	–	110	–	1 229	–
嘉兴内河	217	–	141	–	76	–
湖 州	–	–	–	–	–	–
合 肥	1 345	–	15	–	1 330	–
亳 州	1	–	–	–	1	–
阜 阳	–	–	–	–	–	–
淮 南	–	–	–	–	–	–
滁 州	–	–	–	–	–	–
马鞍山	24 142	–	970	–	23 172	–
巢 湖	725	–	672	–	53	–
芜 湖	5 481	–	1 364	–	4 117	–
铜 陵	2 204	3	827	–	1 377	3
池 州	356	–	186	–	169	–
安 庆	713	–	413	–	301	–
南 昌	725	–	9	–	715	–
九 江	6 246	–	244	–	6 001	–
武 汉	21 655	–	209	–	21 446	–
黄 石	4 869	1 557	1 207	–	3 662	1 557

5-12 续表（三）

单位：千吨

港口	总计	外贸	出港	外贸	进港	外贸
荆 州	2	–	–	–	2	–
宜 昌	403	2	205	2	199	–
长 沙	136	122	107	106	29	16
湘 潭	2 376	–	39	–	2 337	–
株 洲	11	–	6	–	5	–
岳 阳	3 645	–	535	–	3 110	–
番 禺	–	–	–	–	–	–
新 塘	–	–	–	–	–	–
五 和	–	–	–	–	–	–
中 山	3	–	3	–	–	–
佛 山	87	9	9	…	78	8
#容 奇	53	–	–	–	53	–
西 南	–	–	–	–	–	–
南海三山	…	…	…	…	–	–
新 市	1	1	–	–	1	1
江 门	–	–	–	–	–	–
#原江门	–	–	–	–	–	–
三 埠	–	–	–	–	–	–
虎 门	2	…	…	–	2	…
肇 庆	72	8	47	1	25	7
惠 州	–	–	–	–	–	–
南 宁	77	–	48	–	30	–
柳 州	…	–	–	–	…	–
贵 港	597	–	37	–	560	–
梧 州	35	–	24	–	11	–
来 宾	39	–	39	–	–	–
重 庆	10 294	–	495	–	9 799	–
#原重庆	4 731	–	396	–	4 334	–
涪 陵	133	–	52	–	81	–
万 州	1 634	–	5	–	1 630	–
重庆航管处	2 958	–	10	–	2 948	–
泸 州	168	2	5	–	162	2
宜 宾	62	–	52	–	10	–
乐 山	53	–	53	–	–	–
南 充	–	–	–	–	–	–
广 安	–	–	–	–	–	–
达 州	–	–	–	–	–	–

5-13　规模以上港口钢铁吞吐量

单位：千吨

港 口	总计	外贸	出港	外贸	进港	外贸
总 计	391 274	57 308	221 019	36 896	170 255	20 412
沿海合计	212 263	41 538	126 891	28 553	85 372	12 986
丹 东	4 670	803	4 242	657	429	146
大 连	11 963	2 361	7 966	1 473	3 997	888
营 口	19 858	3 252	19 008	3 207	851	46
锦 州	1 958	-	1 676	-	281	-
秦皇岛	5 501	1 078	5 275	888	226	190
黄 骅	292	-	292	-	-	-
唐 山	21 453	2 165	21 295	2 119	158	46
＃京 唐	15 065	1 939	14 957	1 893	108	46
曹妃甸	6 388	227	6 338	227	50	-
天 津	28 109	9 601	24 940	8 039	3 169	1 563
烟 台	2 508	1 413	935	623	1 573	790
＃龙 口	201	80	133	71	68	8
威 海	200	72	39	30	162	41
青 岛	7 146	3 368	6 310	3 054	836	314
日 照	7 356	545	7 278	498	78	47
＃石 臼	1 389	513	1 320	467	69	47
岚 山	5 968	31	5 958	31	10	-
上 海	41 335	7 216	14 890	4 894	26 445	2 323
连云港	1 600	1 238	1 337	1 122	263	116
嘉 兴	142	75	1	-	141	75
宁波－舟山	11 689	1 626	2 018	387	9 670	1 240
＃宁 波	9 530	1 436	1 505	387	8 025	1 050
舟 山	2 158	190	513	-	1 645	190
台 州	3 004	-	295	-	2 709	-
温 州	2 793	-	186	-	2 607	-
宁 德	1 640	65	1 365	-	275	65
福 州	3 889	268	1 555	1	2 333	267
莆 田	105	-	42	-	63	-
泉 州	3 012	50	92	-	2 920	50
厦 门	2 572	523	485	102	2 087	421
漳 州	-	-	-	-	-	-
汕 头	645	46	100	29	545	18
汕 尾	38	-	-	-	38	-

5-13 续表（一）

单位：千吨

港口	总计		出港		进港	
		外贸		外贸		外贸
惠　州	733	79	37	–	696	79
深　圳	3 083	479	269	…	2 815	479
#蛇　口	781	266	23	–	759	266
赤　湾	14	11	…	…	14	11
妈　湾	2 135	202	190	–	1 945	202
东角头	–	–	–	–	–	–
盐　田	–	–	–	–	–	–
下　洞	–	–	–	–	–	–
虎　门	1 170	1 064	41	33	1 129	1 031
#太　平	139	139	–	–	139	139
麻　涌	106	28	…	…	106	28
沙　田	925	897	41	33	884	864
广　州	17 390	3 032	3 090	805	14 300	2 227
中　山	439	163	60	28	379	135
珠　海	661	9	150	…	511	9
江　门	544	86	118	18	426	68
#新　会	506	48	111	11	395	37
公　益	37	37	7	7	31	31
阳　江	30	–	–	–	30	–
茂　名	74	–	–	–	74	–
湛　江	647	309	531	309	116	–
#原湛江	644	309	530	309	114	–
海　安	3	–	1	–	2	–
北部湾港	1 762	340	724	234	1 038	106
#北　海	27	…	3	…	24	–
钦　州	1 049	14	189	9	861	4
防　城	685	326	533	225	153	101
海　口	2 118	213	245	4	1 874	209
洋　浦	114	–	5	–	109	–
八　所	20	–	1	–	19	–
内河合计	**179 011**	**15 770**	**94 128**	**8 343**	**84 883**	**7 427**
哈尔滨	…	–	…	–	–	–
佳木斯	–	–	–	–	–	–
上　海	8 891	–	3 604	–	5 287	–
南　京	12 202	17	8 344	15	3 857	2
镇　江	1 980	21	610	17	1 370	4

5-13 续表（二）

单位：千吨

港 口	总计		出港		进港	
		外贸		外贸		外贸
苏 州	42 432	11 196	31 535	6 678	10 897	4 518
#常 熟	4 857	1 796	2 023	1 615	2 835	181
太 仓	1 622	504	397	20	1 225	484
张家港	35 953	8 896	29 116	5 043	6 837	3 853
南 通	2 632	821	1 037	502	1 595	319
常 州	966	406	413	128	553	278
江 阴	17 345	1 095	6 425	336	10 919	759
扬 州	1 172	–	183	–	988	–
泰 州	8 924	436	4 280	283	4 645	153
徐 州	1 600	–	1 572	–	27	–
连云港	1 306	–	1 224	–	82	–
无 锡	15 958	–	2 721	–	13 237	–
#原无锡	1 595	–	553	–	1 042	–
宜 兴	13	–	–	–	13	–
宿 迁	1 025	–	579	–	445	–
淮 安	4 009	–	3 484	–	525	–
扬州内河	952	–	…	–	952	–
镇江内河	201	–	–	–	201	–
杭 州	12 528	–	637	–	11 891	–
嘉兴内河	2 371	–	452	–	1 919	–
湖 州	1 356	–	247	–	1 109	–
合 肥	500	–	171	–	329	–
亳 州	58	–	57	–	1	–
阜 阳	20	–	20	–	–	–
淮 南	19	–	19	–	–	–
滁 州	2	–	2	–	1	–
马鞍山	5 530	164	5 058	129	472	35
巢 湖	155	–	55	–	100	–
芜 湖	2 261	148	1 283	…	978	147
铜 陵	631	–	613	–	18	–
池 州	146	–	108	–	38	–
安 庆	167	–	58	–	109	–
南 昌	2 555	5	1 394	5	1 161	–
九 江	2 852	–	2 808	–	44	–
武 汉	7 332	–	5 394	–	1 938	–
黄 石	1 280	115	617	7	663	108

5-13 续表（三）

单位：千吨

港口	总计	外贸	出港	外贸	进港	外贸
荆州	89	-	60	-	29	-
宜昌	652	2	298	2	354	-
长沙	522	24	16	16	506	8
湘潭	2 247	-	2 247	-	-	-
株洲	-	-	-	-	-	-
岳阳	1 096	-	710	-	386	-
番禺	24	-	10	-	14	-
新塘	-	-	-	-	-	-
五和	-	-	-	-	-	-
中山	299	60	50	1	249	59
佛山	3 071	1 220	979	213	2 092	1 007
#容奇	-	-	-	-	-	-
西南	-	-	-	-	-	-
南海三山	125	125	40	40	85	85
新市	118	108	82	72	36	36
江门	104	17	33	3	70	14
#原江门	25	17	3	3	22	14
三埠	1	…	-	-	1	…
虎门	78	1	23	…	54	1
肇庆	198	10	85	…	113	9
惠州	42	-	-	-	42	-
南宁	28	-	9	-	19	-
柳州	1 253	-	1 251	-	2	-
贵港	666	6	582	6	84	-
梧州	570	4	537	-	33	4
来宾	1 429	-	1 429	-	-	-
重庆	5 205	-	784	-	4 421	-
#原重庆	1 225	-	447	-	778	-
涪陵	84	-	1	-	83	-
万州	193	-	16	-	177	-
重庆航管处	3 303	-	81	-	3 222	-
泸州	21	2	2	2	19	…
宜宾	22	-	-	-	22	-
乐山	-	-	-	-	-	-
南充	-	-	-	-	-	-
广安	-	-	-	-	-	-
达州	38	-	16	-	22	-

5-14　规模以上港口矿建材料吞吐量

单位：千吨

港　口	总计	外贸	出港	外贸	进港	外贸
总　计	1 207 455	28 361	511 236	23 946	696 219	4 415
沿海合计	337 292	24 041	115 545	19 837	221 747	4 204
丹　东	25 607	...	5 992	...	19 615	...
大　连	6 187	206	4 288	155	1 899	51
营　口	7 480	486	2 761	486	4 719	–
锦　州	37	–	3	–	34	–
秦皇岛	353	16	310	16	43	–
黄　骅	768	–	–	–	768	–
唐　山	2 406	293	1 866	277	540	16
#京　唐	1 679	277	1 177	277	501	–
曹妃甸	727	16	688	–	39	16
天　津	36 317	1 554	1 421	911	34 896	643
烟　台	955	345	415	345	541	–
#龙　口	89	12	12	12	77	–
威　海	409	–	4	–	405	–
青　岛	32	25	29	22	4	4
日　照	9 732	486	2 749	486	6 983	–
#石　臼	3 510	191	751	191	2 759	–
岚　山	6 223	295	1 999	295	4 224	–
上　海	9 502	97	206	91	9 296	6
连云港	868	–	507	–	361	–
嘉　兴	1 182	–	16	–	1 166	–
宁波－舟山	54 256	–	33 764	–	20 492	–
#宁　波	19 834	–	2 864	–	16 970	–
舟　山	34 422	–	30 900	–	3 522	–
台　州	9 784	–	913	–	8 871	–
温　州	17 723	–	3 299	–	14 424	–
宁　德	5 338	2 434	4 249	2 434	1 090	–
福　州	6 460	734	2 669	730	3 791	5
莆　田	7 578	–	–	–	7 578	–
泉　州	17 630	1 764	2 500	541	15 130	1 223
厦　门	25 285	10 301	14 176	8 788	11 109	1 513
漳　州	7 739	–	7 739	–	–	–
汕　头	3 485	71	48	12	3 437	59
汕　尾	382	–	–	–	382	–

5-14 续表（一）

单位：千吨

港口	总计	外贸	出港	外贸	进港	外贸
惠 州	44	18	33	18	12	–
深 圳	1 630	–	90	–	1 540	–
#蛇 口	–	–	–	–	–	–
赤 湾	–	–	–	–	–	–
妈 湾	–	–	–	–	–	–
东角头	315	–	90	–	224	–
盐 田	–	–	–	–	–	–
下 洞	–	–	–	–	–	–
虎 门	4 615	330	1 324	330	3 291	…
#太 平	285	–	–	–	285	–
麻 涌	614	–	156	–	459	–
沙 田	3 715	330	1 168	330	2 547	…
广 州	30 730	3 640	5 043	3 636	25 688	3
中 山	5 524	10	870	8	4 654	2
珠 海	19 975	603	7 697	459	12 278	144
江 门	8 538	4	8 173	4	365	…
#新 会	8 538	4	8 173	4	365	…
公 益	–	–	–	–	–	–
阳 江	5	–	–	–	5	–
茂 名	1 686	–	886	–	800	–
湛 江	3 247	–	615	–	2 631	–
#原湛江	694	–	526	–	168	–
海 安	2 461	–	–	–	2 461	–
北部湾港	1 824	573	383	86	1 441	487
#北 海	24	–	4	–	20	–
钦 州	979	59	214	59	765	–
防 城	821	515	165	27	655	487
海 口	1 931	49	492	1	1 440	48
洋 浦	2	–	2	–	–	–
八 所	45	–	13	–	31	–
内河合计	870 162	4 320	395 691	4 109	474 472	211
哈尔滨	346	–	–	–	346	–
佳木斯	549	–	–	–	549	–
上 海	65 562	–	2 966	–	62 596	–
南 京	4 878	–	524	–	4 354	–
镇 江	11 708	–	5 104	–	6 604	–

5-14 续表（二）

单位：千吨

港口	总计	外贸	出港	外贸	进港	外贸
苏 州	25 624	63	10 891	14	14 733	49
#常 熟	20 148	51	10 133	2	10 015	49
太 仓	11	4	8	4	3	–
张家港	5 465	8	749	8	4 715	–
南 通	28 918	16	11 393	16	17 525	–
常 州	10 039	–	4 980	–	5 059	–
江 阴	24 894	67	11 772	…	13 122	67
扬 州	1 930	5	112	5	1 817	–
泰 州	19 257	43	7 941	8	11 317	35
徐 州	21 707	–	70	–	21 637	–
连云港	2 767	–	1 274	–	1 492	–
无 锡	24 110	–	7 013	–	17 097	–
#原无锡	812	–	–	–	812	–
宜 兴	226	–	–	–	226	–
宿 迁	9 198	–	4 010	–	5 188	–
淮 安	18 405	–	7 786	–	10 619	–
扬州内河	14 396	–	13	–	14 383	–
镇江内河	3 602	–	1 123	–	2 480	–
杭 州	48 186	–	23 563	–	24 623	–
嘉兴内河	56 471	–	13 910	–	42 561	–
湖 州	104 777	–	94 014	–	10 762	–
合 肥	18 511	–	1	–	18 510	–
亳 州	2 373	–	…	–	2 372	–
阜 阳	2 917	–	–	–	2 917	–
淮 南	2 841	–	2 298	–	543	–
滁 州	18 986	–	13 251	–	5 734	–
马鞍山	8 926	4	3 603	–	5 323	4
巢 湖	36 444	–	35 343	–	1 101	–
芜 湖	6 900	–	582	–	6 318	–
铜 陵	8 306	33	8 242	33	64	–
池 州	3 415	–	3 354	–	61	–
安 庆	8 467	1	7 564	…	903	1
南 昌	3 510	–	2 392	–	1 118	–
九 江	10 163	–	9 527	–	636	–
武 汉	11 537	–	1 596	–	9 941	–
黄 石	4 734	–	3 021	–	1 712	–

5-14 续表（三）

单位：千吨

港口	总计	外贸	出港	外贸	进港	外贸
荆 州	1 001	–	18	–	983	–
宜 昌	956	20	429	19	527	…
长 沙	38 464	31	26	26	38 438	5
湘 潭	2 528	–	–	–	2 528	–
株 洲	5 320	–	–	–	5 320	–
岳 阳	66 431	–	58 731	–	7 700	–
番 禺	1 186	–	–	–	1 186	–
新 塘	4	–	–	–	4	–
五 和	719	–	303	–	415	–
中 山	19 855	38	1 875	8	17 980	30
佛 山	10 723	3 849	6 308	3 844	4 415	5
#容 奇	246	–	–	–	246	–
西 南	–	–	–	–	–	–
南海三山	831	831	828	828	3	3
新 市	1 904	1 115	1 899	1 114	5	1
江 门	7 023	9	1 857	9	5 166	–
#原江门	3 727	–	997	–	2 730	–
三 埠	14	9	13	9	2	–
虎 门	103	1	3	…	100	1
肇 庆	4 206	111	1 718	104	2 488	6
惠 州	287	–	277	–	10	–
南 宁	1 906	–	54	–	1 852	–
柳 州	556	–	556	–	–	–
贵 港	11 401	9	4 211	9	7 190	–
梧 州	9 581	9	9 386	9	195	–
来 宾	1 706	–	1 706	–	–	–
重 庆	18 119	–	3 027	–	15 091	–
#原重庆	562	–	233	–	329	–
涪 陵	114	–	5	–	109	–
万 州	283	–	39	–	244	–
重庆航管处	8 229	–	479	–	7 750	–
泸 州	6 492	13	528	6	5 964	7
宜 宾	3 537	–	2 122	–	1 415	–
乐 山	1 914	–	1 906	–	8	–
南 充	4 544	–	550	–	3 994	–
广 安	4 221	–	72	–	4 149	–
达 州	2 027	–	791	–	1 236	–

5-15 规模以上港口水泥吞吐量

单位：千吨

港口	总计	外贸	出港	外贸	进港	外贸
总　计	186 569	12 922	125 795	11 815	60 773	1 107
沿海合计	30 479	5 974	8 487	4 893	21 992	1 080
丹　东	13	13	13	13	–	–
大　连	202	3	194	3	8	–
营　口	14	4	14	4	–	–
锦　州	9	–	9	–	–	–
秦皇岛	5	–	5	–	–	–
黄　骅	23	–	–	–	23	–
唐　山	514	–	16	–	498	–
#京　唐	348	–	16	–	332	–
曹妃甸	166	–	–	–	166	–
天　津	133	38	37	35	96	3
烟　台	2 721	2 692	2 692	2 692	29	–
#龙　口	2 488	2 478	2 478	2 478	10	–
威　海	–	–	–	–	–	–
青　岛	315	300	27	27	288	273
日　照	1 654	1 202	1 582	1 166	72	36
#石　臼	1 515	1 080	1 455	1 044	61	36
岚　山	139	122	127	122	12	–
上　海	1 597	32	32	22	1 564	9
连云港	512	512	445	445	67	67
嘉　兴	–	–	–	–	–	–
宁波－舟山	4 047	–	736	–	3 311	–
#宁　波	1 811	–	194	–	1 617	–
舟　山	2 236	–	542	–	1 694	–
台　州	1 814	–	–	–	1 814	–
温　州	1 545	–	239	–	1 306	–
宁　德	965	–	–	–	965	–
福　州	3 232	152	…	–	3 232	152
莆　田	798	–	46	–	752	–
泉　州	544	–	–	–	544	–
厦　门	370	–	34	–	336	–
漳　州	–	–	–	–	–	–
汕　头	961	–	1	–	960	–
汕　尾	–	–	–	–	–	–

5-15 续表（一）

单位：千吨

港口	总计	外贸	出港	外贸	进港	外贸
惠　州	15	–	–	–	15	–
深　圳	894	–	–	–	894	–
#蛇　口	–	–	–	–	–	–
赤　湾	–	–	–	–	–	–
妈　湾	506	–	–	–	506	–
东角头	38	–	–	–	38	–
盐　田	–	–	–	–	–	–
下　洞	–	–	–	–	–	–
虎　门	1 223	304	887	304	336	–
#太　平	–	–	–	–	–	–
麻　涌	228	–	209	–	19	–
沙　田	995	304	678	304	317	–
广　州	374	88	88	19	287	69
中　山	1 191	…	9	–	1 182	…
珠　海	1 092	–	63	–	1 028	–
江　门	336	–	271	–	65	–
#新　会	336	–	271	–	65	–
公　益	–	–	–	–	–	–
阳　江	–	–	–	–	–	–
茂　名	2	–	2	–	–	–
湛　江	346	–	346	–	–	–
#原湛江	8	–	8	–	–	–
海　安	338	–	338	–	–	–
北部湾港	718	162	696	162	22	–
#北　海	14	–	2	–	12	–
钦　州	375	–	364	–	10	–
防　城	329	162	329	162	…	–
海　口	1 574	237	1	–	1 573	237
洋　浦	684	233	2	–	682	233
八　所	40	–	–	–	40	–
内河合计	**156 089**	**6 948**	**117 308**	**6 922**	**38 781**	**27**
哈尔滨	–	–	–	–	–	–
佳木斯	–	–	–	–	–	–
上　海	7 483	–	611	–	6 872	–
南　京	1 244	540	1 164	540	79	–
镇　江	3 658	333	3 533	333	125	–

5-15 续表（二）

单位：千吨

港 口	总计	外贸	出港	外贸	进港	外贸
苏 州	4 363	2 315	2 425	2 315	1 938	—
#常 熟	—	—	—	—	—	—
太 仓	22	9	9	9	13	—
张家港	4 341	2 306	2 416	2 306	1 925	—
南 通	8 930	2 723	2 773	2 701	6 157	22
常 州	—	—	—	—	—	—
江 阴	—	—	—	—	—	—
扬 州	302	—	266	—	36	—
泰 州	900	751	746	746	154	5
徐 州	842	—	842	—	—	—
连云港	182	—	—	—	182	—
无 锡	6 919	—	4 003	—	2 916	—
#原无锡	—	—	—	—	—	—
宜 兴	…	—	—	—	…	—
宿 迁	92	—	36	—	56	—
淮 安	1 137	—	533	—	604	—
扬州内河	1 605	—	—	—	1 605	—
镇江内河	15	—	15	—	—	—
杭 州	3 219	—	1 678	—	1 541	—
嘉兴内河	9 766	—	4 752	—	5 015	—
湖 州	14 494	—	13 292	—	1 202	—
合 肥	60	—	—	—	60	—
亳 州	—	—	—	—	—	—
阜 阳	3	—	—	—	3	—
淮 南	3	—	3	—	—	—
滁 州	…	—	—	—	…	—
马鞍山	555	—	538	—	17	—
巢 湖	2 783	—	2 674	—	109	—
芜 湖	15 335	—	15 324	—	10	—
铜 陵	13 302	—	13 298	—	3	—
池 州	10 080	—	10 021	—	59	—
安 庆	11 498	—	11 204	—	294	—
南 昌	1 199	—	27	—	1 172	—
九 江	3 487	—	3 291	—	196	—
武 汉	3 485	—	1 025	—	2 460	—
黄 石	1 742	—	1 724	—	18	—

5-15 续表（三）

单位：千吨

港口	总计	外贸	出港	外贸	进港	外贸
荆州	–	–	–	–	–	–
宜昌	34	–	–	–	34	–
长沙	7	–	–	–	7	–
湘潭	–	–	–	–	–	–
株洲						
岳阳	516	–	193	–	323	–
番禺	86	–	–	–	86	–
新塘	–	–	–	–	–	–
五和	2 091	234	1 571	234	520	–
中山	1 979	–	57	–	1 922	–
佛山	1 595	–	1 348	–	247	–
#容奇	–	–	–	–	–	–
西南	–	–	–	–	–	–
南海三山	–	–	–	–	–	–
新市	…	–	…	–	–	–
江门	590	–	20	–	570	–
#原江门	512	–	11	–	501	–
三埠	–	–	–	–	–	–
虎门	–	–	–	–	–	–
肇庆	2 239	52	2 233	52	6	–
惠州	–	–	–	–	–	–
南宁	296	–	269	–	28	–
柳州	–	–	–	–	–	–
贵港	14 892	1	14 822	1	70	–
梧州	206	–	146	–	60	–
来宾	180	–	180	–	–	–
重庆	1 818	–	472	–	1 346	–
#原重庆	19	–	19	–	–	–
涪陵	3	–	–	–	3	–
万州	185	–	8	–	177	–
重庆航管处	485	–	152	–	334	–
泸州	279	…	…	–	278	…
宜宾	109	–	–	–	109	–
乐山	1	–	1	–	–	–
南充	3	–	2	–	…	–
广安	5	–	2	–	3	–
达州	480	–	194	–	286	–

5-16　规模以上港口木材吞吐量

单位：千吨

港口	总计	外贸	出港	外贸	进港	外贸
总　计	51 214	33 330	10 939	3 024	40 275	30 307
沿海合计	33 426	22 226	6 714	2 874	26 712	19 352
丹　东	7	-	7	-	-	-
大　连	1 126	233	883	…	244	233
营　口	103	…	6	…	97	-
锦　州	-	-	-	-	-	-
秦皇岛	1	-	-	-	1	-
黄　骅	-	-	-	-	-	-
唐　山	-	-	-	-	-	-
#京　唐	-	-	-	-	-	-
曹妃甸	-	-	-	-	-	-
天　津	1 368	1 180	71	48	1 297	1 132
烟　台	2 903	831	3	-	2 900	831
#龙　口	2 086	503	-	-	2 086	503
威　海	-	-	-	-	-	-
青　岛	604	604	89	89	515	515
日　照	9 742	7 144	-	-	9 742	7 144
#石　臼	7 218	4 644	-	-	7 218	4 644
岚　山	2 524	2 500	-	-	2 524	2 500
上　海	2 275	1 867	171	15	2 105	1 852
连云港	2 845	2 841	2 540	2 540	306	301
嘉　兴	43	28	-	-	43	28
宁波-舟山	515	154	15	-	500	154
#宁　波	498	154	12	-	486	154
舟　山	17	-	3	-	14	-
台　州	28	-	-	-	28	-
温　州	20	6	-	-	20	6
宁　德	-	-	-	-	-	-
福　州	108	75	1	…	107	75
莆　田	491	451	37	-	454	451
泉　州	133	126	-	-	133	126
厦　门	1 035	945	20	7	1 015	937
漳　州	-	-	-	-	-	-
汕　头	35	12	7	6	28	6
汕　尾	82	-	82	-	-	-

5-16 续表(一)

单位：千吨

港口	总计	外贸	出港	外贸	进港	外贸
惠州	5	–	5	–	–	–
深圳	58	–	2	–	56	–
#蛇口	–	–	–	–	–	–
赤湾	1	–	1	–	…	–
妈湾	58	–	1	–	56	–
东角头	–	–	–	–	–	–
盐田	–	–	–	–	–	–
下洞	–	–	–	–	–	–
虎门	360	239	6	3	354	237
#太平	5	5	–	–	5	5
麻涌	50	22	–	–	50	22
沙田	304	212	6	3	298	210
广州	1 703	688	628	90	1 075	598
中山	125	81	28	9	97	71
珠海	19	–	1	–	18	–
江门	28	6	21	2	7	4
#新会	28	6	21	2	7	4
公益	–	–	–	–	–	–
阳江	14	14	–	–	14	14
茂名	12	–	11	–	…	–
湛江	883	16	883	16	–	–
#原湛江	436	16	436	16	–	–
海安	87	–	87	–	–	–
北部湾港	1 177	297	851	32	326	264
#北海	145	–	108	–	37	–
钦州	557	18	539	–	18	18
防城	474	279	204	32	271	247
海口	534	33	345	15	189	18
洋浦	5 041	4 356	–	–	5 041	4 356
八所	–	–	–	–	–	–
内河合计	**17 789**	**11 104**	**4 225**	**150**	**13 564**	**10 954**
哈尔滨	–	–	–	–	–	–
佳木斯	–	–	–	–	–	–
上海	12	–	10	–	2	–
南京	…	–	–	–	…	–
镇江	3	–	3	–	–	–

5-16 续表(二)

单位：千吨

港口	总计	外贸	出港	外贸	进港	外贸
苏 州	9 256	7 376	1 846	22	7 410	7 354
#常 熟	1 733	1 500	231	...	1 503	1 500
太 仓	2 539	2 509	29	1	2 511	2 508
张家港	4 983	3 366	1 587	20	3 396	3 346
南 通	1	–	–	–	1	–
常 州	–	–	–	–	–	–
江 阴	40	13	17	–	23	13
扬 州	1 583	1 065	486	–	1 097	1 065
泰 州	2 974	1 993	969	–	2 005	1 993
徐 州	–	–	–	–	–	–
连云港	–	–	–	–	–	–
无 锡	2	–	–	–	2	–
#原无锡	–	–	–	–	–	–
宜 兴	–	–	–	–	–	–
宿 迁	5	–	–	–	5	–
淮 安	5	–	–	–	5	–
扬州内河	236	–	–	–	236	–
镇江内河	–	–	–	–	–	–
杭 州	42	–	–	–	42	–
嘉兴内河	109	–	9	–	100	–
湖 州	1 036	–	27	–	1 008	–
合 肥	–	–	–	–	–	–
亳 州	...	–	...	–	–	–
阜 阳	–	–	–	–	–	–
淮 南	–	–	–	–	–	–
滁 州	–	–	–	–	–	–
马鞍山	–	–	–	–	–	–
巢 湖	14	–	5	–	9	–
芜 湖	5	–	4	–	1	–
铜 陵	3	–	3	–	–	–
池 州	9	–	7	–	2	–
安 庆	24	16	20	16	4	...
南 昌	226	–	163	–	64	–
九 江	7	–	5	–	3	–
武 汉	9	–	5	–	4	–
黄 石	4	–	1	–	3	–

5-16 续表（三）

单位：千吨

港口	总计	外贸	出港	外贸	进港	外贸
荆　州	92	-	79	-	12	-
宜　昌	…	-	…	-	…	-
长　沙	9	4	4	4	5	…
湘　潭	11	-	11	-	-	-
株　洲	1	-	-	-	1	-
岳　阳	337	-	…	-	336	-
番　禺	-	-	-	-	-	-
新　塘	-	-	-	-	-	-
五　和	-	-	-	-	-	-
中　山	372	25	7	1	364	24
佛　山	607	557	89	75	518	482
#容　奇	-	-	-	-	-	-
西　南	2	-	2	-	-	-
南海三山	366	366	57	57	310	310
新　市	4	3	2	2	2	2
江　门	32	15	6	4	26	11
#原江门	29	15	4	4	24	10
三　埠	1	1	…	…	…	…
虎　门	53	-	4	-	49	-
肇　庆	50	5	44	1	6	3
惠　州	-	-	-	-	-	-
南　宁	92	-	92	-	-	-
柳　州	2	-	2	-	-	-
贵　港	150	24	143	24	6	-
梧　州	108	-	108	-	-	-
来　宾	16	-	16	-	-	-
重　庆	172	-	6	-	166	-
#原重庆	1	-	1	-	1	-
涪　陵	3	-	1	-	2	-
万　州	…	-	-	-	…	-
重庆航管处	113	-	2	-	110	-
泸　州	33	11	16	3	17	8
宜　宾	28	-	-	-	28	-
乐　山	19	-	16	-	3	-
南　充	-	-	-	-	-	-
广　安	2	-	1	-	1	-
达　州	-	-	-	-	-	-

5-17 规模以上港口非金属矿石吞吐量

单位：千吨

港口	总计	外贸	出港	外贸	进港	外贸
总　　计	185 446	42 705	101 960	15 474	83 486	27 231
沿海合计	78 270	36 666	31 088	12 793	47 183	23 873
丹　东	879	538	585	534	294	4
大　连	937	240	270	216	667	25
营　口	4 089	2 865	3 903	2 708	186	157
锦　州	312	235	235	171	77	64
秦皇岛	381	9	12	9	369	-
黄　骅	122	-	-	-	122	-
唐　山	517	-	-	-	517	-
#京　唐	517	-	-	-	517	-
曹妃甸	-	-	-	-	-	-
天　津	2 739	2 402	1 950	1 870	789	532
烟　台	20 292	16 476	3 508	172	16 783	16 304
#龙　口	12 625	11 619	1 076	172	11 549	11 447
威　海	-	-	-	-	-	-
青　岛	173	119	22	22	151	97
日　照	10 115	5 200	3 660	293	6 455	4 907
#石　臼	6 498	4 051	1 758	280	4 740	3 771
岚　山	3 617	1 149	1 902	13	1 715	1 137
上　海	5 707	42	481	37	5 226	5
连云港	1 447	1 372	142	109	1 306	1 263
嘉　兴	246	-	-	-	246	-
宁波-舟山	3 829	283	314	234	3 515	50
#宁　波	3 803	283	314	234	3 489	50
舟　山	25	-	-	-	25	-
台　州	22	-	15	-	7	-
温　州	345	25	240	25	105	-
宁　德	260	16	169	16	91	-
福　州	2 576	90	139	90	2 436	-
莆　田	100	54	80	54	20	-
泉　州	545	51	3	-	542	51
厦　门	724	338	345	338	379	…
漳　州	3 317	-	3 176	-	141	-
汕　头	625	251	372	251	253	-
汕　尾	122	-	122	-	-	-

5-17 续表（一）

单位：千吨

港口	总计	外贸	出港	外贸	进港	外贸
惠　州	–	–	–	–	–	–
深　圳	74	–	50	–	24	–
#蛇　口	–	–	–	–	–	–
赤　湾	–	–	–	–	–	–
妈　湾	74	–	50	–	24	–
东角头	–	–	–	–	–	–
盐　田	–	–	–	–	–	–
下　洞	–	–	–	–	–	–
虎　门	296	33	26	2	270	31
#太　平	94	–	–	–	94	–
麻　涌	160	–	16	–	144	–
沙　田	41	33	10	2	32	31
广　州	2 276	382	836	356	1 440	26
中　山	649	8	278	1	371	8
珠　海	1 238	135	270	135	967	–
江　门	4 147	135	1 747	134	2 400	1
#新　会	4 147	135	1 747	134	2 400	1
公　益	–	–	–	–	–	–
阳　江	–	–	–	–	–	–
茂　名	52	–	52	–	–	–
湛　江	2 234	1 226	1 793	1 096	441	130
#原湛江	1 934	1 226	1 793	1 096	141	130
海　安	300	–	–	–	300	–
北部湾港	5 973	3 942	5 878	3 909	95	33
#北　海	3 841	2 021	3 765	1 988	76	33
钦　州	230	93	216	93	14	–
防　城	1 902	1 828	1 897	1 828	4	…
海　口	540	12	396	12	144	…
洋　浦	125	–	6	–	119	–
八　所	247	184	13	–	234	184
内河合计	**107 176**	**6 039**	**70 872**	**2 682**	**36 304**	**3 358**
哈尔滨	–	–	–	–	–	–
佳木斯	–	–	–	–	–	–
上　海	435	–	4	–	431	–
南　京	1 647	228	512	228	1 135	–
镇　江	7 827	2 399	4 720	1 360	3 107	1 039

5-17 续表（二）

单位：千吨

港口	总计	外贸	出港	外贸	进港	外贸
苏 州	881	47	87	8	794	40
#常 熟	613	40	26	-	587	40
太 仓	253	-	54	-	199	-
张家港	16	8	8	8	8	-
南 通	5 773	2 653	2 884	476	2 889	2 177
常 州	1	-	-	-	1	-
江 阴	528	-	130	-	397	-
扬 州	141	-	68	-	73	-
泰 州	1 315	82	67	55	1 248	27
徐 州	10 118	-	10 118	-	-	-
连云港	-	-	-	-	-	-
无 锡	368	-	107	-	261	-
#原无锡	-	-	-	-	-	-
宜 兴	11	-	-	-	11	-
宿 迁	134	-	2	-	132	-
淮 安	2 272	-	-	-	2 272	-
扬州内河	21	-	-	-	21	-
镇江内河	299	-	286	-	13	-
杭 州	5 342	-	2 984	-	2 358	-
嘉兴内河	2 543	-	23	-	2 519	-
湖 州	10 402	-	4 920	-	5 482	-
合 肥	14	-	4	-	10	-
亳 州	-	-	-	-	-	-
阜 阳	-	-	-	-	-	-
淮 南	-	-	-	-	-	-
滁 州	3 002	-	3 002	-	…	-
马鞍山	4 367	-	82	-	4 286	-
巢 湖	2 504	-	2 165	-	339	-
芜 湖	21 302	-	20 594	-	708	-
铜 陵	4 932	211	3 274	202	1 658	9
池 州	7 910	327	7 880	327	30	-
安 庆	151	1	28	…	122	1
南 昌	663	15	277	7	386	8
九 江	423	-	258	-	166	-
武 汉	1 467	-	201	-	1 266	-
黄 石	267	-	54	-	213	-

5-17 续表（三）

单位：千吨

港 口	总计	外贸	出港	外贸	进港	外贸
荆 州	22	–	1	–	21	–
宜 昌	1 394	4	1 216	1	177	3
长 沙	70	15	6	6	64	9
湘 潭	–	–	–	–	–	–
株 洲	25	–	–	–	25	–
岳 阳	492	–	383	–	109	–
番 禺	15	–	–	–	15	–
新 塘	583	–	–	–	583	–
五 和	17	–	3	–	14	–
中 山	18	–	2	–	16	–
佛 山	16	1	4	1	12	…
#容 奇	–	–	–	–	–	–
西 南	–	–	–	–	–	–
南海三山	–	–	–	–	–	–
新 市	4	1	4	1	…	…
江 门	176	1	56	…	120	1
#原江门	22	–	–	–	22	–
三 埠	1	1	…	…	1	1
虎 门	53	–	7	–	45	–
肇 庆	762	18	590	9	171	9
惠 州	–	–	–	–	–	–
南 宁	77	–	67	–	10	–
柳 州	21	–	21	–	–	–
贵 港	2 034	34	1 144	…	890	34
梧 州	222	–	192	–	29	–
来 宾	852	–	852	–	–	–
重 庆	1 732	–	559	–	1 174	–
#原重庆	515	–	480	–	35	–
涪 陵	177	–	10	–	167	–
万 州	–	–	–	–	–	–
重庆航管处	536	–	6	–	530	–
泸 州	364	1	21	…	343	1
宜 宾	1 154	–	988	–	166	–
乐 山	28	–	28	–	–	–
南 充	–	–	–	–	–	–
广 安	–	–	–	–	–	–
达 州	–	–	–	–	–	–

5-18 规模以上港口化学肥料及农药吞吐量

单位：千吨

港口	总计	外贸	出港	外贸	进港	外贸
总　计	**35 420**	**17 084**	**23 098**	**12 611**	**12 322**	**4 473**
沿海合计	**19 732**	**15 709**	**13 439**	**11 457**	**6 293**	**4 251**
丹　东	1	1	1	1	–	–
大　连	671	120	263	117	409	3
营　口	1 090	1 031	750	750	341	281
锦　州	604	604	604	604	–	–
秦皇岛	1 168	1 146	1 006	996	161	150
黄　骅	–	–	–	–	–	–
唐　山	–	–	–	–	–	–
#京　唐	–	–	–	–	–	–
曹妃甸	–	–	–	–	–	–
天　津	271	256	113	99	158	157
烟　台	3 790	3 735	3 286	3 267	504	468
#龙　口	337	337	337	337	–	–
威　海	250	250	243	243	7	7
青　岛	1 061	1 061	356	356	705	705
日　照	343	343	343	343	–	–
#石　臼	343	343	343	343	–	–
岚　山	–	–	–	–	–	–
上　海	174	57	64	10	110	47
连云港	1 068	1 057	639	639	428	418
嘉　兴	–	–	–	–	–	–
宁波-舟山	234	134	93	42	141	92
#宁　波	136	87	46	42	90	45
舟　山	98	47	47	–	51	47
台　州	44	–	–	–	44	–
温　州	18	–	–	–	18	–
宁　德	15	–	–	–	15	–
福　州	27	5	5	5	22	–
莆　田	21	21	21	21	–	–
泉　州	7	–	–	–	7	–
厦　门	222	194	37	27	186	167
漳　州	–	–	–	–	–	–
汕　头	3	1	1	–	1	1
汕　尾	5	–	–	–	5	–

5-18 续表（一）

单位：千吨

港口	总计	外贸	出港	外贸	进港	外贸
惠　州	-	-	-	-	-	-
深　圳	1 290	862	484	56	806	806
#蛇　口	-	-	-	-	-	-
赤　湾	1 290	862	484	56	806	806
妈　湾	-	-	-	-	-	-
东角头	-	-	-	-	-	-
盐　田	-	-	-	-	-	-
下　洞	-	-	-	-	-	-
虎　门	154	126	20	…	134	126
#太　平	-	-	-	-	-	-
麻　涌	151	123	19	-	131	123
沙　田	3	3	…	…	3	3
广　州	163	92	55	46	108	46
中　山	14	3	3	3	11	-
珠　海	32	-	22	-	10	-
江　门	6	-	-	-	6	-
#新　会	6	-	-	-	6	-
公　益	-	-	-	-	-	-
阳　江	-	-	-	-	-	-
茂　名	45	-	-	-	45	-
湛　江	1 761	1 587	1 027	913	734	674
#原湛江	1 761	1 587	1 027	913	734	674
海　安	-	-	-	-	-	-
北部湾港	3 062	2 524	2 696	2 421	366	102
#北　海	246	79	176	79	70	-
钦　州	422	176	278	176	144	-
防　城	2 394	2 269	2 242	2 166	152	102
海　口	959	2	190	…	769	2
洋　浦	-	-	-	-	-	-
八　所	1 162	498	1 116	498	46	-
内河合计	**15 688**	**1 375**	**9 659**	**1 154**	**6 029**	**222**
哈尔滨	-	-	-	-	-	-
佳木斯	-	-	-	-	-	-
上　海	36	-	20	-	17	-
南　京	2 199	-	1 145	-	1 054	-
镇　江	1 338	628	658	603	679	26

5-18 续表（二）

单位：千吨

港 口	总计	外贸	出港	外贸	进港	外贸
苏　州	775	366	399	366	377	–
#常　熟	–	–	–	–	–	–
太　仓	–	–	–	–	–	–
张家港	775	366	399	366	377	–
南　通	897	347	426	162	471	185
常　州	229	–	114	–	114	–
江　阴	19	–	13	–	6	–
扬　州	2	–	–	–	2	–
泰　州	121	5	62	5	59	–
徐　州	…	–	…	–	…	–
连云港	22	–	15	–	7	–
无　锡	4 242	–	4 232	–	11	–
#原无锡	–	–	–	–	–	–
宜　兴	112	–	112	–	…	–
宿　迁	43	–	31	–	12	–
淮　安	294	–	259	–	35	–
扬州内河	351	–	–	–	351	–
镇江内河	42	–	–	–	42	–
杭　州	236	–	7	–	230	–
嘉兴内河	93	–	38	–	56	–
湖　州	89	–	38	–	52	–
合　肥	48	–	…	–	47	–
亳　州	49	–	41	–	8	–
阜　阳	16	–	15	–	1	–
淮　南	2	–	–	–	2	–
滁　州	16	–	1	–	15	–
马鞍山	…	–	…	–	…	–
巢　湖	55	–	7	–	47	–
芜　湖	1	–	–	–	1	–
铜　陵	168	13	90	8	77	6
池　州	11	–	…	–	11	–
安　庆	167	–	142	–	25	–
南　昌	17	–	–	–	17	–
九　江	59	–	6	–	52	–
武　汉	128	–	65	–	63	–
黄　石	133	–	101	–	33	–

5-18 续表（三）

单位：千吨

港口	总计	外贸	出港	外贸	进港	外贸
荆 州	5	-	1	-	4	-
宜 昌	246	…	243	…	3	-
长 沙	…	…	-	-	…	…
湘 潭	-	-	-	-	-	-
株 洲	-	-	-	-	-	-
岳 阳	130	-	31	-	100	-
番 禺	-	-	-	-	-	-
新 塘	4	-	-	-	4	-
五 和	32	-	25	-	6	-
中 山	16	-	2	-	15	-
佛 山	2	…	-	-	2	…
#容 奇	-	-	-	-	-	-
西 南	-	-	-	-	-	-
南海三山	-	-	-	-	-	-
新 市	…	…	-	-	…	…
江 门	28	15	17	10	11	5
#原江门	8	…	8	…	-	-
三 埠	1	-	-	-	1	-
虎 门	4	-	4	-	…	-
肇 庆	35	…	25	…	10	-
惠 州	-	-	-	-	-	-
南 宁	59	-	-	-	59	-
柳 州	10	-	10	-	-	-
贵 港	88	-	75	-	12	-
梧 州	31	-	31	-	-	-
来 宾	12	-	12	-	-	-
重 庆	2 092	-	781	-	1 310	-
#原重庆	151	-	50	-	100	-
涪 陵	-	-	-	-	-	-
万 州	366	-	204	-	162	-
重庆航管处	652	-	500	-	152	-
泸 州	428	-	422	-	6	-
宜 宾	476	-	19	-	457	-
乐 山	7	-	7	-	-	-
南 充	13	-	2	-	11	-
广 安	1	-	1	-	…	-
达 州	71	-	27	-	44	-

5-19　规模以上港口盐吞吐量

单位：千吨

港　口	总计	外贸	出港	外贸	进港	外贸
总　计	12 982	2 899	3 312	303	9 670	2 596
沿海合计	6 312	2 299	667	146	5 645	2 153
丹　东	8	…	…	…	8	-
大　连	286	126	-	-	286	126
营　口	182	…	5	…	177	-
锦　州	327	111	5	-	323	111
秦皇岛	-	-	-	-	-	-
黄　骅	102	9	92	9	10	-
唐　山	857	92	-	-	857	92
#京　唐	85	-	-	-	85	-
曹妃甸	772	92	-	-	772	92
天　津	139	18	89	15	50	3
烟　台	177	86	144	86	33	-
#龙　口	137	80	137	80	-	-
威　海	-	-	-	-	-	-
青　岛	118	118	-	-	118	118
日　照	9	-	-	-	9	-
#石　臼	9	-	-	-	9	-
岚　山	-	-	-	-	-	-
上　海	1 071	762	3	1	1 068	760
连云港	363	34	129	34	234	-
嘉　兴	323	-	-	-	323	-
宁波-舟山	1 088	493	41	-	1 046	493
#宁　波	1 055	493	19	-	1 037	493
舟　山	32	-	23	-	9	-
台　州	56	-	-	-	56	-
温　州	75	-	-	-	75	-
宁　德	16	-	-	-	16	-
福　州	244	-	6	-	238	-
莆　田	1	-	1	-	-	-
泉　州	218	116	19	-	199	116
厦　门	5	-	-	-	5	-
漳　州	9	-	9	-	-	-
汕　头	…	-	-	-	…	-
汕　尾	-	-	-	-	-	-

5-19 续表（一）

单位：千吨

港口	总计	外贸	出港	外贸	进港	外贸
惠　州	–	–	–	–	–	–
深　圳	2	–	–	–	2	–
#蛇　口	–	–	–	–	–	–
赤　湾	2	–	–	–	2	–
妈　湾	–	–	–	–	–	–
东角头	–	–	–	–	–	–
盐　田	–	–	–	–	–	–
下　洞	–	–	–	–	–	–
虎　门	3	–	–	–	3	–
#太　平	–	–	–	–	–	–
麻　涌	–	–	–	–	–	–
沙　田	3	–	–	–	3	–
广　州	19	…	…	…	19	–
中　山	17	…	1	…	16	…
珠　海	8	–	1	–	7	–
江　门	112	–	21	–	91	–
#新　会	112	–	21	–	91	–
公　益	–	–	–	–	–	–
阳　江	1	–	–	–	1	–
茂　名	2	–	–	–	2	–
湛　江	32	–	32	–	–	–
#原湛江	–	–	–	–	–	–
海　安	15	–	15	–	–	–
北部湾港	317	313	–	–	317	313
#北　海	–	–	–	–	–	–
钦　州	–	–	–	–	–	–
防　城	317	313	–	–	317	313
海　口	25	…	23	…	3	–
洋　浦	53	22	–	–	53	22
八　所	46	–	46	–	–	–
内河合计	**6 670**	**600**	**2 645**	**157**	**4 025**	**443**
哈尔滨	–	–	–	–	–	–
佳木斯	–	–	–	–	–	–
上　海	1	–	–	–	1	–
南　京	540	–	3	–	537	–
镇　江	102	37	37	37	65	–

5-19 续表（二）

单位：千吨

港口	总计	外贸	出港	外贸	进港	外贸
苏　州	246	35	2	-	243	35
#常　熟	245	35	2	-	243	35
太　仓	-	-	-	-	-	-
张家港	…	-	…	-	-	-
南　通	349	-	44	-	305	-
常　州	-	-	-	-	-	-
江　阴	-	-	-	-	-	-
扬　州	37	-	15	-	22	-
泰　州	909	528	226	120	683	408
徐　州	-	-	-	-	-	-
连云港	-	-	-	-	-	-
无　锡	888	-	-	-	888	-
#原无锡	22	-	-	-	22	-
宜　兴	40	-	-	-	40	-
宿　迁	-	-	-	-	-	-
淮　安	1 443	-	1 390	-	53	-
扬州内河	263	-	-	-	263	-
镇江内河	6	-	-	-	6	-
杭　州	97	-	2	-	96	-
嘉兴内河	115	-	1	-	114	-
湖　州	23	-	-	-	23	-
合　肥	38	-	37	-	1	-
亳　州	-	-	-	-	-	-
阜　阳	-	-	-	-	-	-
淮　南	…	-	…	-	-	-
滁　州	2	-	-	-	2	-
马鞍山	…	-	-	-	…	-
巢　湖	3	-	-	-	3	-
芜　湖	100	-	-	-	100	-
铜　陵	-	-	-	-	-	-
池　州	…	-	-	-	…	-
安　庆	6	-	-	-	6	-
南　昌	-	-	-	-	-	-
九　江	4	-	-	-	4	-
武　汉	144	-	134	-	10	-
黄　石	-	-	-	-	-	-

5-19 续表（三）

单位：千吨

港口	总计	外贸	出港	外贸	进港	外贸
荆　州	-	-	-	-	-	-
宜　昌	-	-	-	-	-	-
长　沙	15	-	-	-	15	-
湘　潭	-	-	-	-	-	-
株　洲	10	-	-	-	10	-
岳　阳	19	-	…	-	19	-
番　禺	-	-	-	-	-	-
新　塘	-	-	-	-	-	-
五　和	-	-	-	-	-	-
中　山	2	-	-	-	2	-
佛　山	-	-	-	-	-	-
#容　奇	-	-	-	-	-	-
西　南	-	-	-	-	-	-
南海三山	-	-	-	-	-	-
新　市	-	-	-	-	-	-
江　门	124	-	…	-	124	-
#原江门	68	-	-	-	68	-
三　埠	-	-	-	-	-	-
虎　门	15	-	6	-	9	-
肇　庆	6	-	-	-	6	-
惠　州	-	-	-	-	-	-
南　宁	-	-	-	-	-	-
柳　州	-	-	-	-	-	-
贵　港	-	-	-	-	-	-
梧　州	33	-	5	-	28	-
来　宾	-	-	-	-	-	-
重　庆	939	-	560	-	379	-
#原重庆	82	-	4	-	78	-
涪　陵	-	-	-	-	-	-
万　州	13	-	13	-	…	-
重庆航管处	784	-	539	-	244	-
泸　州	2	…	…	…	2	…
宜　宾	-	-	-	-	-	-
乐　山	176	-	176	-	-	-
南　充	…	-	-	-	…	-
广　安	1	-	1	-	-	-
达　州	12	-	6	-	6	-

5-20 规模以上港口粮食吞吐量

单位：千吨

港口	总计	外贸	出港	外贸	进港	外贸
总　计	168 609	63 304	53 400	1 142	115 209	62 162
沿海合计	125 038	56 243	40 360	1 058	84 677	55 185
丹　东	1 261	735	591	66	670	669
大　连	18 922	5 400	13 438	521	5 484	4 878
营　口	6 597	130	6 532	65	65	65
锦　州	4 824	221	4 584	45	241	176
秦皇岛	2 171	1 651	358	-	1 812	1 651
黄　骅	76	-	76	-	-	-
唐　山	28	-	28	-	-	-
#京　唐	28	-	28	-	-	-
曹妃甸	-					
天　津	6 078	5 572	456	166	5 622	5 406
烟　台	1 977	1 728	31	3	1 946	1 725
#龙　口	873	776	26	3	847	773
威　海	8	-	3	-	5	-
青　岛	5 296	5 233	130	87	5 167	5 146
日　照	7 978	7 760	185	-	7 793	7 760
#石　臼	4 477	4 287	185	-	4 292	4 287
岚　山	3 501	3 473	-	-	3 501	3 473
上　海	1 620	1 005	213	…	1 406	1 005
连云港	6 506	6 309	39	1	6 467	6 307
嘉　兴	236	-	1	-	235	-
宁波-舟山	7 903	1 750	2 711	-	5 193	1 750
#宁　波	2 516	1 636	366	-	2 149	1 636
舟　山	5 388	114	2 344	-	3 043	114
台　州	90	-	6	-	85	-
温　州	399	-	20	-	379	-
宁　德	37	-	-	-	37	-
福　州	1 891	1 207	-	-	1 891	1 207
莆　田	1 101	366	-	-	1 101	366
泉　州	986	726	19	-	967	726
厦　门	4 083	1 480	14	…	4 068	1 480
漳　州	-	-	-	-	-	-
汕　头	1 469	174	7	-	1 462	174
汕　尾	22	-	-	-	22	-

5-20 续表（一）

单位：千吨

港口	总计	外贸	出港	外贸	进港	外贸
惠 州	15	–	–	–	15	–
深 圳	16 450	1 577	6 941	54	9 509	1 522
#蛇 口	7 224	–	3 287	–	3 937	–
赤 湾	4 455	1 577	1 844	54	2 611	1 522
妈 湾	4 771	–	1 810	–	2 961	–
东角头	–	–	–	–	–	–
盐 田	–	–	–	–	–	–
下 洞	–	–	–	–	–	–
虎 门	1 394	118	176	–	1 217	118
#太 平	12	12	–	–	12	12
麻 涌	1 276	–	176	–	1 099	–
沙 田	106	106	–	–	106	106
广 州	10 855	5 800	2 843	25	8 012	5 775
中 山	131	7	9	3	121	4
珠 海	269	27	24	–	245	27
江 门	938	–	158	–	780	–
#新 会	922	–	158	–	764	–
公 益	–	–	–	–	–	–
阳 江	1 087	1 021	7	–	1 081	1 021
茂 名	1 027	–	1	–	1 026	–
湛 江	2 081	1 303	45	–	2 036	1 303
#原湛江	2 081	1 303	45	–	2 036	1 303
海 安	–	–	–	–	–	–
北部湾港	7 454	4 941	556	20	6 898	4 921
#北 海	128	–	2	–	126	–
钦 州	2 809	987	226	–	2 583	987
防 城	4 516	3 954	328	20	4 188	3 934
海 口	1 757	2	148	…	1 609	2
洋 浦	12	–	–	–	12	–
八 所	11	–	11	–	–	–
内河合计	**43 572**	**7 061**	**13 040**	**84**	**30 532**	**6 977**
哈尔滨	–	–	–	–	–	–
佳木斯	–	–	–	–	–	–
上 海	768	–	240	–	529	–
南 京	2 210	3	971	3	1 239	–
镇 江	1 081	582	482	…	599	582

5-20 续表(二)

单位:千吨

港口	总计	外贸	出港	外贸	进港	外贸
苏 州	4 909	3 198	665	-	4 244	3 198
#常 熟	8	-	6	-	2	-
太 仓	60	55	-	-	60	55
张家港	4 840	3 143	659	-	4 181	3 143
南 通	7 165	2 319	2 600	-	4 566	2 319
常 州	-	-	-	-	-	-
江 阴	1 844	324	731	13	1 113	311
扬 州	8	-	6	-	2	-
泰 州	8 991	445	3 034	27	5 957	418
徐 州	1	-	1	-	-	-
连云港	-	-	-	-	-	-
无 锡	443	-	138	-	305	-
#原无锡	-	-	-	-	-	-
宜 兴	-	-	-	-	-	-
宿 迁	162	-	148	-	13	-
淮 安	1 096	-	850	-	246	-
扬州内河	1 567	-	280	-	1 288	-
镇江内河	14	-	-	-	14	-
杭 州	376	-	23	-	353	-
嘉兴内河	1 229	-	338	-	891	-
湖 州	273	-	85	-	188	-
合 肥	326	-	166	-	160	-
亳 州	537	-	531	-	6	-
阜 阳	396	-	396	-	-	-
淮 南	108	-	108	-	-	-
滁 州	263	-	237	-	25	-
马鞍山	16	-	-	-	16	-
巢 湖	223	-	195	-	28	-
芜 湖	98	-	37	-	61	-
铜 陵	2	-	…	-	2	-
池 州	27	-	16	-	11	-
安 庆	24	10	9	-	16	10
南 昌	141	-	6	-	135	-
九 江	4	-	1	-	3	-
武 汉	45	-	8	-	38	-
黄 石	47	-	2	-	45	-

5-20 续表（三）

单位：千吨

港口	总计	外贸	出港	外贸	进港	外贸
荆　州	30	–	–	–	30	–
宜　昌	4	…	3	–	1	…
长　沙	51	1	2	1	49	1
湘　潭	16	–	–	–	16	–
株　洲	11	–	–	–	11	–
岳　阳	109	–	34	–	75	–
番　禺	1 463	–	110	–	1 353	–
新　塘	–	–	–	–	–	–
五　和	42	–	4	–	38	–
中　山	59	–	5	–	53	–
佛　山	940	113	62	4	879	108
#容　奇	115	–	27	–	88	–
西　南	1	–	–	–	1	–
南海三山	112	112	4	4	108	108
新　市	…	…	…	…	…	…
江　门	1 119	29	43	19	1 076	10
#原江门	263	–	20	–	243	–
三　埠	7	–	–	–	7	–
虎　门	1 439	…	81	–	1 358	…
肇　庆	1 060	36	87	17	973	19
惠　州	115	–	–	–	115	–
南　宁	522	–	17	–	505	–
柳　州	18	–	–	–	18	–
贵　港	801	–	36	–	765	–
梧　州	147	–	74	–	73	–
来　宾	–	–	–	–	–	–
重　庆	696	–	9	–	687	–
#原重庆	…	–	…	–	…	–
涪　陵	–	–	–	–	–	–
万　州	9	–	…	–	9	–
重庆航管处	597	–	…	–	597	–
泸　州	23	–	–	–	23	–
宜　宾	81	–	–	–	81	–
乐　山	…	–	…	–	…	–
南　充	132	–	31	–	101	–
广　安	52	–	26	–	26	–
达　州	248	–	111	–	137	–

5-21　规模以上港口机械、设备、电器吞吐量

单位：千吨

港口	总计	外贸	出港	外贸	进港	外贸
总　计	**169 568**	**100 755**	**89 432**	**54 605**	**80 136**	**46 150**
沿海合计	**162 425**	**96 943**	**84 866**	**51 721**	**77 560**	**45 222**
丹　东	32	31	30	30	2	2
大　连	2 761	1 298	2 332	1 188	429	110
营　口	3 689	265	1 092	258	2 596	7
锦　州	1	…	…	–	1	…
秦皇岛	5	1	5	1	…	…
黄　骅	26	5	8	5	19	–
唐　山	248	140	116	111	132	29
#京　唐	124	118	111	111	13	8
曹妃甸	124	21	5	–	119	21
天　津	31 995	21 765	18 102	13 144	13 893	8 621
烟　台	591	17	14	12	577	5
#龙　口	–	–	–	–	–	–
威　海	–	–	–	–	–	–
青　岛	1 319	771	1 090	718	228	53
日　照	13	5	3	2	10	3
#石　臼	12	5	2	2	10	3
岚　山	…	…	…	…	–	–
上　海	61 008	52 572	31 795	27 450	29 213	25 122
连云港	1 275	1 215	989	979	286	236
嘉　兴	2	–	–	–	2	–
宁波－舟山	999	47	440	17	560	30
#宁　波	355	15	342	7	12	8
舟　山	645	31	97	10	548	22
台　州	1 551	1 547	…	–	1 550	1 547
温　州	1	–	1	–	…	–
宁　德	1	–	–	–	1	–
福　州	7	1	2	–	4	1
莆　田	41	…	…	…	41	–
泉　州	9	8	–	–	9	8
厦　门	1 878	1 780	1 227	1 146	651	634
漳　州	7	–	–	–	7	–
汕　头	1 884	959	952	498	932	461
汕　尾	11	–	–	–	11	–

5-21 续表（一）

单位：千吨

港 口	总计	外贸	出港	外贸	进港	外贸
惠 州	13	10	7	5	6	5
深 圳	45	16	37	14	9	2
#蛇 口	1	–	…	–	1	–
赤 湾	16	16	14	14	2	2
妈 湾	27	–	22	–	5	–
东角头	–	–	–	–	–	–
盐 田	–	–	–	–	–	–
下 洞	–	–	–	–	–	–
虎 门	349	126	240	18	108	108
#太 平	94	94	8	8	86	86
麻 涌	237	15	226	4	11	11
沙 田	18	17	6	5	12	12
广 州	35 678	12 511	17 607	4 922	18 071	7 589
中 山	981	924	838	786	143	138
珠 海	534	490	223	219	310	271
江 门	59	29	46	23	12	6
#新 会	59	29	46	23	12	6
公 益	–	–	–	–	–	–
阳 江	1	–	–	–	1	–
茂 名	2	…	2	…	–	–
湛 江	8	4	1	–	8	4
#原湛江	8	4	1	–	8	4
海 安	–	–	–	–	–	–
北部湾港	825	345	562	151	263	194
#北 海	8	…	–	–	8	…
钦 州	51	2	2	2	49	…
防 城	766	342	561	149	206	194
海 口	14 568	60	7 101	26	7 467	34
洋 浦	7	–	2	–	4	–
八 所	5	1	…	–	4	1
内河合计	**7 143**	**3 812**	**4 566**	**2 884**	**2 576**	**928**
哈尔滨	–	–	–	–	–	–
佳木斯	–	–	–	–	–	–
上 海	2	–	–	–	2	–
南 京	176	2	116	2	59	–
镇 江	57	4	56	3	1	…

5-21 续表（二）

单位：千吨

港口	总计	外贸	出港	外贸	进港	外贸
苏 州	444	260	322	195	122	65
#常 熟	55	19	26	19	29	…
太 仓	74	50	71	48	3	1
张家港	314	191	225	128	89	63
南 通	131	80	85	67	46	13
常 州	128	123	14	11	114	112
江 阴	736	71	400	40	337	31
扬 州	81	75	41	35	40	40
泰 州	17	7	8	1	9	6
徐 州	–	–	–	–	–	–
连云港	–	–	–	–	–	–
无 锡	7	–	3	–	5	–
#原无锡	–	–	–	–	–	–
宜 兴	–	–	–	–	–	–
宿 迁	–	–	–	–	–	–
淮 安	–	–	–	–	–	–
扬州内河	4	–	–	–	4	–
镇江内河	–	–	–	–	–	–
杭 州	38	–	28	–	10	–
嘉兴内河	–	–	–	–	–	–
湖 州	–	–	–	–	–	–
合 肥	19	–	8	–	10	–
亳 州	–	–	–	–	–	–
阜 阳	–	–	–	–	–	–
淮 南	–	–	–	–	–	–
滁 州	–	–	–	–	–	–
马鞍山	…	–	…	–	…	–
巢 湖	–	–	–	–	–	–
芜 湖	1	1	…	–	1	1
铜 陵	4	–	…	–	4	–
池 州	–	–	–	–	–	–
安 庆	20	7	5	3	15	4
南 昌	43	35	28	24	15	11
九 江	47	–	46	–	1	–
武 汉	244	–	213	–	31	–
黄 石	–	–	–	–	–	–

5-21 续表（三）

单位：千吨

港口	总计	外贸	出港	外贸	进港	外贸
荆 州	3	–	1	–	2	–
宜 昌	34	7	17	4	17	3
长 沙	168	164	75	75	93	89
湘 潭	–	–	–	–	–	–
株 洲	12	–	12	–	–	–
岳 阳	2	–	…	–	2	–
番 禺	–	–	–	–	–	–
新 塘	69	69	–	–	69	69
五 和	13	13	–	–	13	13
中 山	510	346	443	302	67	44
佛 山	2 322	2 013	2 073	1 783	248	230
#容 奇	119	119	83	83	36	36
西 南	–	–	–	–	–	–
南海三山	961	961	808	808	153	153
新 市	88	61	74	48	14	13
江 门	446	389	319	278	127	111
#原江门	368	311	265	224	103	87
三 埠	36	35	26	26	10	10
虎 门	24	5	18	…	6	5
肇 庆	51	33	25	19	27	15
惠 州	…	…	…	…	…	…
南 宁	…	–	…	–	…	–
柳 州	–	–	–	–	–	–
贵 港	19	8	7	…	12	8
梧 州	22	20	16	16	5	4
来 宾	–	–	–	–	–	–
重 庆	974	2	72	2	902	…
#原重庆	72	–	51	–	21	–
涪 陵	9	2	2	2	6	…
万 州	…	–	–	–	…	–
重庆航管处	841	–	12	–	829	–
泸 州	203	79	75	25	128	54
宜 宾	14	–	–	–	14	–
乐 山	57	–	40	–	17	–
南 充	–	–	–	–	–	–
广 安	–	–	–	–	–	–
达 州	–	–	–	–	–	–

5-22　规模以上港口化工原料及制品吞吐量

单位：千吨

港口	总计	外贸	出港	外贸	进港	外贸
总　计	159 083	68 125	59 770	14 204	99 313	53 921
沿海合计	86 252	44 206	31 634	11 102	54 618	33 103
丹　东	5	4	4	4	1	-
大　连	2 537	328	1 754	147	783	180
营　口	608	111	492	108	116	3
锦　州	498	181	375	154	123	28
秦皇岛	168	125	13	-	156	125
黄　骅	-	-	-	-	-	-
唐　山	405	72	330	61	74	11
#京　唐	323	61	260	61	63	-
曹妃甸	82	11	71	-	11	11
天　津	14 365	10 118	8 831	6 089	5 534	4 028
烟　台	861	576	544	330	317	246
#龙　口	791	547	521	328	271	220
威　海	-	-	-	-	-	-
青　岛	1 976	1 588	912	556	1 064	1 032
日　照	583	556	75	54	507	502
#石　臼	-	-	-	-	-	-
岚　山	583	556	75	54	507	502
上　海	6 864	2 396	3 524	812	3 340	1 584
连云港	1 240	929	335	229	905	700
嘉　兴	2 533	1 215	402	2	2 131	1 213
宁波-舟山	14 680	7 826	2 827	84	11 853	7 741
#宁　波	12 244	7 826	1 694	84	10 550	7 741
舟　山	2 436	-	1 133	-	1 303	-
台　州	292	52	30	-	263	52
温　州	663	195	57	-	606	195
宁　德	2	-	-	-	2	-
福　州	467	88	-	-	467	88
莆　田	249	3	1	-	248	3
泉　州	3 001	410	1 461	11	1 540	400
厦　门	3 416	2 032	1 228	770	2 188	1 262
漳　州	187	41	6	-	182	41
汕　头	1 903	267	241	26	1 662	241
汕　尾	-	-	-	-	-	-

5-22 续表（一）

单位：千吨

港口	总计	外贸	出港	外贸	进港	外贸
惠 州	1 587	349	963	29	625	320
深 圳	155	93	3	–	152	93
#蛇 口	–	–	–	–	–	–
赤 湾	4	–	–	–	4	–
妈 湾	148	93	3	–	145	93
东角头	–	–	–	–	–	–
盐 田	–	–	–	–	–	–
下 洞	–	–	–	–	–	–
虎 门	4 988	2 466	815	55	4 173	2 411
#太 平	194	167	13	13	181	154
麻 涌	74	13	…	…	74	13
沙 田	4 721	2 286	802	42	3 919	2 244
广 州	5 947	3 792	1 522	704	4 424	3 088
中 山	655	556	166	138	489	418
珠 海	3 502	1 539	1 305	86	2 197	1 453
江 门	217	136	29	11	188	126
#新 会	217	136	29	11	188	126
公 益	–	–	–	–	–	–
阳 江	11	–	7	–	4	–
茂 名	1 309	–	205	–	1 104	–
湛 江	1 744	1 448	135	4	1 609	1 445
#原湛江	1 744	1 448	135	4	1 609	1 445
海 安	–	–	–	–	–	–
北部湾港	5 906	4 607	1 322	622	4 585	3 985
#北 海	695	326	38	38	657	288
钦 州	213	80	68	13	145	67
防 城	4 998	4 201	1 215	571	3 783	3 630
海 口	1 730	108	972	19	757	90
洋 浦	289	–	40	–	249	–
八 所	707	–	707	–	–	–
内河合计	**72 832**	**23 920**	**28 137**	**3 102**	**44 695**	**20 818**
哈尔滨	–	–	–	–	–	–
佳木斯	–	–	–	–	–	–
上 海	169	–	7	–	162	–
南 京	12 402	1 274	6 834	251	5 568	1 023
镇 江	3 087	1 326	982	111	2 105	1 215

5-22 续表（二）

单位：千吨

港口	总计	外贸	出港	外贸	进港	外贸
苏 州	18 033	11 194	5 299	1 001	12 734	10 193
#常 熟	1 961	891	730	310	1 231	581
太 仓	4 476	2 458	1 518	98	2 958	2 360
张家港	11 596	7 845	3 050	593	8 546	7 252
南 通	2 436	1 279	752	114	1 684	1 165
常 州	1 541	863	147	–	1 394	863
江 阴	9 008	5 140	2 251	778	6 757	4 363
扬 州	274	119	69	5	205	115
泰 州	3 424	931	1 638	263	1 786	668
徐 州	13	–	8	–	5	–
连云港	179	–	121	–	58	–
无 锡	782	–	23	–	759	–
#原无锡	–	–	–	–	–	–
宜 兴	22	–	...	–	21	–
宿 迁	327	–	254	–	73	–
淮 安	1 625	–	1 623	–	2	–
扬州内河	73	–	–	–	73	–
镇江内河	100	–	45	–	55	–
杭 州	1 127	–	52	–	1 074	–
嘉兴内河	2 360	–	436	–	1 924	–
湖 州	778	–	9	–	768	–
合 肥	163	–	108	–	55	–
亳 州	44	–	44	–	–	–
阜 阳	75	–	53	–	22	–
淮 南	46	–	46	–	–	–
滁 州	27	–	–	–	27	–
马鞍山	102	–	44	–	59	–
巢 湖	15	–	...	–	15	–
芜 湖	321	–	233	–	87	–
铜 陵	1 326	–	1 078	–	249	–
池 州	152	4	125	–	27	4
安 庆	391	5	87	4	304	1
南 昌	182	20	48	15	134	5
九 江	88	–	30	–	58	–
武 汉	622	–	432	–	190	–
黄 石	129	–	109	–	19	–

5-22 续表（三）

单位：千吨

港口	总计	外贸	出港	外贸	进港	外贸
荆 州	180	–	9	–	171	–
宜 昌	593	46	231	32	362	14
长 沙	338	133	144	125	194	8
湘 潭	–	–	–	–	–	–
株 洲	93	–	42	–	51	–
岳 阳	283	–	123	–	161	–
番 禺	–	–	–	–	–	–
新 塘	721	–	134	–	587	–
五 和	–	–	–	–	–	–
中 山	311	94	18	1	293	93
佛 山	1 005	927	236	220	769	707
＃容 奇	367	367	159	159	208	208
西 南	–	–	–	–	–	–
南海三山	410	410	29	29	381	381
新 市	91	81	27	18	65	63
江 门	1 163	252	143	68	1 020	184
＃原江门	933	110	96	27	837	83
三 埠	87	86	5	4	82	82
虎 门	279	37	97	…	182	37
肇 庆	156	122	35	19	121	103
惠 州	…	…	–	–	…	…
南 宁	109	–	109	–	1	–
柳 州	1	–	1	–	–	–
贵 港	185	1	162	1	23	…
梧 州	292	20	217	20	75	–
来 宾	163	–	163	–	–	–
重 庆	4 032	92	2 006	47	2 026	45
＃原重庆	386	–	241	–	145	–
涪 陵	229	92	154	47	76	45
万 州	746	–	745	–	1	–
重庆航管处	2 398	–	669	–	1 729	–
泸 州	210	38	175	27	35	11
宜 宾	1 071	–	886	–	185	–
乐 山	227	–	219	–	7	–
南 充	–	–	–	–	–	–
广 安	–	–	–	–	–	–
达 州	–	–	–	–	–	–

5-23 规模以上港口有色金属吞吐量

单位：千吨

港 口	总计	外贸	出港	外贸	进港	外贸
总　计	**9 200**	**7 272**	**2 860**	**1 959**	**6 341**	**5 314**
沿海合计	**7 471**	**6 256**	**2 107**	**1 598**	**5 363**	**4 658**
丹　东	13	13	1	1	12	12
大　连	1	1	1	1	-	-
营　口	7	7	3	3	3	3
锦　州	27	22	7	7	20	15
秦皇岛	-	-	-	-	-	-
黄　骅	-	-	-	-	-	-
唐　山	-	-	-	-	-	-
#京　唐	-	-	-	-	-	-
曹妃甸	-	-	-	-	-	-
天　津	2 856	2 684	1 174	1 151	1 681	1 534
烟　台	1	1	1	1	-	-
#龙　口	1	1	1	1	-	-
威　海	-	-	-	-	-	-
青　岛	232	217	152	136	80	80
日　照	232	232	8	8	224	224
#石　臼	232	232	8	8	224	224
岚　山	-	-	-	-	-	-
上　海	385	246	28	21	357	225
连云港	1 991	1 880	181	69	1 810	1 810
嘉　兴	-	-	-	-	-	-
宁波-舟山	-	-	-	-	-	-
#宁　波	-	-	-	-	-	-
舟　山	-	-	-	-	-	-
台　州	-	-	-	-	-	-
温　州	…	-	-	-	…	-
宁　德	-	-	-	-	-	-
福　州	48	-	-	-	48	-
莆　田	-	-	-	-	-	-
泉　州	-	-	-	-	-	-
厦　门	…	…	-	-	…	…
漳　州	-	-	-	-	-	-
汕　头	8	-	3	-	4	-
汕　尾	-	-	-	-	-	-

5-23 续表（一）

单位：千吨

港口	总计	外贸	出港	外贸	进港	外贸
惠 州	–	–	–	–	–	–
深 圳	14	–	–	–	14	–
#蛇 口	13	–	–	–	13	–
赤 湾	1	–	–	–	1	–
妈 湾	–	–	–	–	–	–
东角头	–	–	–	–	–	–
盐 田	–	–	–	–	–	–
下 洞	–	–	–	–	–	–
虎 门	22	22	4	4	18	18
#太 平	17	17	3	3	14	14
麻 涌	2	2	1	1	1	1
沙 田	3	3	–	–	3	3
广 州	1 093	478	378	107	716	371
中 山	23	21	14	13	9	8
珠 海	–	–	–	–	–	–
江 门	41	39	20	19	21	21
#新 会	5	3	3	2	2	2
公 益	36	36	17	17	19	19
阳 江	–	–	–	–	–	–
茂 名	–	–	–	–	–	–
湛 江	61	58	53	50	8	8
#原湛江	61	58	53	50	8	8
海 安	–	–	–	–	–	–
北部湾港	407	335	74	7	333	328
#北 海	–	–	–	–	–	–
钦 州	–	–	–	–	–	–
防 城	407	335	74	7	333	328
海 口	9	…	5	–	4	…
洋 浦	–	–	–	–	–	–
八 所	–	–	–	–	–	–
内河合计	1 730	1 017	752	361	977	656
哈尔滨	–	–	–	–	–	–
佳木斯	–	–	–	–	–	–
上 海	–	–	–	–	–	–
南 京	–	–	–	–	–	–
镇 江	5	–	2	–	3	–

5-23 续表（二）

单位：千吨

港口	总计	外贸	出港	外贸	进港	外贸
苏 州	49	-	3	-	46	-
#常 熟	46	-	-	-	46	-
太 仓	-	-	-	-	-	-
张家港	4	-	3	-	…	-
南 通	…	-	-	-	…	-
常 州	12	-	-	-	12	-
江 阴	28	…	7	…	20	…
扬 州	10	-	-	-	10	-
泰 州	66	36	1	1	65	35
徐 州	-	-	-	-	-	-
连云港	30	-	-	-	30	-
无 锡	5	-	-	-	5	-
#原无锡	-	-	-	-	-	-
宜 兴	-	-	-	-	-	-
宿 迁	-	-	-	-	-	-
淮 安	-	-	-	-	-	-
扬州内河	-	-	-	-	-	-
镇江内河	2	-	-	-	2	-
杭 州	-	-	-	-	-	-
嘉兴内河	1	-	…	-	…	-
湖 州	-	-	-	-	-	-
合 肥	-	-	-	-	-	-
亳 州	-	-	-	-	-	-
阜 阳	-	-	-	-	-	-
淮 南	-	-	-	-	-	-
滁 州	-	-	-	-	-	-
马鞍山	3	-	-	-	3	-
巢 湖	-	-	-	-	-	-
芜 湖	10	-	-	-	10	-
铜 陵	23	-	23	-	-	-
池 州	58	-	19	-	38	-
安 庆	…	…	…	…	…	…
南 昌	-	-	-	-	-	-
九 江	-	-	-	-	-	-
武 汉	-	-	-	-	-	-
黄 石	129	-	114	-	15	-

5-23 续表（三）

单位：千吨

港 口	总计	外贸	出港	外贸	进港	外贸
荆 州	–	–	–	–	–	–
宜 昌	130	…	99	…	31	–
长 沙	52	12	2	2	49	9
湘 潭	–	–	–	–	–	–
株 洲	23	–	20	–	3	–
岳 阳	–	–	–	–	–	–
番 禺	–	–	–	–	–	–
新 塘	–	–	–	–	–	–
五 和	–	–	–	–	–	–
中 山	6	6	…	…	6	6
佛 山	706	693	295	282	411	411
#容 奇	124	124	99	99	25	25
西 南	–	–	–	–	–	–
南海三山	510	510	163	163	347	347
新 市	31	17	30	16	1	1
江 门	7	7	2	1	6	6
#原江门	–	–	–	–	–	–
三 埠	7	7	2	1	6	6
虎 门	12	12	4	3	8	8
肇 庆	246	243	63	63	183	180
惠 州	–	–	–	–	–	–
南 宁	1	–	1	–	–	–
柳 州	–	–	–	–	–	–
贵 港	1	…	1	–	…	…
梧 州	–	–	–	–	–	–
来 宾	1	–	1	–	–	–
重 庆	111	8	91	8	20	–
#原重庆	64	–	64	–	–	–
涪 陵	19	8	19	8	–	–
万 州	–	–	–	–	–	–
重庆航管处	28	–	8	–	20	–
泸 州	–	–	–	–	–	–
宜 宾	–	–	–	–	–	–
乐 山	2	–	2	–	–	–
南 充	–	–	–	–	–	–
广 安	–	–	–	–	–	–
达 州	–	–	–	–	–	–

5-24　规模以上港口轻工、医药产品吞吐量

单位：千吨

港　口	总计	外贸	出港	外贸	进港	外贸
总　计	93 921	50 769	50 444	28 090	43 477	22 679
沿海合计	77 856	44 743	42 586	25 782	35 270	18 961
丹　东	1	1	1	1	-	-
大　连	74	51	1	1	73	49
营　口	509	197	-	-	509	197
锦　州	52	21	21	21	31	-
秦皇岛	12	10	10	10	2	-
黄　骅	-	-	-	-	-	-
唐　山	-	-	-	-	-	-
#京　唐	-	-	-	-	-	-
曹妃甸	-	-	-	-	-	-
天　津	35 470	19 612	19 431	12 899	16 039	6 713
烟　台	133	97	5	5	128	92
#龙　口	5	5	5	5	-	-
威　海	13	-	13	-	-	-
青　岛	2 132	1 593	313	39	1 819	1 554
日　照	518	445	43	-	475	445
#石　臼	518	445	43	-	475	445
岚　山	-	-	-	-	-	-
上　海	16 401	15 600	9 226	8 905	7 175	6 695
连云港	162	156	-	-	162	156
嘉　兴	3 889	1 361	1 212	629	2 677	731
宁波-舟山	848	108	372	-	475	108
#宁　波	526	108	99	-	427	108
舟　山	322	-	274	-	49	-
台　州	88	-	-	-	88	-
温　州	11	-	-	-	11	-
宁　德	-	-	-	-	-	-
福　州	69	1	5	…	64	1
莆　田	104	-	3	-	101	-
泉　州	165	-	3	-	162	-
厦　门	1 562	1 520	896	884	666	637
漳　州	-	-	-	-	-	-
汕　头	2 236	327	1 471	294	764	33
汕　尾	2	-	-	-	2	-

5-24 续表(一)

单位:千吨

港口	总计	外贸	出港	外贸	进港	外贸
惠 州	–	–	–	–	–	–
深 圳	22	–	–	–	22	–
#蛇 口	3	–	–	–	3	–
赤 湾	–	–	–	–	–	–
妈 湾	–	–	–	–	–	–
东角头	–	–	–	–	–	–
盐 田	–	–	–	–	–	–
下 洞	–	–	–	–	–	–
虎 门	352	223	114	45	238	178
#太 平	69	69	4	4	66	66
麻 涌	197	89	59	1	138	88
沙 田	86	65	51	40	35	25
广 州	5 107	1 671	3 566	1 065	1 541	606
中 山	1 279	1 077	891	746	388	331
珠 海	107	8	1	–	106	8
江 门	401	260	238	164	164	95
#新 会	401	260	238	164	164	95
公 益	–	–	–	–	–	–
阳 江	–	–	–	–	–	–
茂 名	–	–	–	–	–	–
湛 江	479	172	312	12	167	160
#原湛江	435	172	268	12	167	160
海 安	44	–	44	–	–	–
北部湾港	2 898	175	2 661	37	236	137
#北 海	102	–	89	–	13	–
钦 州	1 386	–	1 353	–	33	–
防 城	1 410	175	1 219	37	191	137
海 口	1 353	29	558	12	795	17
洋 浦	1 401	30	1 211	12	190	18
八 所	5	–	5	–	–	–
内河合计	16 064	6 025	7 857	2 307	8 207	3 718
哈尔滨	–	–	–	–	–	–
佳木斯	–	–	–	–	–	–
上 海	8	–	2	–	6	–
南 京	80	–	1	–	78	–
镇 江	1 168	483	49	–	1 118	483

5-24 续表（二）

单位：千吨

港口	总计	外贸	出港	外贸	进港	外贸
苏　州	3 265	1 983	1 198	53	2 067	1 931
#常　熟	2 899	1 982	955	53	1 944	1 930
太　仓	365	1	243	-	122	1
张家港	1	-	-	-	1	-
南　通	115	65	4	-	111	65
常　州	-	-	-	-	-	-
江　阴	3 149	136	1 160	23	1 990	113
扬　州	1	-	-	-	1	-
泰　州	243	145	209	136	34	9
徐　州	4	-	-	-	4	-
连云港	-	-	-	-	-	-
无　锡	…	-	…	-	-	-
#原无锡	-	-	-	-	-	-
宜　兴	-	-	-	-	-	-
宿　迁	27	-	-	-	27	-
淮　安	-	-	-	-	-	-
扬州内河	-	-	-	-	-	-
镇江内河	-	-	-	-	-	-
杭　州	385	-	69	-	316	-
嘉兴内河	130	-	98	-	33	-
湖　州	33	-	1	-	32	-
合　肥	12	-	-	-	12	-
亳　州	-	-	-	-	-	-
阜　阳	-	-	-	-	-	-
淮　南	-	-	-	-	-	-
滁　州	-	-	-	-	-	-
马鞍山	6	-	6	-	-	-
巢　湖	-	-	-	-	-	-
芜　湖	41	-	1	-	40	-
铜　陵	-	-	-	-	-	-
池　州	10	-	…	-	9	-
安　庆	62	25	29	22	32	2
南　昌	236	62	176	41	60	21
九　江	56	-	5	-	51	-
武　汉	303	-	197	-	106	-
黄　石	…	-	…	-	…	-

5-24 续表（三）

单位：千吨

港口	总计	外贸	出港	外贸	进港	外贸
荆州	37	–	30	–	7	–
宜昌	126	88	107	87	19	…
长沙	170	111	95	89	75	22
湘潭	–	–	–	–	–	–
株洲	–	–	–	–	–	–
岳阳	380	–	125	–	255	–
番禺	22	18	–	–	22	18
新塘	23	5	1	1	22	4
五和	88	88	88	88	–	–
中山	832	570	657	488	175	82
佛山	891	725	397	337	493	388
#容奇	98	98	98	98	–	–
西南	1	–	–	–	1	–
南海三山	261	261	25	25	236	236
新市	273	222	145	107	128	115
江门	1 530	1 325	994	856	536	469
#原江门	1 150	995	763	636	387	358
三埠	84	80	52	50	32	31
虎门	204	18	115	…	89	18
肇庆	220	46	176	33	44	13
惠州	98	78	20	–	79	78
南宁	979	–	974	–	5	–
柳州	20	–	19	–	1	–
贵港	553	6	521	5	33	1
梧州	67	31	57	31	10	–
来宾	173	–	173	–	–	–
重庆	240	5	67	4	173	1
#原重庆	42	–	16	–	26	–
涪陵	74	5	23	4	52	1
万州	–	–	–	–	–	–
重庆航管处	101	–	21	–	79	–
泸州	72	13	29	12	43	1
宜宾	–	–	–	–	–	–
乐山	5	–	5	–	–	–
南充	–	–	–	–	–	–
广安	–	–	–	–	–	–
达州	–	–	–	–	–	–

5-25 规模以上港口农、林、牧、渔业产品吞吐量

单位：千吨

港口	总计	外贸	出港	外贸	进港	外贸
总　计	40 904	14 816	15 846	2 943	25 058	11 873
沿海合计	33 745	13 151	13 757	2 756	19 987	10 394
丹　东	55	55	46	46	9	9
大　连	421	321	22	2	400	319
营　口	904	477	74	-	830	477
锦　州	16	3	16	3	-	-
秦皇岛	468	425	324	298	144	126
黄　骅	4	4	-	-	4	4
唐　山	-	-	-	-	-	-
#京　唐	-	-	-	-	-	-
曹妃甸						
天　津	6 031	4 444	2 729	2 017	3 302	2 428
烟　台	135	85	34	…	102	85
#龙　口	34	18	17	-	18	18
威　海	-	-	-	-	-	-
青　岛	521	521	4	4	517	517
日　照	372	352	10	-	362	352
#石　臼	207	205	2	-	205	205
岚　山	164	147	8	-	157	147
上　海	992	422	43	…	948	422
连云港	596	475	105	61	491	415
嘉　兴	125	125	-	-	125	125
宁波-舟山	922	273	621	5	301	268
#宁　波	153	99	32	1	121	98
舟　山	769	174	589	4	180	169
台　州	1	-	1	-	-	-
温　州	1	-	-	-	1	-
宁　德	3	3	3	3	1	1
福　州	191	147	21	-	170	147
莆　田	640	-	307	-	333	-
泉　州	-	-	-	-	-	-
厦　门	748	565	160	13	588	552
漳　州	3	3	2	2	1	1
汕　头	118	66	21	18	97	47
汕　尾	121	96	5	5	116	91

5-25 续表（一）

单位：千吨

港口	总计		出港		进港	
		外贸		外贸		外贸
惠州	–	–	–	–	–	–
深圳	1 538	810	622	–	916	810
#蛇口	12	11	–	–	12	11
赤湾	1 526	799	622	–	904	799
妈湾	–	–	–	–	–	–
东角头	–	–	–	–	–	–
盐田	–	–	–	–	–	–
下洞	–	–	–	–	–	–
虎门	11	9	3	–	9	9
#太平	–	–	–	–	–	–
麻涌	2	2	–	–	2	2
沙田	9	7	3	–	7	7
广州	3 098	2 456	569	57	2 530	2 399
中山	43	26	19	15	24	11
珠海	51	2	17	2	34	–
江门	48	14	4	…	44	14
#新会	48	14	4	…	44	14
公益	–	–	–	–	–	–
阳江	15	6	15	6	–	–
茂名	4	–	–	–	4	–
湛江	311	246	45	…	266	245
#原湛江	311	246	45	…	266	245
海安	–	–	–	–	–	–
北部湾港	1 313	544	608	100	705	444
#北海	251	80	10	–	241	80
钦州	209	32	173	10	36	22
防城	853	432	425	90	428	342
海口	13 900	154	7 308	96	6 592	58
洋浦	6	–	–	–	6	–
八所	18	18	–	–	18	18
内河合计	**7 159**	**1 665**	**2 089**	**187**	**5 070**	**1 478**
哈尔滨	–	–	–	–	–	–
佳木斯	–	–	–	–	–	–
上海	57	–	26	–	31	–
南京	152	–	42	–	111	–
镇江	639	125	143	–	495	125

5-25 续表（二）

单位：千吨

港 口	总计	外贸	出港	外贸	进港	外贸
苏 州	1	…	…	…	…	–
#常 熟	–	–	–	–	–	–
太 仓	1	…	…	…	…	–
张家港	–	–	–	–	–	–
南 通	432	157	268	15	164	142
常 州	–	–	–	–	–	–
江 阴	316	15	195	1	120	13
扬 州	4	4	–	–	4	4
泰 州	1 372	886	327	–	1 045	886
徐 州	–	–	–	–	–	–
连云港	–	–	–	–	–	–
无 锡	58	–	58	–	–	–
#原无锡	–	–	–	–	–	–
宜 兴	2	–	2	–	–	–
宿 迁	–	–	–	–	–	–
淮 安	169	–	62	–	107	–
扬州内河	–	–	–	–	–	–
镇江内河	–	–	–	–	–	–
杭 州	7	–	…	–	7	–
嘉兴内河	77	–	15	–	62	–
湖 州	101	–	5	–	97	–
合 肥	…	–	…	–	…	–
亳 州	–	–	–	–	–	–
阜 阳	30	–	…	–	30	–
淮 南	–	–	–	–	–	–
滁 州	2	–	2	–	–	–
马鞍山	–	–	–	–	–	–
巢 湖	19	–	16	–	3	–
芜 湖	1	–	1	–	–	–
铜 陵	–	–	–	–	–	–
池 州	1	–	…	–	…	–
安 庆	33	20	13	4	20	16
南 昌	1 021	2	5	2	1 016	–
九 江	186	–	23	–	163	–
武 汉	489	–	19	–	471	–
黄 石	…	–	–	–	…	–

5-25 续表（三）

单位：千吨

港口	总计		出港		进港	
		外贸		外贸		外贸
荆州	135	–	…	–	135	–
宜昌	20	–	4	–	16	–
长沙	136	52	46	43	90	9
湘潭	–	–	–	–	–	–
株洲	1	–	–	–	1	–
岳阳	105	–	20	–	85	–
番禺	–	–	–	–	–	–
新塘	41	–	–	–	41	–
五和	6	6	–	–	6	6
中山	102	62	24	…	78	61
佛山	312	251	87	56	224	195
#容奇	73	54	73	54	–	–
西南	–	–	–	–	–	–
南海三山	–	–	–	–	–	–
新市	92	87	5	2	87	85
江门	74	22	12	7	62	14
#原江门	12	6	5	…	7	6
三埠	18	16	7	7	11	9
虎门	215	…	210	–	5	…
肇庆	82	27	64	23	18	4
惠州	–	–	–	–	–	–
南宁	92	–	48	–	44	–
柳州	–	–	–	–	–	–
贵港	30	…	17	…	12	…
梧州	59	12	52	12	7	–
来宾	1	–	1	–	–	–
重庆	385	16	193	16	191	…
#原重庆	88	–	–	–	88	–
涪陵	52	16	49	16	3	…
万州	–	–	–	–	–	–
重庆航管处	189	–	128	–	61	–
泸州	104	9	49	8	55	1
宜宾	–	–	–	–	–	–
乐山	10	–	10	–	–	–
南充	5	–	–	–	5	–
广安	2	–	1	–	1	–
达州	77	–	30	–	47	–

5-26 规模以上港口其他吞吐量

单位：千吨

港口	总计	外贸	出港	外贸	进港	外贸
总　计	1 772 673	755 277	924 905	432 904	847 769	322 373
沿海合计	1 571 153	696 067	825 287	402 552	745 866	293 515
丹　东	9 229	785	4 711	568	4 518	217
大　连	168 382	48 952	83 282	26 802	85 100	22 150
营　口	87 765	1 591	44 759	963	43 006	629
锦　州	21 419	230	14 627	129	6 792	102
秦皇岛	4 968	1 640	3 964	1 352	1 004	288
黄　骅	16	-	11	-	5	-
唐　山	5 242	52	3 737	4	1 505	48
#京　唐	4 984	52	3 519	4	1 465	48
曹妃甸	258	-	217	-	40	-
天　津	24 067	14 944	8 669	3 428	15 398	11 516
烟　台	60 308	4 442	30 826	3 056	29 482	1 386
#龙　口	3 309	926	2 284	770	1 025	156
威　海	20 770	11 132	10 886	5 503	9 884	5 629
青　岛	122 253	91 589	66 293	56 367	55 961	35 222
日　照	14 795	1 067	8 517	781	6 278	285
#石　臼	13 851	739	7 865	454	5 986	285
岚　山	944	327	651	327	293	-
上　海	216 948	169 217	114 882	93 499	102 066	75 718
连云港	40 020	13 045	20 410	7 183	19 610	5 862
嘉　兴	827	320	422	165	405	154
宁波-舟山	173 758	94 078	96 997	59 025	76 761	35 053
#宁　波	143 061	93 826	81 489	58 900	61 571	34 926
舟　山	30 697	252	15 508	126	15 189	127
台　州	11 731	682	5 209	61	6 522	621
温　州	16 737	989	7 068	386	9 670	603
宁　德	400	-	333	-	67	-
福　州	18 988	9 646	10 596	6 855	8 392	2 791
莆　田	939	113	377	43	562	70
泉　州	32 871	895	15 124	317	17 747	578
厦　门	61 199	36 531	34 624	21 864	26 575	14 667
漳　州	3	2	-	-	3	2
汕　头	7 325	1 424	974	925	6 351	499
汕　尾	276	265	52	41	224	224

5-26 续表（一）

单位：千吨

港口	总计	外贸	出港	外贸	进港	外贸
惠州	2 767	2 240	401	186	2 366	2 053
深圳	163 524	148 826	96 556	90 938	66 969	57 888
#蛇口	49 802	36 280	27 025	21 999	22 777	14 281
赤湾	54 442	54 113	28 861	28 532	25 581	25 581
妈湾	46	–	9	–	37	–
东角头	–	–	–	–	–	–
盐田	54 298	53 738	38 078	37 890	16 220	15 848
下洞	–	–	–	–	–	–
虎门	1 719	1 025	502	296	1 218	729
#太平	99	86	39	26	60	60
麻涌	458	180	93	7	365	173
沙田	1 163	759	369	263	794	497
广州	185 012	30 846	89 887	16 672	95 126	14 174
中山	6 407	1 994	2 838	965	3 569	1 029
珠海	6 312	3 699	3 452	2 004	2 860	1 695
江门	2 061	565	1 123	353	938	213
#新会	1 796	301	965	195	831	106
公益	265	265	158	158	107	107
阳江	8	4	7	3	1	1
茂名	2 851	435	1 189	117	1 663	318
湛江	60 798	1 829	32 133	1 118	28 665	710
#原湛江	5 125	1 828	3 332	1 118	1 793	710
海安	55 673	1	28 801	–	26 872	1
北部湾港	5 223	776	3 018	509	2 205	267
#北海	1 960	155	1 033	79	926	76
钦州	1 865	145	1 027	80	839	65
防城	1 398	476	958	350	440	126
海口	10 678	128	5 222	65	5 456	63
洋浦	2 506	63	1 563	1	942	62
八所	46	6	46	6	–	–
内河合计	201 521	59 210	99 618	30 352	101 903	28 858
哈尔滨	–	–	–	–	–	–
佳木斯	6	–	6	–	–	–
上海	3 954	–	1 875	–	2 080	–
南京	15 486	3 938	8 412	2 203	7 074	1 735
镇江	4 425	1 945	3 021	1 273	1 403	673

5-26 续表（二）

单位：千吨

港口	总计	外贸	出港	外贸	进港	外贸
苏 州	54 329	19 531	25 347	9 186	28 982	10 345
＃常 熟	3 732	2 755	1 265	734	2 466	2 021
太 仓	27 469	7 604	13 170	3 678	14 299	3 925
张家港	23 128	9 172	10 912	4 774	12 217	4 398
南 通	12 392	2 587	6 131	1 368	6 261	1 218
常 州	1 399	697	766	528	633	169
江 阴	4 141	986	2 158	535	1 984	452
扬 州	4 166	1 177	1 828	798	2 338	379
泰 州	1 946	98	1 440	22	506	76
徐 州	46	-	30	-	16	-
连云港	-	-	-	-	-	-
无 锡	3 603	93	1 720	75	1 883	17
＃原无锡	10	-	1	-	9	-
宜 兴	1	-	1	-	-	-
宿 迁	504	-	38	-	466	-
淮 安	207	-	143	-	64	-
扬州内河	268	-	33	-	235	-
镇江内河	56	-	45	-	10	-
杭 州	3 001	-	1 250	-	1 752	-
嘉兴内河	2 767	-	494	-	2 272	-
湖 州	1 742	-	74	-	1 667	-
合 肥	438	-	120	-	318	-
亳 州	42	-	6	-	36	-
阜 阳	193	-	27	-	166	-
淮 南	16	-	-	-	16	-
滁 州	37	-	19	-	19	-
马鞍山	576	247	112	5	464	243
巢 湖	684	-	271	-	414	-
芜 湖	2 376	1 224	1 809	767	567	457
铜 陵	3 323	76	2 975	53	348	24
池 州	190	-	144	-	46	-
安 庆	98	10	31	3	67	6
南 昌	290	148	163	108	127	40
九 江	3 469	1 114	2 109	724	1 360	390
武 汉	11 607	4 024	5 703	2 469	5 904	1 555
黄 石	284	134	153	103	132	31

5-26 续表（三）

单位：千吨

港口	总计	外贸	出港	外贸	进港	外贸
荆州	717	255	523	208	194	47
宜昌	626	104	313	76	312	28
长沙	486	160	90	86	396	74
湘潭	186	–	82	–	104	–
株洲	2	1	…	…	2	…
岳阳	1 638	1 208	894	728	744	480
番禺	79	3	68	1	12	3
新塘	596	374	220	3	376	371
五和	1 348	199	668	80	681	120
中山	1 593	1 209	498	371	1 095	838
佛山	18 959	12 300	8 358	5 649	10 601	6 651
#容奇	1 647	1 501	1 088	1 016	559	484
西南	989	989	232	232	757	757
南海三山	1 266	1 266	543	543	723	723
新市	501	276	248	160	252	116
江门	1 485	1 043	819	555	666	488
#原江门	1 250	898	730	481	520	417
三埠	70	57	36	30	34	27
虎门	1 718	60	582	18	1 135	42
肇庆	2 488	792	832	283	1 656	509
惠州	791	170	225	2	566	168
南宁	564	–	233	–	331	–
柳州	8	–	8	–	–	–
贵港	846	95	506	40	340	55
梧州	4 260	406	3 456	203	804	203
来宾	630	–	603	–	27	–
重庆	23 697	2 753	11 814	1 813	11 883	940
#原重庆	7 482	2 388	4 146	1 749	3 335	639
涪陵	86	24	38	16	48	8
万州	2 800	41	1 140	34	1 660	7
重庆航管处	12 606	36	6 202	14	6 404	23
泸州	340	49	101	18	239	31
宜宾	68	–	68	–	–	–
乐山	90	–	90	–	–	–
南充	–	–	–	–	–	–
广安	204	–	98	–	106	–
达州	40	–	16	–	24	–

5-27　规模以上港口集装箱吞吐量

港口	总计 （TEU）	出港 （TEU）	40 英尺	20 英尺	进港 （TEU）	40 英尺	20 英尺	重量 （万吨）	货重
总　计	**145 708 669**	**73 776 380**	**23 330 929**	**26 002 169**	**71 932 289**	**22 759 861**	**25 344 136**	**151 532**	**121 214**
沿海合计	**131 122 248**	**66 502 760**	**21 253 579**	**22 918 633**	**64 619 488**	**20 609 826**	**22 361 196**	**135 537**	**108 180**
丹　东	319 724	158 885	36 440	86 005	160 839	33 885	93 069	515	442
大　连	5 262 515	2 580 576	741 777	1 092 306	2 681 939	785 317	1 105 423	5 959	4 748
营　口	3 338 447	1 654 058	327 003	1 000 052	1 684 389	320 538	1 043 313	7 657	6 854
锦　州	754 787	416 675	130 004	156 667	338 112	106 676	124 760	1 510	1 228
秦皇岛	339 829	172 551	25 785	120 981	167 278	28 251	110 776	485	417
黄　骅	1 205	604	176	252	601	176	249	2	1
唐　山	276 643	149 489	11 539	126 411	127 154	10 989	105 176	510	447
#京　唐	260 735	141 892	11 236	119 420	118 843	10 613	97 617	485	427
曹妃甸	15 908	7 597	303	6 991	8 311	376	7 559	25	21
天　津	10 086 241	5 127 034	1 260 218	2 590 749	4 959 207	1 248 064	2 445 927	10 916	8 806
烟　台	1 541 232	767 048	145 224	476 404	774 184	150 951	472 086	1 256	925
#龙　口	200 497	99 706	28 090	43 526	100 791	28 138	44 515	246	203
威　海	443 348	217 739	73 747	70 245	225 609	75 586	74 437	430	143
青　岛	12 011 998	6 195 047	2 076 553	2 001 378	5 816 951	1 919 750	1 936 042	10 709	8 106
日　照	1 061 010	527 047	134 502	257 800	533 963	137 304	259 060	1 336	1 114
#石　臼	1 061 010	527 047	134 502	257 800	533 963	137 304	259 060	1 336	1 114
岚　山	-	-	-	-	-	-	-	-	-
上　海	29 069 328	14 708 292	4 969 016	4 558 273	14 361 036	4 844 338	4 447 579	27 992	22 261
连云港	3 870 609	1 946 528	640 300	665 361	1 924 081	630 694	662 175	3 782	2 990
嘉　兴	350 193	173 286	47 315	78 656	176 907	48 148	80 611	463	386
宁波-舟山	13 146 510	6 621 590	2 407 365	1 704 609	6 524 920	2 377 579	1 656 121	11 049	8 331
#宁　波	13 003 548	6 550 235	2 374 145	1 699 871	6 453 313	2 344 206	1 651 438	10 943	8 260
舟　山	142 963	71 356	33 220	4 738	71 607	33 373	4 683	106	71
台　州	121 559	60 739	6 577	47 585	60 820	6 550	47 720	159	132
温　州	420 815	213 416	43 380	126 384	207 398	43 028	121 043	606	522
宁　德	-	-	-	-	-	-	-	-	-
福　州	1 470 505	736 167	185 510	350 063	734 338	181 884	357 790	1 865	1 555
莆　田	7 974	3 688	983	1 722	4 286	1 058	2 144	10	8
泉　州	1 369 536	675 250	86 394	502 462	694 286	91 568	511 013	2 777	2 476
厦　门	5 824 254	2 937 575	930 052	1 011 854	2 886 679	918 508	980 075	6 092	4 903
漳　州	-	-	-	-	-	-	-	-	-
汕　头	935 017	470 448	166 333	133 363	464 569	166 665	130 737	911	724
汕　尾	41 915	20 832	5 807	-	21 082	6 310	-	27	18

5-27 续表（一）

港口	总计（TEU）	出港（TEU）	40英尺	20英尺	进港（TEU）	40英尺	20英尺	重量（万吨）	货重
惠　州	228 612	114 017	42 581	5 549	114 595	42 519	6 380	246	205
深　圳	22 509 614	11 538 523	4 501 278	2 021 300	10 971 091	4 273 723	1 946 480	16 271	11 739
#蛇　口	5 566 521	2 754 811	1 017 228	683 585	2 811 710	1 043 974	661 247	4 978	3 867
赤　湾	6 121 216	2 944 696	1 092 646	698 136	3 176 521	1 197 045	699 975	5 374	4 149
妈　湾	–	–	–	–	–	–	–	–	–
东角头	–	–	–	–	–	–	–	–	–
盐　田	10 133 970	5 530 867	2 279 029	560 549	4 603 103	1 889 819	500 636	5 430	3 372
下　洞	–	–	–	–	–	–	–	–	–
虎　门	243 044	113 389	40 220	24 505	129 655	45 796	30 665	197	149
#太　平	49 478	19 596	5 907	7 782	29 882	9 568	10 746	51	41
麻　涌	32 669	15 920	7 169	1 582	16 749	7 261	2 227	19	12
沙　田	160 897	77 873	27 144	15 141	83 024	28 967	17 692	128	95
广　州	12 545 725	6 427 938	1 704 037	3 010 382	6 117 787	1 596 145	2 915 016	17 937	15 415
中　山	820 674	405 849	159 695	71 906	414 825	163 630	72 620	530	366
珠　海	702 740	347 480	134 675	74 532	355 260	137 377	76 392	503	356
江　门	255 734	157 571	32 650	65 017	98 164	24 609	48 012	267	216
#新　会	231 756	145 693	27 547	63 345	86 064	19 456	46 218	244	198
公　益	23 978	11 878	5 103	1 672	12 100	5 153	1 794	23	18
阳　江	351	192	92	8	159	69	21	…	…
茂　名	43 238	19 883	3 891	12 101	23 355	5 024	13 307	56	48
湛　江	320 167	160 494	38 041	84 383	159 673	37 912	83 750	440	372
#原湛江	320 095	160 494	38 041	84 383	159 601	37 912	83 750	440	372
海　安	72	–	–	–	72	–	–	…	…
北部湾港	563 698	275 605	52 358	166 371	288 093	56 066	171 355	926	803
#北　海	61 800	30 367	9 473	11 421	31 433	10 124	11 185	68	55
钦　州	250 862	122 514	20 282	81 950	128 348	22 220	83 908	483	426
防　城	251 036	122 724	22 603	73 000	128 312	23 722	76 262	376	322
海　口	613 367	303 719	61 908	179 853	309 648	63 448	182 696	899	770
洋　浦	210 094	103 536	30 153	43 144	106 558	29 691	47 176	248	204
八　所	–	–	–	–	–	–	–	–	–
内河合计	14 586 422	7 273 620	2 077 350	3 083 536	7 312 802	2 150 035	2 982 940	15 995	13 034
哈尔滨	–	–	–	–	–	–	–	–	–
佳木斯	–	–	–	–	–	–	–	–	–
上　海	–	–	–	–	–	–	–	–	–
南　京	1 453 206	588 925	168 350	249 550	864 281	306 098	249 587	1 410	1 118
镇　江	302 558	158 382	15 271	127 840	144 176	14 981	114 214	425	365

5-27 续表（二）

港口	总计（TEU）	出港（TEU）	40英尺	20英尺	进港（TEU）	40英尺	20英尺	重量（万吨）	货重
苏 州	3 644 080	1 849 690	546 234	751 930	1 794 390	528 642	733 303	4 240	3 494
#常 熟	308 244	155 723	59 107	37 509	152 521	58 245	35 968	344	283
太 仓	2 211 466	1 124 428	324 903	470 117	1 087 039	312 199	459 477	2 674	2 221
张家港	1 124 370	569 540	162 224	244 304	554 830	158 198	237 858	1 222	990
南 通	462 322	277 678	71 405	133 504	184 644	43 420	97 552	498	406
常 州	106 222	59 073	16 074	26 925	47 149	11 821	23 507	140	119
江 阴	1 010 688	511 885	126 481	258 752	498 803	123 436	251 760	1 167	965
扬 州	302 990	172 651	50 347	71 957	130 339	37 426	55 487	300	237
泰 州	100 258	48 966	12 883	23 200	51 292	13 730	23 832	112	93
徐 州	3 013	1 295	125	1 045	1 718	308	1 102	4	4
连云港	–	–	–	–	–	–	–	–	–
无 锡	17 641	8 925	1 803	5 319	8 716	1 683	5 350	24	21
#原无锡	–	–	–	–	–	–	–	–	–
宜 兴	–	–	–	–	–	–	–	–	–
宿 迁	–	–	–	–	–	–	–	–	–
淮 安	35 529	18 195	995	16 205	17 334	1 112	15 110	68	61
扬州内河	–	–	–	–	–	–	–	–	–
镇江内河	–	–	–	–	–	–	–	–	–
杭 州	–	–	–	–	–	–	–	–	–
嘉兴内河	1 777	912	217	478	865	336	193	1	1
湖 州	–	–	–	–	–	–	–	–	–
合 肥	–	–	–	–	–	–	–	–	–
亳 州	–	–	–	–	–	–	–	–	–
阜 阳	–	–	–	–	–	–	–	–	–
淮 南	–	–	–	–	–	–	–	–	–
滁 州	–	–	–	–	–	–	–	–	–
马鞍山	41 339	19 918	8 858	1 948	21 422	9 784	1 849	35	27
巢 湖	–	–	–	–	–	–	–	–	–
芜 湖	142 848	69 560	26 700	16 160	73 288	26 899	19 490	125	97
铜 陵	16 352	8 168	684	6 800	8 184	709	6 766	20	16
池 州	6 691	3 543	107	3 329	3 148	104	2 940	8	7
安 庆	14 693	7 527	1 900	3 727	7 166	1 758	3 648	18	15
南 昌	51 128	25 841	5 602	14 630	25 287	5 390	14 500	63	53
九 江	120 569	58 361	14 155	30 051	62 208	16 049	30 110	150	126
武 汉	645 355	322 661	77 967	165 667	322 694	78 189	165 346	899	770
黄 石	16 643	8 089	1 039	6 011	8 554	1 103	6 348	22	19

5-27 续表（三）

港口	总计（TEU）	出港（TEU）			进港（TEU）			重量（万吨）	
			40英尺	20英尺		40英尺	20英尺		货重
荆州	56 095	28 120	2 735	22 650	27 975	2 640	22 695	72	60
宜昌	53 586	26 522	2 930	20 662	27 064	3 226	20 612	98	85
长沙	83 228	40 611	11 400	17 811	42 617	12 334	17 949	110	91
湘潭	–	–	–	–	–	–	–	–	–
株洲	38	19	6	7	19	3	13	…	…
岳阳	124 491	66 391	20 747	24 897	58 100	16 560	24 980	152	127
番禺	12 174	12 174	4 660	1 729	–	–	–	2	–
新塘	36 964	1 439	440	559	35 525	17 268	975	40	32
五和	107 709	57 377	16 214	24 949	50 332	12 700	24 932	139	114
中山	429 915	208 472	81 888	38 884	221 444	87 752	40 310	282	196
佛山	3 059 637	1 539 299	496 245	536 369	1 520 338	487 802	534 064	3 036	2 418
#容奇	413 727	209 575	91 581	26 413	204 152	88 904	26 344	226	144
西南	97 275	49 858	18 588	8 337	47 417	17 189	8 611	99	79
南海三山	420 370	229 600	82 373	63 747	190 770	66 599	56 404	476	392
新市	247 862	123 122	17 217	88 679	124 740	17 472	89 789	297	247
江门	449 533	237 285	90 907	52 582	212 248	79 125	51 465	350	260
#原江门	372 661	199 219	77 897	41 868	173 442	65 913	40 070	277	203
三埠	33 780	16 690	4 588	6 182	17 090	4 652	6 799	31	24
虎门	256 814	128 090	58 572	10 946	128 724	58 861	11 002	222	170
肇庆	445 563	215 601	27 285	157 390	229 963	32 018	162 779	596	507
惠州	40 332	19 888	2 722	14 444	20 444	2 880	14 684	59	52
南宁	8 926	4 313	30	4 253	4 613	30	4 553	16	14
柳州	–	–	–	–	–	–	–	–	–
贵港	70 521	33 166	5 795	21 031	37 355	5 765	25 825	117	102
梧州	200 019	100 372	11 970	76 432	99 647	12 447	74 753	194	153
来宾	20 536	10 624	110	10 404	9 912	150	9 612	31	27
重庆	564 199	289 484	84 180	121 040	274 715	81 717	111 209	662	542
#原重庆	421 938	217 833	67 745	82 343	204 105	64 551	75 003	504	414
涪陵	30 072	15 940	–	15 940	14 132	–	14 132	44	37
万州	48 058	24 266	2 059	20 148	23 792	1 934	19 924	59	49
重庆航管处	6 943	2 534	613	1 224	4 409	1 695	1 019	9	7
泸州	70 242	34 130	11 317	11 469	36 112	13 779	8 534	87	73
宜宾	–	–	–	–	–	–	–	–	–
乐山	–	–	–	–	–	–	–	–	–
南充	–	–	–	–	–	–	–	–	–
广安	–	–	–	–	–	–	–	–	–
达州	–	–	–	–	–	–	–	–	–

5-28 规模以上港口集装箱吞吐量（重箱）

港 口	总计 （TEU）	出港 （TEU）	40 英尺	20 英尺	进港 （TEU）	40 英尺	20 英尺
总　计	93 601 213	58 069 491	18 612 633	19 942 273	35 531 722	10 115 609	15 145 373
沿海合计	84 646 444	53 144 859	17 302 388	17 647 824	31 501 586	9 038 811	13 286 781
丹　东	201 958	113 902	24 326	65 250	88 056	16 383	55 290
大　连	3 304 965	1 811 035	516 763	774 073	1 493 930	449 610	592 755
营　口	2 934 292	1 566 214	304 850	956 514	1 368 078	290 004	788 070
锦　州	421 386	232 339	69 329	93 681	189 047	62 058	64 931
秦皇岛	183 752	154 442	24 122	106 198	29 310	6 973	15 364
黄　骅	654	500	165	170	154	40	74
唐　山	180 103	132 411	8 387	115 637	47 692	6 313	35 066
#京 唐	172 029	124 869	8 084	108 701	47 160	6 263	34 634
曹妃甸	8 074	7 542	303	6 936	532	50	432
天　津	5 839 144	3 453 298	809 717	1 819 169	2 385 846	641 570	1 094 021
烟　台	675 491	383 584	114 791	153 995	291 907	79 944	131 823
#龙 口	90 750	62 313	10 576	41 161	28 437	3 025	22 387
威　海	232 800	159 425	56 323	46 779	73 375	22 014	29 347
青　岛	6 028 118	4 012 614	1 316 031	1 349 146	2 015 504	668 326	669 292
日　照	545 481	307 559	75 953	155 653	237 922	51 115	135 402
#石 臼	545 481	307 559	75 953	155 653	237 922	51 115	135 402
岚 山	–	–	–	–	–	–	–
上　海	21 211 257	13 164 254	4 542 681	3 905 453	8 047 003	2 547 446	2 922 080
连云港	1 507 434	791 045	117 690	555 190	716 389	78 694	558 873
嘉　兴	214 295	67 223	18 655	29 913	147 072	40 459	66 154
宁波–舟山	7 736 871	5 674 386	2 170 221	1 244 041	2 062 484	633 792	789 525
#宁 波	7 678 723	5 623 263	2 145 770	1 241 820	2 055 459	630 917	788 250
舟 山	58 148	51 123	24 451	2 221	7 025	2 875	1 275
台　州	61 883	4 665	1 378	1 909	57 218	5 571	46 076
温　州	255 476	90 651	24 594	41 272	164 825	26 400	111 894
宁　德	–	–	–	–	–	–	–
福　州	1 008 149	641 392	168 833	289 015	366 757	81 069	204 284
莆　田	6 089	2 671	973	725	3 418	624	2 144
泉　州	1 164 510	607 057	69 255	468 547	557 453	79 263	398 790
厦　门	3 977 795	2 672 999	854 193	902 850	1 304 796	352 248	592 207
漳　州	–	–	–	–	–	–	–
汕　头	601 668	352 913	148 330	55 753	248 756	68 338	112 028
汕　尾	21 082	–	–	–	21 082	6 310	–

5-28 续表（一）

港 口	总计（TEU）	出港（TEU）	40英尺	20英尺	进港（TEU）	40英尺	20英尺
惠州	113 903	8 359	3 848	661	105 543	38 343	5 680
深圳	14 383 206	10 654 859	4 225 876	1 727 991	3 728 346	1 327 121	1 046 369
#蛇口	3 814 321	2 543 112	962 117	585 542	1 271 209	412 912	442 602
赤湾	4 106 971	2 472 278	939 065	551 047	1 634 693	581 376	463 478
妈湾	–	–	–	–	–	–	–
东角头	–	–	–	–	–	–	–
盐田	6 110 337	5 422 556	2 240 746	544 671	687 781	285 031	101 728
下洞	–	–	–	–	–	–	–
虎门	137 786	12 834	4 402	3 935	124 952	44 197	29 617
#太平	32 292	2 632	743	1 146	29 660	9 492	10 676
麻涌	16 946	203	76	51	16 743	7 259	2 225
沙田	88 548	9 999	3 583	2 738	78 549	27 446	16 716
广州	9 440 039	4 686 834	1 201 003	2 279 414	4 753 205	1 211 236	2 328 215
中山	519 203	385 626	153 221	65 013	133 577	46 019	41 026
珠海	430 008	280 881	111 774	55 676	149 127	50 581	45 564
江门	114 389	55 714	16 116	22 749	58 675	8 832	40 701
#新会	101 826	44 652	11 238	21 443	57 174	8 496	39 872
公益	12 563	11 062	4 878	1 306	1 501	336	829
阳江	214	174	87	–	40	10	20
茂名	28 980	11 645	2 288	7 069	17 335	4 088	9 159
湛江	208 154	135 546	33 738	68 052	72 608	14 668	43 195
#原湛江	208 082	135 546	33 738	68 052	72 536	14 668	43 195
海安	72	–	–	–	72	–	–
北部湾港	371 462	241 065	46 454	143 670	130 397	20 667	89 063
#北海	36 873	19 697	8 311	3 075	17 176	3 627	9 922
钦州	170 524	113 050	18 106	76 838	57 474	8 586	40 302
防城	164 065	108 318	20 037	63 757	55 747	8 454	38 839
海口	463 012	189 802	40 165	109 465	273 210	50 510	172 136
洋浦	121 440	84 944	25 856	33 196	36 496	7 975	20 546
八所	–	–	–	–	–	–	–
内河合计	8 954 769	4 924 632	1 310 245	2 294 449	4 030 137	1 076 798	1 858 592
哈尔滨	–	–	–	–	–	–	–
佳木斯	–	–	–	–	–	–	–
上海	–	–	–	–	–	–	–
南京	814 507	533 392	156 541	217 925	281 115	49 624	181 181
镇江	194 184	140 062	8 138	123 786	54 122	10 851	32 420

5-28 续表（二）

港口	总计（TEU）	出港（TEU）	40英尺	20英尺	进港（TEU）	40英尺	20英尺
苏 州	2 475 759	1 206 923	317 701	571 048	1 268 836	371 964	524 323
#常 熟	176 636	58 350	11 886	34 578	118 286	54 012	10 199
太 仓	1 587 724	782 457	213 565	355 088	805 268	216 621	371 614
张家港	711 398	366 116	92 250	181 382	345 282	101 331	142 510
南 通	272 498	152 497	38 082	76 047	120 002	21 653	76 691
常 州	63 130	36 086	9 914	16 258	27 044	5 004	17 036
江 阴	456 105	217 553	38 195	140 992	238 552	44 337	149 707
扬 州	172 884	105 144	29 287	46 570	67 740	18 003	31 734
泰 州	64 712	41 029	11 487	18 055	23 683	2 325	19 033
徐 州	1 702	1 054	22	1 010	648	278	92
连云港	–	–	–	–	–	–	–
无 锡	12 644	7 830	1 571	4 688	4 814	922	2 970
#原无锡	–	–	–	–	–	–	–
宜 兴	–	–	–	–	–	–	–
宿 迁	–	–	–	–	–	–	–
淮 安	20 678	17 378	892	15 594	3 300	120	3 060
扬州内河	–	–	–	–	–	–	–
镇江内河	–	–	–	–	–	–	–
杭 州	–	–	–	–	–	–	–
嘉兴内河	915	619	217	185	296	102	92
湖 州	–	–	–	–	–	–	–
合 肥	–	–	–	–	–	–	–
亳 州	–	–	–	–	–	–	–
阜 阳	–	–	–	–	–	–	–
淮 南	–	–	–	–	–	–	–
滁 州	–	–	–	–	–	–	–
马鞍山	22 470	2 874	363	1 899	19 596	9 784	23
巢 湖	–	–	–	–	–	–	–
芜 湖	92 768	62 495	24 780	12 935	30 273	9 763	10 747
铜 陵	9 207	2 793	15	2 763	6 414	702	5 010
池 州	3 485	2 010	77	1 856	1 475	9	1 457
安 庆	9 395	4 711	1 226	2 259	4 684	990	2 702
南 昌	40 513	22 953	4 877	13 192	17 560	2 927	11 706
九 江	74 982	45 202	10 916	23 370	29 780	4 280	21 220
武 汉	502 636	286 639	67 616	150 430	215 997	45 342	125 160
黄 石	9 832	7 161	945	5 271	2 671	260	2 151

5-28 续表（三）

港口	总计（TEU）	出港（TEU）	40英尺	20英尺	进港（TEU）	40英尺	20英尺
荆 州	35 340	27 247	2 391	22 465	8 093	791	6 511
宜 昌	40 626	25 461	2 486	20 489	15 165	1 457	12 251
长 沙	58 126	33 785	9 328	15 129	24 341	5 401	13 539
湘 潭	-	-	-	-	-	-	-
株 洲	31	19	6	7	12	1	10
岳 阳	87 263	47 198	14 721	17 756	40 065	10 109	19 847
番 禺	-	-	-	-	-	-	-
新 塘	35 650	213	93	27	35 437	17 241	941
五 和	65 916	39 269	11 905	15 459	26 647	2 900	20 847
中 山	246 101	176 072	71 230	30 687	70 029	23 327	20 666
佛 山	1 766 490	1 027 686	299 486	428 313	738 804	245 204	238 287
#容 奇	228 279	199 429	87 674	24 081	28 850	9 204	10 442
西 南	52 692	6 880	1 196	4 411	45 813	17 099	7 326
南海三山	263 289	132 988	39 231	54 317	130 301	49 570	30 297
新 市	132 422	112 157	12 148	87 859	20 265	8 058	4 142
江 门	246 092	177 052	68 658	38 089	69 040	22 873	22 928
#原江门	203 202	150 441	58 079	32 733	52 761	18 625	15 145
三 埠	18 493	8 729	3 305	2 022	9 764	1 917	5 930
虎 门	146 924	36 140	15 537	5 066	110 784	50 503	9 778
肇 庆	253 782	62 394	5 713	50 878	191 388	27 045	134 200
惠 州	29 113	10 507	1 713	7 081	18 606	2 086	14 434
南 宁	5 004	4 299	30	4 239	705	-	705
柳 州	-	-	-	-	-	-	-
贵 港	46 284	23 351	3 094	17 163	22 933	3 534	15 865
梧 州	110 966	92 466	9 226	74 014	18 500	4 339	9 822
来 宾	10 121	9 860	71	9 718	261	10	241
重 庆	395 162	207 409	63 280	80 765	187 753	47 388	92 951
#原重庆	315 352	179 529	58 054	63 421	135 823	34 375	67 073
涪 陵	18 663	11 984	-	11 984	6 679	-	6 679
万 州	25 423	6 362	1 390	3 582	19 061	693	17 675
重庆航管处	5 115	1 564	364	752	3 551	1 272	1 007
泸 州	60 773	27 801	8 415	10 971	32 972	13 349	6 254
宜 宾	-	-	-	-	-	-	-
乐 山	-	-	-	-	-	-	-
南 充	-	-	-	-	-	-	-
广 安	-	-	-	-	-	-	-
达 州	-	-	-	-	-	-	-

主要统计指标解释

码头泊位长度 指报告期末用于停系靠船舶，进行货物装卸和上下旅客地段的实际长度。包括固定的、浮动的各种型式码头的泊位长度。计算单位：米。

泊位个数 指报告期末泊位的实际数量。计算单位：个。

旅客吞吐量 指报告期内经由水路乘船进、出港区范围的旅客数量。不包括免票儿童、船员人数、轮渡和港内短途客运的旅客人数。计算单位：人次。

货物吞吐量 指报告期内经由水路进、出港区范围并经过装卸的货物数量。包括邮件、办理托运手续的行李、包裹以及补给的船舶的燃料、物料和淡水。计算单位：吨。

集装箱吞吐量 指报告期内由水路进、出港区范围并经装卸的集装箱数量。计算单位：箱、TEU、吨。

六、交通固定资产投资

简 要 说 明

一、本篇资料反映我国交通固定资产投资完成的基本情况。

二、公路和水运建设投资的统计范围为全社会固定资产投资，由各省（区、市）交通运输厅（局、委）提供，其他投资的统计范围为交通部门投资，交通运输部所属单位、主要港口和有关运输企业的数据由各单位直接报送。

6-1　交通固定资产投资额（按地区和使用方向分）

单位：万元

地　区	总　计	公路建设	沿海建设	内河建设	其他建设
总　计	132 127 786	114 822 751	8 368 730	3 345 345	5 590 960
东部地区	51 685 281	39 370 632	7 781 823	1 433 191	3 099 635
中部地区	35 467 734	33 439 781	–	1 002 831	1 025 122
西部地区	44 974 771	42 012 338	586 907	909 323	1 466 203
北　京	887 303	720 470	–	–	166 833
天　津	2 313 242	1 025 170	1 261 616	–	26 456
河　北	7 180 491	6 200 497	824 269	–	155 725
山　西	6 182 929	6 182 929	–	–	–
内蒙古	3 888 161	3 885 641	–	–	2 520
辽　宁	3 718 685	2 113 807	1 570 619	4 664	29 595
吉　林	2 689 485	2 686 753	–	172	2 560
黑龙江	3 360 175	3 331 071	–	25 914	3 190
上　海	3 557 196	1 598 974	524 972	162 811	1 270 439
江　苏	6 201 657	4 745 738	468 539	976 074	11 306
浙　江	7 887 434	5 708 016	880 081	172 155	1 127 182
安　徽	2 257 680	1 998 891	–	243 515	15 274
福　建	6 726 293	5 889 740	811 040	9 220	16 293
江　西	3 070 381	3 011 360	–	47 366	11 655
山　东	4 826 443	3 884 149	806 208	50 610	85 476
河　南	2 951 171	2 930 814	–	20 357	–
湖　北	6 170 034	4 660 114	–	530 824	979 096
湖　南	8 785 879	8 637 849	–	134 683	13 347
广　东	7 788 727	7 100 839	518 285	57 657	111 946
广　西	5 829 339	4 010 888	586 907	337 338	894 206
海　南	597 810	383 232	116 194	–	98 384
重　庆	3 514 035	3 128 003	–	316 557	69 475
四　川	8 073 350	7 585 096	–	208 254	280 000
贵　州	4 104 665	4 082 754	–	18 965	2 946
云　南	7 020 628	7 000 292	–	18 805	1 531
西　藏	730 975	730 975	–	–	–
陕　西	5 497 972	5 477 400	–	2 369	18 203
甘　肃	2 377 264	2 249 632	–	5 005	122 627
青　海	1 114 642	1 099 002	–	2 030	13 610
宁　夏	581 400	581 400	–	–	–
新　疆	2 242 340	2 181 255	–	–	61 085
#兵团	281 094	281 094	–	–	–

6-2 公路建设投资完成额

单位：万元

地 区	总 计	重点项目	路网改造	农村公路
总 计	114 822 751	62 008 932	33 575 632	19 238 187
东部地区	39 370 632	18 974 208	14 685 566	5 710 858
中部地区	33 439 781	23 195 969	5 614 950	4 628 862
西部地区	42 012 338	19 838 755	13 275 116	8 898 467
北 京	720 470	357 865	319 064	43 541
天 津	1 025 170	951 757	14 495	58 918
河 北	6 200 497	4 877 003	881 030	442 464
山 西	6 182 929	5 016 089	686 712	480 128
内蒙古	3 885 641	1 420 223	1 211 715	1 253 703
辽 宁	2 113 807	1 414 998	390 727	308 082
吉 林	2 686 753	2 012 634	203 838	470 281
黑龙江	3 331 071	2 519 153	297 107	514 811
上 海	1 598 974	586 515	713 107	299 352
江 苏	4 745 738	1 680 706	2 684 178	380 854
浙 江	5 708 016	2 536 670	1 476 175	1 695 171
安 徽	1 998 891	1 126 844	503 770	368 277
福 建	5 889 740	4 516 603	1 005 404	367 733
江 西	3 011 360	1 979 043	457 235	575 082
山 东	3 884 149	783 323	1 937 014	1 163 812

6-2 续表（一）

单位：万元

地 区	总 计	重点项目	路网改造	农村公路
河 南	2 930 814	1 446 774	973 934	510 106
湖 北	4 660 114	2 551 708	1 130 489	977 917
湖 南	8 637 849	6 543 724	1 361 865	732 260
广 东	7 100 839	1 088 589	5 158 101	854 149
广 西	4 010 888	2 090 456	1 462 582	457 850
海 南	383 232	180 179	106 271	96 782
重 庆	3 128 003	1 401 654	549 083	1 177 266
四 川	7 585 096	1 404 862	4 133 459	2 046 775
贵 州	4 082 754	3 233 035	292 027	557 692
云 南	7 000 292	3 622 584	1 892 287	1 485 421
西 藏	730 975	287 821	262 399	180 755
陕 西	5 477 400	3 416 194	1 604 134	457 072
甘 肃	2 249 632	1 184 040	768 349	297 243
青 海	1 099 002	475 955	321 819	301 228
宁 夏	581 400	273 960	150 080	157 360
新 疆	2 181 255	1 027 971	627 182	526 102
#兵团	281 094	111 263	4 520	165 311

6-3 公路建设投资

地区	总计	国道	国道主干线	省道	县道	乡道
总　计	114 822 751	41 474 140	1 412 639	48 965 032	8 013 032	3 507 148
东部地区	39 370 632	14 013 025	499 274	17 070 294	3 116 451	457 078
中部地区	33 439 781	12 244 205	109 628	15 881 930	1 589 736	304 183
西部地区	42 012 338	15 216 910	803 737	16 012 808	3 306 845	2 745 887
北　京	720 470	542 976	–	81 118	86 700	1 800
天　津	1 025 170	429 631	–	526 234	–	2 300
河　北	6 200 497	2 912 991	–	2 779 241	80 586	77 274
山　西	6 182 929	947 918	–	4 700 477	153 943	63 561
内蒙古	3 885 641	1 723 572	133 000	798 875	468 875	386 756
辽　宁	2 113 807	824 932	–	897 586	246 888	31 572
吉　林	2 686 753	1 639 130	–	543 951	85 028	3 000
黑龙江	3 331 071	2 223 275	24 566	554 366	36 049	7 692
上　海	1 598 974	175 364	–	1 012 244	299 352	–
江　苏	4 745 738	954 636	182 686	3 063 037	94 204	26 472
浙　江	5 708 016	1 363 470	–	2 345 322	1 302 596	101 463
安　徽	1 998 891	295 289	–	1 274 881	60 149	52 809
福　建	5 889 740	4 382 618	–	806 775	163 373	69 176
江　西	3 011 360	2 030 334	–	400 516	191 706	104 327
山　东	3 884 149	470 758	–	1 461 953	356 680	31 749
河　南	2 930 814	411 384	85 062	1 941 497	394 628	2 000
湖　北	4 660 114	1 780 094	–	1 660 889	557 937	13 515
湖　南	8 637 849	2 916 781	–	4 805 353	110 296	57 279
广　东	7 100 839	1 777 297	261 788	3 992 233	474 467	115 272
广　西	4 010 888	1 475 472	–	1 666 645	117 556	312 671
海　南	383 232	178 352	54 800	104 551	11 605	–
重　庆	3 128 003	1 147 341	–	740 425	272 417	234 233
四　川	7 585 096	1 542 634	2 000	3 822 940	319 704	822 041
贵　州	4 082 754	1 245 285	–	2 244 011	60 702	211 737
云　南	7 000 292	1 094 455	38 851	4 018 073	1 491 106	36 587
西　藏	730 975	373 930	–	2 500	143 187	66 990
陕　西	5 477 400	3 432 065	585 051	1 538 287	95 488	178 492
甘　肃	2 249 632	1 355 012	–	502 113	12 289	216 705
青　海	1 099 002	470 428	–	287 376	29 000	98 256
宁　夏	581 400	222 430	–	60 510	–	35 760
新　疆	2 181 255	1 134 286	44 835	331 053	296 521	145 659
#兵团	281 094	–	–	–	116 149	2 061

完成额（按设施分）

单位：万元

村 道	专用公路	农村公路渡口改造、渡改桥	独立桥梁	独立隧道	客运站	货运站	停车场
7 202 694	2 231 784	253 887	1 020 771	96 631	1 370 956	667 937	18 739
1 836 362	974 367	26 029	747 099	9 041	630 673	477 444	12 769
2 493 376	236 390	144 509	147 066	3 100	314 714	74 602	5 970
2 872 956	1 021 027	83 349	126 606	84 490	425 569	115 891	–
–	5 396	–	424	–	2 056	–	–
56 618	–	–	9 807	–	580	–	–
225 414	32 715	1 001	56 792	–	33 277	1 206	–
252 441	20 639	–	18 769	–	21 750	3 431	–
374 099	29 715	10 723	28 693	–	23 713	40 620	–
25 650	25 983	3 176	31 044	–	22 406	4 570	–
388 521	–	400	8 334	–	18 389	–	–
464 569	–	3 148	5 700	–	21 293	14 979	–
–	–	–	112 014	–	–	–	–
224 910	200 567	–	26 166	–	138 746	17 000	–
208 905	72 528	6 847	112 752	9 041	154 458	30 634	–
214 448	–	28 115	26 780	–	30 120	16 300	–
98 013	254 768	9 203	30 314	–	64 172	6 800	4 528
189 277	63	54 846	33 318	–	6 973	–	–
696 675	20 809	1 189	237 890	–	182 911	416 784	6 751
110 063	–	112	10 534	–	60 596	–	–
383 933	178 497	14 517	11 509	–	59 223	–	–
490 124	37 191	43 371	32 122	3 100	96 370	39 892	5 970
214 171	361 234	4 344	127 896	–	31 985	450	1 490
–	354 106	20 400	23 255	–	37 404	3 379	–
86 006	367	269	2 000	–	82	–	–
650 577	11 778	11 998	9 165	32 690	10 397	6 982	–
861 386	29 951	12 832	6 734	51 800	115 074	–	–
263 090	19 722	4 180	8 427	–	25 570	30	–
1 581	280 951	4 145	7 607	–	65 787	–	–
–	136 169	600	4 000	–	3 599	–	–
159 940	1 060	9 593	10 420	–	46 013	6 042	–
59 839	734	410	15 080	–	84 612	2 838	–
201 904	3 510	468	5 700	–	2 360	–	–
112 400	82 300	8 000	2 800	–	1 200	56 000	–
188 140	71 031	–	4 725	–	9 840	–	–
155 419	–	–	1 725	–	5 740	–	–

主要统计指标解释

交通固定资产投资额 它是以货币形式表现的在一定时期内建造和购置固定资产活动的工作量以及与此有关的费用的总称。它是反映交通固定资产投资规模、结构、使用方向和发展速度的综合性指标,又是观察工程进展和考核投资效果的重要依据。

交通固定资产投资一般按以下分组标志进行分类。

(1)按照建设性质,分为新建、扩建、改建、迁建和恢复。

(2)按照构成,分为建筑、安装工程,设备、器具购置,其他。

重点项目 仅指交通运输部年度计划中的重点公路项目。

农村公路 包括县、乡、村公路建设项目以及农村客运站点、渡改桥项目。

路网改造 指除"重点项目"和"农村公路"之外的公路建设项目。

七、交通运输科技

简 要 说 明

一、本篇资料反映交通系统科研机构、人员、科技成果基本情况。

二、填报范围：交通运输部直属科研机构；交通系统企业所属科研机构；交通系统事业单位所属科研机构；省、自治区、直辖市等地方政府部门所属交通科研机构。

7-1　交通系统科研机构及人员基本情况

科研机构	科研机构数		职工总数		其中：科技人员总数		职工总数比2009年增加
	个	%	人	%	人	%	%
合　计	64	100.0	11 935	100.0	9 113	100.0	4.3
交通运输部直属科研机构	5	7.8	1 750	14.7	1 439	15.8	1.0
企业、事业属科研机构	22	34.4	3 951	33.1	3 148	34.5	-2.3
省、自治区、直辖市属科研机构	30	46.9	5 977	50.1	4 367	47.9	9.6
市属科研机构	7	10.9	257	2.2	159	1.7	19.5

7-2　交通系统科研机构人员的专业技术职务及文化程度

单位：人

科研机构	专业技术职务（或技术职称）			文化程度		
	高级	中级	其他	大学以上	大专	其他
合　计	2 842	2 821	2 386	7 256	1 099	758
交通运输部直属科研机构	663	501	198	1 244	97	98
企业、事业属科研机构	1 143	966	569	2 465	319	364
省、自治区、直辖市属科研机构	1 000	1 280	1 586	3 422	651	294
市属科研机构	36	74	33	125	32	2

7-3　交通系统科研机构开展课题情况

科研机构	课题数总计（个）	经费内部支出（千元）	课题人员折合全时工作量总计（人年）
合　计	3 153	1 142 156	4 660.40
交通运输部直属科研机构	850	455 243	995.30
企业、事业属科研机构	1 847	530 777	2 150.20
省、自治区、直辖市属科研机构	409	144 507	1 459.10
市属科研机构	47	11 629	55.80

7-4 交通系统科研机构研究课题情况及科技成果

指　　标	单　位	2010年	交通运输部直属科研机构	企、事业单位属交通科研机构	省、自治区直辖市属交通科研机构	市属交通科研机构
课题类型						
基础研究						
项　　数	项	78	5	68	5	–
全时工作量	人年	57.4	6	36.5	14.7	–
应用研究						
项　　数	项	449	20	341	88	–
全时工作量	人年	501.4	32.2	221.3	247.9	–
试验发展						
项　　数	项	957	200	606	151	–
全时工作量	人年	1 606.5	297.2	813.5	495.8	–
研究与试验发展成果应用						
项　　数	项	591	87	391	113	–
全时工作量	人年	1 080.2	141.2	544.1	394.9	–
科技服务						
项　　数	项	1 078	538	441	52	47
全时工作量	人年	1 414.9	518.5	534.8	305.8	55.8
科技成果						
发表科技论文	篇	2 969	969	1 210	769	21
其中：国外发表	篇	420	213	150	57	–
出版科技著作	篇	45	24	18	3	–
专利申请受理数	件	256	52	107	97	–
专利授权数	件	196	72	84	40	–
其中：发明专利	件	57	18	30	9	–
国外授权	件	–	–	–	–	–
拥有发明专利总数	件	125	27	69	29	–

八、救助打捞

简 要 说 明

一、本篇资料反映交通运输救助打捞系统执行救助和抢险打捞任务，完成生产，以及救助打捞系统装备的基本情况。

二、填报范围：交通运输部各救助局、各打捞局、各救助飞行队。

8-1 救助任务执行情况

项　目	单　位	总　计
一、船舶值班待命艘天	艘天	22 931
二、应急救助任务	次	1 320
三、救捞力量出动	次	1 864
救捞船舶	艘次	741
救助艇	艘次	211
救助飞机	架次	409
应急救助队	队次	503
四、飞机救助飞行时间	小时	1 163
五、获救遇险人员	人	4 509
中国籍	人	4 098
外国籍	人	411
六、获救遇险船舶	艘	234
中国籍	艘	196
外国籍	艘	38
七、获救财产价值	万元	1 049 500
八、抢险打捞任务	次	29
其中：打捞沉船	艘	6
中国籍	艘	6
外国籍	艘	-
打捞沉物	件/吨	6
打捞遇难人员	人	208
其他抢险打捞任务	次	4
九、防污次数	次	7

8-2 救捞系统船舶情况

项　目		单　位	总　计
救捞船舶合计	艘数	艘	190
	总吨位	吨	454 573
	功率	千瓦	606 281
	起重能力	吨	16 108
	载重能力	吨	112 242
一、海洋救助船	艘数	艘	42
	总吨位	吨	81 801
	功率	千瓦	214 720
二、近海快速救助船	艘数	艘	6
	总吨位	吨	2 790
	功率	千瓦	29 100
三、沿海救生艇	艘数	艘	18
	总吨位	吨	591
	功率	千瓦	12 311
四、救捞拖轮	艘数	艘	68
	总吨位	吨	112 699
	功率	千瓦	349 727
五、救捞工程船	艘数	艘	20
	总吨位	吨	40 300
	功率	千瓦	423
六、起重船	艘数	艘	12
	总吨位	吨	122 820
	起重量	吨	16 108
七、货船	艘数	艘	24
	总吨位	吨	93 570
	载重量	吨	112 242

8-3 救助飞机情况

项　目	单　位	总　计
救助飞机合计	架	18
自有	架	10
租用	架	8
一、小型直升机	架	–
自有	架	–
租用	架	–
二、中型直升机	架	13
自有	架	8
租用	架	5
三、大型直升机	架	2
自有	架	2
租用	架	–
四、固定翼飞机	架	3
自有	架	–
租用	架	3

8-4 救助飞机飞行情况

项　　目	单　　位	总　　计
一、飞机飞行次数	架次	4 396
救助（任务）飞行次数	架次	853
训练飞行次数	架次	3 543
二、飞机飞行时间	小时	3 964:53:00
其中：海上飞行时间	小时	2 818:21:00
夜间飞行时间	小时	45:02:00
救助（任务）飞行时间	小时	1 163:42:00
训练飞行时间	小时	2 801:11:00

8-5 捞、拖完成情况

项　　目	单　　位	总　　计	国　　外
一、打捞业务	次	33	5
其中：有效打捞	次	33	5
内：抢险打捞	次	28	-
打捞沉船	艘	5	-
救助遇险船舶	艘	25	7
打捞货物	吨	25 004	-
二、拖航运输	次	63	21
拖船	次	44	14
	艘	48	18
拖平台	次	19	7
	个	19	7
拖其他	次	-	-
三、海洋工程服务	艘天	13 613	479
海洋工程施工作业	艘天	2 775	186
船舶期租	艘天	10 838	293
四、吊大件	次	51	
五、其他综合业务	次	12	-

主要统计指标解释

救捞力量　指交通运输部各救助局、打捞局、救助飞行队的救捞船舶、救助艇、救助飞机、应急救助队等。

防污　指执行清除海洋污染任务。

海洋救助船　指交通运输部各救助局拥有航速在 30 节以下的专业海洋救助船。

近海快速救助船　指各救助局拥有航速在 30 节以上的专业近海救助船。

沿海救生艇　指各救助局拥有的船长小于 16 米的专业小型沿海救生艇。

救捞拖轮　指各打捞局拥有的拖轮，包括救助拖轮、三用拖轮、平台供应船、港作拖轮等。

救捞工程船　指各打捞局拥有起重能力在 300 吨以下的各类用于海洋工程、抢险打捞等工作的船舶（含起重驳船）。

起重船　指各打捞局拥有起重能力在 300 吨以上的起重船舶。

货船　指各打捞局拥有用于货物运输的船舶，包括货船、集装箱船、滚装船、甲板驳、半潜（驳）船、油船等。

小型直升机　指各救助飞行队自有、租用的最大起飞重量在 4 吨及以下的直升飞机。

中型直升机　指各救助飞行队自有、租用的最大起飞重量在 4 吨（不含）至 9 吨（含）的直升飞机。

大型直升机　指各救助飞行队自有、租用的最大起飞重量在 9 吨（不含）以上的直升飞机。

固定翼飞机　指各救助飞行队自有、租用的 CESSNA208 机型或相当于该机型的飞机。

九、邮政业务

简 要 说 明

本篇资料反映邮政行业各省业务总量及业务收入、普遍服务业务量、规模以上快递服务企业业务量、业务收入基本情况。

9-1 分省邮政行业业务总量及业务收入

单位：万元

地 区	邮政行业业务总量	邮政行业业务收入
全 国	**19 853 010.9**	**12 767 988.8**
北 京	1 073 400.0	943 676.0
天 津	338 359.7	215 172.9
河 北	581 237.7	383 382.1
山 西	392 357.5	225 116.6
内蒙古	166 203.9	150 265.5
辽 宁	584 109.9	356 721.9
吉 林	257 733.5	187 675.5
黑龙江	477 132.2	317 262.7
上 海	1 764 461.1	1 241 223.0
江 苏	1 883 430.7	1 110 536.2
浙 江	1 540 659.7	906 656.6
安 徽	459 265.5	311 051.0
福 建	690 555.7	491 929.7
江 西	368 548.0	232 857.8
山 东	1 048 218.1	659 790.4
河 南	897 962.2	576 487.1
湖 北	557 093.8	374 286.9
湖 南	490 451.6	331 396.4
广 东	3 779 995.0	1 981 418.5
广 西	285 842.0	202 485.8
海 南	99 040.4	69 058.7
重 庆	307 158.1	192 034.3
四 川	699 895.4	429 518.5
贵 州	155 017.1	132 576.2
云 南	189 078.1	164 286.3
西 藏	18 827.0	20 042.2
陕 西	374171.0	248 969.0
甘 肃	113 212.0	90 858.5
青 海	32 314.5	26 623.1
宁 夏	40 965.0	49 620.6
新 疆	186 324.5	145 009.2

9-2 分省普遍服务业务量

地 区	函件（万件）	包裹（万件）	报纸（万份）	杂志（万份）	汇兑（万笔）
全 国	**740 141.0**	**6 642.5**	**1 717 080.6**	**104 756.3**	**28 032.0**
北 京	67 664.7	636.9	76 845.0	5 595.3	1 081.1
天 津	10 552.8	109.5	20 207.7	1 310.7	305.4
河 北	24 335.0	358.1	73 710.2	3 662.4	620.2
山 西	7 732.1	120.6	48 813.3	2 412.1	774.2
内蒙古	3 370.3	103.9	27 025.2	1 734.4	575.8
辽 宁	8 462.9	223.5	46 759.1	2 669.0	980.6
吉 林	9 319.0	116.0	25 123.8	1 095.8	483.5
黑龙江	9 305.1	237.6	43 930.4	2 428.2	534.1
上 海	116 600.8	536.0	115 717.7	4 269.3	944.2
江 苏	93 600.2	406.4	158 634.5	7 991.4	1 929.0
浙 江	84 856.8	438.0	140 012.5	7 061.9	2 206.1
安 徽	21 121.5	150.9	57 889.7	5 040.6	394.4
福 建	25 198.8	177.0	61 907.7	3 953.5	1 104.2
江 西	17 970.9	122.5	51 655.1	2 778.0	480.6
山 东	53 951.0	349.2	117 425.3	5 257.4	1 223.4
河 南	24 704.6	253.1	102 057.8	5 003.0	1 399.9
湖 北	9 929.8	210.9	55 102.5	5 170.0	653.9
湖 南	8 357.6	167.3	56 861.1	4 668.1	830.9
广 东	76 311.9	659.7	90 145.6	6 820.1	6 316.5
广 西	7 210.3	126.2	27 900.2	3 824.6	299.6
海 南	1 224.5	40.6	13 151.5	614.6	256.3
重 庆	5 423.4	101.6	25 668.6	2 187.4	419.6
四 川	22 545.7	240.1	79 550.5	4 322.2	1 087.9
贵 州	5 938.8	59.4	29 300.8	2 782.6	556.8
云 南	5 498.6	135.4	39 082.9	2 603.8	445.8
西 藏	291.0	36.6	7 495.9	301.7	141.0
陕 西	9 733.7	199.1	47 941.6	5 052.1	643.7
甘 肃	3 802.3	89.7	29 364.0	1 162.9	353.8
青 海	471.5	34.6	6 304.6	322.0	150.4
宁 夏	1 730.9	28.6	6 941.3	362.7	133.1
新 疆	2 924.2	173.6	34 554.6	2 298.4	706.8

9-3 分省规模以上快递服务企业业务量

单位：万件

地 区	快递业务量	同城	异地	国际及港澳台
全 国	233 892.0	53 605.8	167 324.7	12 961.4
北 京	18 002.5	5 676.9	11 636.6	689.0
天 津	3 670.1	786.6	2 647.2	236.3
河 北	4 573.7	555.2	3 901.7	116.8
山 西	1 479.3	251.3	1 215.4	12.5
内蒙古	1 432.1	123.6	1 297.0	11.6
辽 宁	4 585.6	691.9	3 671.6	222.2
吉 林	1 855.0	322.4	1 472.0	60.6
黑龙江	2 308.2	260.1	2 011.9	36.3
上 海	24 318.9	7 940.1	13 763.7	2 615.0
江 苏	23 796.5	3 683.0	18 711.3	1 402.2
浙 江	24 898.2	4 516.4	19 185.7	1 196.1
安 徽	3 604.2	398.4	3 154.2	51.6
福 建	10 069.0	1 596.6	8 026.8	445.6
江 西	2 350.5	251.8	2 078.1	20.7
山 东	11 783.5	2 133.5	9 165.5	484.5
河 南	5 765.0	947.5	4 774.8	42.8
湖 北	5 476.6	1 170.9	4 247.9	57.9
湖 南	4 227.7	487.1	3 691.0	49.6
广 东	59 107.5	18 274.4	35 869.7	4 963.4
广 西	2 277.9	330.4	1 918.1	29.4
海 南	681.2	197.9	474.9	8.5
重 庆	2 829.4	744.4	2 050.6	34.4
四 川	5 810.6	948.0	4 776.9	85.7
贵 州	1 120.9	124.7	990.6	5.6
云 南	2 108.5	426.6	1 663.7	18.2
西 藏	195.3	11.0	183.6	0.7
陕 西	2 582.5	336.5	2 194.3	51.7
甘 肃	1 012.9	171.6	835.6	5.6
青 海	162.7	32.9	129.0	0.9
宁 夏	474.9	45.2	428.2	1.6
新 疆	1 331.1	169.4	1 157.3	4.4

9-4 分省规模以上快递服务企业业务收入

单位：万元

地 区	快递业务收入	同城	异地	国际及港澳台	其他收入
全 国	5 746 029.8	414 679.8	3 145 060.9	1 788 027.0	398 262.2
北 京	433 749.3	33 971.1	255 476.6	108 401.1	35 900.5
天 津	111 912.0	8 252.3	59 444.7	40 942.2	3 272.8
河 北	119 989.3	5 276.9	83 652.0	25 218.8	5 841.7
山 西	36 193.9	1 811.8	27 246.7	2 221.8	4 913.7
内蒙古	37 304.9	1 525.2	31 622.9	2 135.6	2 021.2
辽 宁	133 488.1	7 446.8	79 392.2	42 128.1	4 521.1
吉 林	48 018.7	3 969.3	33 135.8	7 714.0	3 199.6
黑龙江	60 225.4	1 725.0	48 895.2	4 366.5	5 238.7
上 海	867 127.4	59 295.5	267 399.9	353 240.1	187 188.9
江 苏	560 078.8	28 879.9	318 412.9	199 144.7	13 644.4
浙 江	529 380.4	34 546.7	289 366.5	187 483.4	17 983.7
安 徽	82 004.7	3 820.4	59 592.6	12 436.9	6 154.8
福 建	259 625.5	13 775.0	167 840.6	70 936.5	7 073.4
江 西	49 449.3	2 507.6	40 899.0	3 648.9	2 393.8
山 东	259 706.1	19 370.7	154 029.6	78 815.2	7 490.6
河 南	107 542.5	6 890.0	79 633.4	10 088.7	10 930.5
湖 北	99 408.2	6 918.4	73 134.7	10 722.8	8 632.3
湖 南	85 630.9	5 153.4	63 458.4	12 076.3	4 942.8
广 东	1 364 781.3	137 446.4	625 461.9	570 290.4	31 582.5
广 西	50 690.9	2 641.7	39 620.7	6 429.3	1 999.2
海 南	17 982.1	1 932.3	14 305.9	1 004.2	739.6
重 庆	60 268.1	5 537.0	43 848.6	7 854.3	3 028.3
四 川	123 041.4	7 457.3	96 440.0	11 574.8	7 569.4
贵 州	29 543.7	906.2	23 200.7	1 014.6	4 422.2
云 南	58 573.8	6 416.0	43 575.1	5 015.4	3 567.4
西 藏	8 754.0	98.7	7 117.4	243.1	1 294.8
陕 西	66 171.8	2 623.9	49 465.5	10 289.2	3 793.2
甘 肃	24 299.7	1111.7	18 888.8	996.2	3 303.0
青 海	7 424.4	194.6	5 767.9	149.1	1 312.8
宁 夏	10 845.1	462.7	9 328.0	363.7	690.7
新 疆	42 818.4	27 15.4	35 407.1	1 081.3	3 614.6

主要统计指标解释

邮政行业业务总量 以货币形式表示的邮政行业为社会提供的邮政服务和快递业务的总数量。

函件 邮政企业为用户传递以书面信息为主的邮件，包括信件、印刷品和邮送广告等。

包裹 符合包裹准寄范围，通过邮政渠道寄递的物品。

汇兑 邮政企业接受汇款人委托，将收汇的款项全额兑付给指定收款人的业务。汇票包括普通汇票、快件汇票、电子汇票（含加急和特急电子汇票）、礼仪汇款和入账汇款等。

快递业务量 企业收寄的各类快递业务总数量，由受理用户委托的企业负责统计。

快递业务量＝国内同城快递业务量＋国内异地快递业务量＋国际及港澳台快递业务量。

国内同城快递业务量 同城范围内以快递方式收寄的各种快递业务（含信件、包裹等）数量。

国内异地快递业务量 国内不同城市间以快递方式收寄的各种快递业务（含信件、包裹等）的数量。

国际及港澳台快递业务量 以快递方式收寄，寄往其他国家及港澳台地区的各种快递业务（含信件、包裹等）数量。

邮政行业业务收入 邮政行业企业从事各种邮政服务和快递业务取得的收入总和。

快递业务收入 企业从事快递业务取得的收入。

快递业务收入＝国内同城快递业务收入＋国内异地快递业务收入＋国际及港澳台快递业务收入＋其他快递业务收入。

国内同城快递业务收入 同城范围内以快递方式收寄的各种快递业务（含信件、包裹等）资费收入。

国内异地快递业务收入 国内不同城市间以快递方式收寄的各种快递业务（含信件、包裹等）资费收入。

国际及港澳台快递业务收入 以快递方式收寄，寄往其他国家及港澳台地区的各种快递业务（含信件、包裹等）资费收入。

其他快递业务收入 企业除快递资费收入以外的其他快递业务收入，包括保价费、超远投递费、逾期保管费、出售品收入、出租收入和商品购销收入等。

附录　交通运输历年主要指标数据

简 要 说 明

本篇资料列示了1978年以来的交通运输主要指标的历史数据。

主要包括：公路总里程、公路密度及通达情况、内河航道里程、公路水路客货运输量、沿海内河规模以上港口及吞吐量、交通固定资产投资。

附录1-1　全国公路总里程（按行政等级分）

单位：公里

年份	总计	国道	省道	县道	乡道	专用公路	村道
1978	890 236	237 646		586 130		66 460	-
1979	875 794	249 167		311 150	276 183	39 294	-
1980	888 250	249 863		315 097	281 000	42 290	-
1981	897 462	250 966		319 140	285 333	42 023	-
1982	906 963	252 048		321 913	290 622	42 380	-
1983	915 079	254 227		322 556	295 485	42 811	-
1984	926 746	255 173		325 987	302 485	43 101	-
1985	942 395	254 386		331 199	313 620	43 190	-
1986	962 769	255 287		341 347	322 552	43 583	-
1987	982 243	106 078	161 537	329 442	343 348	41 838	-
1988	999 553	106 290	162 662	334 238	353 216	43 147	-
1989	1 014 342	106 799	163 562	338 368	362 444	43 169	-
1990	1 028 348	107 511	166 082	340 801	370 153	43 801	-
1991	1 041 136	107 238	169 352	340 915	379 549	44 082	-
1992	1 056 707	107 542	173 353	344 227	386 858	44 727	-
1993	1 083 476	108 235	174 979	352 308	402 199	45 755	-
1994	1 117 821	108 664	173 601	364 654	425 380	45 522	-
1995	1 157 009	110 539	175 126	366 358	454 379	50 607	-
1996	1 185 789	110 375	178 129	378 212	469 693	49 380	-
1997	1 226 405	112 002	182 559	379 816	500 266	51 762	-
1998	1 278 474	114 786	189 961	383 747	536 813	53 167	-
1999	1 351 691	117 135	192 517	398 045	589 886	54 108	-
2000	1 679 848	118 983	212 450	461 872	800 681	85 861	-
2001	1 698 012	121 587	213 044	463 665	813 699	86 017	-
2002	1 765 222	125 003	216 249	471 239	865 635	87 096	-
2003	1 809 828	127 899	223 425	472 935	898 300	87 269	-
2004	1 870 661	129 815	227 871	479 372	945 180	88 424	-
2005	1 930 543	132 674	233 783	494 276	981 430	88 380	-
2006	3 456 999	133 355	239 580	506 483	987 608	57 986	1 531 987
2007	3 583 715	137 067	255 210	514 432	998 422	57 068	1 621 516
2008	3 730 164	155 294	263 227	512 314	1 011 133	67 213	1 720 981
2009	3 860 823	158 520	266 049	519 492	1 019 550	67 174	1 830 037
2010	4 008 229	164 048	269 834	554 047	1 054 826	67 736	1 897 738

注：自2006年起，村道纳入公路里程统计。

附录1-2 全国公路总里程（按技术等级分）

单位：公里

年份	总计	等级公路						等外公路
		合计	高速	一级	二级	三级	四级	
1978	890 236	–	–	–	–	–	–	–
1979	875 794	506 444	–	188	11 579	106 167	388 510	369 350
1980	888 250	521 134	–	196	12 587	108 291	400 060	367 116
1981	897 462	536 670	–	203	14 434	111 602	410 431	360 792
1982	906 963	550 294	–	231	15 665	115 249	419 149	356 669
1983	915 079	562 815	–	255	17 167	119 203	426 190	352 264
1984	926 746	580 381	–	328	18 693	124 031	437 329	346 365
1985	942 395	606 443	–	422	21 194	128 541	456 286	335 952
1986	962 769	637 710	–	748	23 762	136 790	476 410	325 059
1987	982 243	668 390	–	1 341	27 999	147 838	491 212	313 853
1988	999 553	697 271	147	1 673	32 949	159 376	503 126	302 282
1989	1 014 342	715 923	271	2 101	38 101	164 345	511 105	298 419
1990	1 028 348	741 104	522	2 617	43 376	169 756	524 833	287 244
1991	1 041 136	764 668	574	2 897	47 729	178 024	535 444	276 468
1992	1 056 707	786 935	652	3 575	54 776	184 990	542 942	269 772
1993	1 083 476	822 133	1 145	4 633	63 316	193 567	559 472	261 343
1994	1 117 821	861 400	1 603	6 334	72 389	200 738	580 336	256 421
1995	1 157 009	910 754	2 141	9 580	84 910	207 282	606 841	246 255
1996	1 185 789	946 418	3 422	11 779	96 990	216 619	617 608	239 371
1997	1 226 405	997 496	4 771	14 637	111 564	230 787	635 737	228 909
1998	1 278 474	1 069 243	8 733	15 277	125 245	257 947	662 041	209 231
1999	1 351 691	1 156 736	11 605	17 716	139 957	269 078	718 380	194 955
2000	1 679 848	1 315 931	16 285	25 219	177 787	305 435	791 206	363 916
2001	1 698 012	1 336 044	19 437	25 214	182 102	308 626	800 665	361 968
2002	1 765 222	1 382 926	25 130	27 468	197 143	315 141	818 044	382 296
2003	1 809 828	1 438 738	29 745	29 903	211 929	324 788	842 373	371 090
2004	1 870 661	1 515 826	34 288	33 522	231 715	335 347	880 954	354 835
2005	1 930 543	1 591 791	41 005	38 381	246 442	344 671	921 293	338 752
2006	3 456 999	2 282 872	45 339	45 289	262 678	354 734	1 574 833	1 174 128
2007	3 583 715	2 535 383	53 913	50 093	276 413	363 922	1 791 042	1 048 332
2008	3 730 164	2 778 521	60 302	54 216	285 226	374 215	2 004 563	951 642
2009	3 860 823	3 056 265	65 055	59 462	300 686	379 023	2 252 038	804 558
2010	4 008 229	3 304 709	74 113	64 430	308 743	387 967	2 469 456	703 520

附录 1-3　全国公路密度及通达情况

年份	公路密度 以国土面积计算（公里/百平方公里）	公路密度 以人口总数计算（公里/万人）	不通公路乡(镇) 数量（个）	不通公路乡(镇) 比重（%）	不通公路村(队) 数量（个）	不通公路村(队) 比重（%）
1978	9.27	9.25	5 018	9.50	213 138	34.17
1979	9.12	8.98	5 730	10.74	227 721	32.60
1980	9.25	9.00	5 138	9.37	–	–
1981	9.35	8.97	5 474	9.96	–	–
1982	9.45	8.92	5 155	9.35	–	–
1983	9.53	8.88	4 710	8.54	–	–
1984	9.65	8.88	5 485	9.16	265 078	36.72
1985	9.82	8.90	4 945	8.27	228 286	31.72
1986	10.03	8.96	4 039	6.79	218 410	30.17
1987	10.23	8.99	3 214	5.64	234 206	32.43
1988	10.41	9.00	6 500	9.70	197 518	28.92
1989	10.57	9.00	3 180	5.56	181 825	25.01
1990	10.71	8.99	2 299	4.02	190 462	25.96
1991	10.85	8.99	2 116	3.72	181 489	24.57
1992	11.01	9.02	1 632	3.27	169 175	22.93
1993	11.29	9.14	1 548	3.10	159 111	21.70
1994	11.64	9.33	1 455	3.00	150 253	20.50
1995	12.05	9.55	1 395	2.90	130 196	20.00
1996	12.35	9.69	1 335	2.70	120 048	19.00
1997	12.78	9.92	709	1.50	105 802	14.20
1998	13.32	10.24	591	1.30	92 017	12.30
1999	14.08	10.83	808	1.80	80 750	11.00
2000	17.50	13.00	341	0.80	67 786	9.20
2001	17.70	13.10	287	0.70	59 954	8.20
2002	18.40	13.60	184	0.50	54 425	7.70
2003	18.85	13.97	173	0.40	56 693	8.10
2004	19.49	14.44	167	0.40	49 339	7.10
2005	20.11	14.90	75	0.20	38 426	5.70
2006	36.01	26.44	672	1.70	89 975	13.60
2007	37.33	27.41	404	1.04	77 334	11.76
2008	38.86	28.53	292	0.80	46 178	7.10
2009	40.22	29.22	155	0.40	27 186	4.20
2010	41.75	30.03	13	0.03	5 075	0.79

附录1-4 全国内河航道里程及构筑物数量

年 份	内河航道里程(公里)	等级航道	通航河流上永久性构筑物(座) 水利闸坝	船闸	升船机
1978	135 952	57 408	4 163	706	35
1979	107 801	57 472	2 796	756	40
1980	108 508	53 899	2 674	760	41
1981	108 665	54 922	2 672	758	41
1982	108 634	55 595	2 699	768	40
1983	108 904	56 177	2 690	769	41
1984	109 273	56 732	3 310	770	44
1985	109 075	57 456	3 323	758	44
1986	109 404	57 491	2 590	744	44
1987	109 829	58 165	3 134	784	44
1988	109 364	57 971	3 136	782	55
1989	109 040	58 131	3 187	825	46
1990	109 192	59 575	3 208	824	45
1991	109 703	60 336	3 193	830	45
1992	109 743	61 430	3 184	798	43
1993	110 174	63 395	3 063	790	44
1994	110 238	63 894	3 177	817	51
1995	110 562	64 323	3 157	816	48
1996	110 844	64 915	3 154	823	50
1997	109 827	64 328	3 045	823	48
1998	110 263	66 682	3 278	872	56
1999	116 504	60 156	1 193	918	59
2000	119 325	61 367	1 192	921	59
2001	121 535	63 692	1 713	906	60
2002	121 557	63 597	1 711	907	60
2003	123 964	60 865	1 813	821	43
2004	123 337	60 842	1 810	821	43
2005	123 263	61 013	1 801	826	42
2006	123 388	61 035	1 803	833	42
2007	123 495	61 197	1 804	835	42
2008	122 763	61 093	1 799	836	42
2009	123 683	61 546	1 809	847	42
2010	124 242	62 290	1 825	860	43

注：等级航道里程数，1973年至1998年为水深一米以上航道里程数；自2004年始，内河航道里程为内河航道通航里程数。

附录 1-5 公路客、货运输量

年 份	客运量（万人）	旅客周转量（亿人公里）	货运量（万吨）	货物周转量（亿吨公里）
1978	149 229	521.30	151 602	350.27
1979	178 618	603.29	147 935	350.99
1980	222 799	729.50	142 195	342.87
1981	261 559	839.00	134 499	357.76
1982	300 610	963.86	138 634	411.54
1983	336 965	1 105.61	144 051	462.68
1984	390 336	1 336.94	151 835	527.38
1985	476 486	1 724.88	538 062	1 903.00
1986	544 259	1 981.74	620 113	2 117.99
1987	593 682	2 190.43	711 424	2 660.39
1988	650 473	2 528.24	732 315	3 220.39
1989	644 508	2 662.11	733 781	3 374.80
1990	648 085	2 620.32	724 040	3 358.10
1991	682 681	2 871.74	733 907	3 428.00
1992	731 774	3 192.64	780 941	3 755.39
1993	860 719	3 700.70	840 256	4 070.50
1994	953 940	4 220.30	894 914	4 486.30
1995	1 040 810	4 603.10	939 787	4 694.90
1996	1 122 110	4 908.79	983 860	5 011.20
1997	1 204 583	5 541.40	976 536	5 271.50
1998	1 257 332	5 942.81	976 004	5 483.38
1999	1 269 004	6 199.24	990 444	5 724.31
2000	1 347 392	6 657.42	1 038 813	6 129.39
2001	1 402 798	7 207.08	1 056 312	6 330.44
2002	1 475 257	7 805.77	1 116 324	6 782.46
2003	1 464 335	7 695.60	1 159 957	7 099.48
2004	1 624 526	8 748.38	1 244 990	7 840.86
2005	1 697 381	9 292.08	1 341 778	8 693.19
2006	1 860 487	10 130.85	1 466 347	9 754.25
2007	2 050 680	11 506.77	1 639 432	11 354.69
2008	2 682 114	12 476.11	1 916 759	32 868.19
2009	2 779 081	13 511.44	2 127 834	37 188.82
2010	3 052 738	15 020.81	2 448 052	43 389.67

注：2008 年进行了全国公路水路运输量专项调查。

附录1-6 水路客、货运输量

年 份	客运量（万人）	旅客周转量（亿人公里）	货运量（万吨）	货物周转量（亿吨公里）
1978	23 042	100.63	47 357	3 801.76
1979	24 360	114.01	47 080	4 586.72
1980	26 439	129.12	46 833	5 076.49
1981	27 584	137.81	45 532	5 176.33
1982	27 987	144.54	48 632	5 505.25
1983	27 214	153.93	49 489	5 820.03
1984	25 974	153.53	51 527	6 569.44
1985	30 863	178.65	63 322	7 729.30
1986	34 377	182.06	82 962	8 647.87
1987	38 951	195.92	80 979	9 465.06
1988	35 032	203.92	89 281	10 070.38
1989	31 778	188.27	87 493	11 186.80
1990	27 225	164.91	80 094	11 591.90
1991	26 109	177.20	83 370	12 955.40
1992	26 502	198.35	92 490	13 256.20
1993	27 074	196.45	97 938	13 860.80
1994	26 165	183.50	107 091	15 686.60
1995	23 924	171.80	113 194	17 552.20
1996	22 895	160.57	127 430	17 862.50
1997	22 573	155.70	113 406	19 235.00
1998	20 545	120.27	109 555	19 405.80
1999	19 151	107.28	114 608	21 262.82
2000	19 386	100.54	122 391	23 734.18
2001	18 645	89.88	132 675	25 988.89
2002	18 693	81.78	141 832	27 510.64
2003	17 142	63.10	158 070	28 715.76
2004	19 040	66.25	187 394	41 428.69
2005	20 227	67.77	219 648	49 672.28
2006	22 047	73.58	248 703	55 485.75
2007	22 835	77.78	281 199	64 284.85
2008	20 334	59.18	294 510	50 262.74
2009	22 314	69.38	318 996	57 556.67
2010	22 392	72.27	378 949	68 427.53

注：2008年进行了全国公路水路运输量专项调查。

附录 2-1 沿海规模以上港口泊位及吞吐量

年份	生产用泊位数（个）	万吨级	旅客吞吐量（千人）	离港	货物吞吐量（千吨）	外贸	集装箱吞吐量（TEU）
1978	311	133	5 035	5 035	198 340	59 110	–
1979	313	133	6 850	6 850	212 570	70 730	2 521
1980	330	139	7 480	7 480	217 310	75 220	62 809
1981	325	141	15 970	8 010	219 310	74 970	103 196
1982	328	143	16 290	8 140	237 640	81 490	142 614
1983	336	148	17 560	8 790	249 520	88 530	191 868
1984	330	148	17 990	8 950	275 490	104 190	275 768
1985	373	173	22 220	11 060	311 540	131 450	474 169
1986	686	197	38 660	19 170	379 367	140 487	591 046
1987	759	212	40 409	20 038	406 039	146 970	588 046
1988	893	226	57 498	28 494	455 874	161 288	900 961
1989	905	253	52 890	26 195	490 246	161 688	1 090 249
1990	967	284	46 776	23 288	483 209	166 515	1 312 182
1991	968	296	51 231	24 726	532 203	195 714	1 896 000
1992	1 007	342	62 596	31 134	605 433	221 228	2 401 692
1993	1 057	342	69 047	34 204	678 348	242 869	3 353 252
1994	1 056	359	60 427	27 957	743 700	270 565	4 008 173
1995	1 263	394	65 016	31 324	801 656	309 858	5 515 145
1996	1 282	406	58 706	29 909	851 524	321 425	7 157 709
1997	1 330	449	57 548	29 026	908 217	366 793	9 135 402
1998	1 321	468	60 885	30 746	922 373	341 366	11 413 127
1999	1 392	490	64 014	31 798	1 051 617	388 365	15 595 479
2000	1 455	526	57 929	29 312	1 256 028	523 434	20 610 766
2001	1 443	527	60 532	30 423	1 426 340	599 783	24 700 071
2002	1 473	547	61 363	30 807	1 666 276	710 874	33 821 175
2003	2 238	650	58 593	29 231	2 011 256	877 139	44 548 747
2004	2 438	687	71 398	35 742	2 460 741	1 047 061	56 566 653
2005	3 110	769	72 897	36 524	2 927 774	1 241 655	69 888 051
2006	3 291	883	74 789	37 630	3 421 912	1 458 269	85 633 771
2007	3 453	967	69 415	34 942	3 881 999	1 656 307	104 496 339
2008	4 001	1 076	68 337	34 190	4 295 986	1 782 712	116 094 731
2009	4 516	1 214	76 000	38 186	4 754 806	1 979 215	109 908 156
2010	4 661	1 293	66 886	33 814	5 483 579	2 269 381	131 122 248

注：1. 旅客吞吐量一栏1980年及以前年份为离港旅客人数。
    2. 2008年规模以上港口口径调整。

附录 2-2　内河规模以上港口泊位及吞吐量

年　份	生产用泊位数（个）	万吨级	旅客吞吐量（千人）	离港	货物吞吐量（千吨）	外贸	集装箱吞吐量（TEU）
1978	424	-	-	-	81 720	-	-
1979	432	-	-	-	85 730	-	-
1980	462	-	-	-	89 550	-	-
1981	449	4	-	-	87 860	834	-
1982	456	4	-	-	96 000	1 286	-
1983	482	6	-	-	106 580	1 802	6 336
1984	464	7	-	-	109 550	2 781	14 319
1985	471	16	-	-	114 410	5 913	28 954
1986	1 436	20	44 380	22 130	165 920	6 483	39 534
1987	2 209	20	41 943	21 518	236 203	8 616	42 534
1988	1 880	25	73 642	36 210	238 466	8 498	63 943
1989	2 984	23	59 659	29 773	249 041	8 792	86 605
1990	3 690	28	48 308	23 631	232 888	9 363	115 044
1991	3 439	28	49 899	24 552	246 196	10 893	153 000
1992	3 311	30	58 367	28 291	273 064	13 695	193 754
1993	3 411	39	51 723	26 439	277 437	18 104	280 373
1994	4 551	42	43 415	23 447	295 172	15 596	359 726
1995	4 924	44	38 874	20 124	313 986	19 336	574 828
1996	5 142	44	63 210	33 649	422 711	22 484	555 807
1997	7 403	47	40 235	20 373	401 406	28 702	701 700
1998	8 493	47	45 765	22 804	388 165	28 993	1 023 558
1999	7 826	52	34 280	16 346	398 570	37 547	1 884 731
2000	6 184	55	27 600	13 538	444 516	43 968	2 021 689
2001	6 982	57	26 470	12 669	490 019	50 861	1 986 468
2002	6 593	62	23 364	11 800	567 008	59 530	2 361 163
2003	5 759	121	17 926	9 191	662 243	72 650	2 810 798
2004	6 792	150	16 369	8 557	864 139	84 577	3 625 749
2005	6 833	186	13 224	6 602	1 014 183	100 630	4 542 438
2006	6 880	225	11 056	5 568	1 175 102	120 597	6 356 928
2007	7 951	250	10 169	5 470	1 382 084	140 086	8 086 212
2008	8 772	259	8 794	4 625	1 594 806	142 882	9 641 322
2009	13 935	293	25 479	12 979	2 216 785	182 965	12 170 563
2010	14 065	318	21 539	11 014	2 618 223	210 246	14 586 422

注：1. 旅客吞吐量一栏 1980 年及以前年份为离港旅客人数。
　　2. 2008 年规模以上港口口径调整。

附录 3-1 交通固定资产投资（按使用方向分）

单位：亿元

年 份	合 计	公路建设	沿海建设	内河建设	其他建设
1978	24.85	5.76	4.31	0.69	14.09
1979	25.50	6.04	4.39	0.72	14.34
1980	24.39	5.19	6.11	0.70	12.38
1981	19.82	2.94	5.80	0.84	10.25
1982	25.74	3.67	9.41	0.76	11.91
1983	29.98	4.05	12.37	1.37	12.19
1984	52.42	16.36	16.17	1.95	17.94
1985	69.64	22.77	18.26	1.58	27.03
1986	106.46	42.45	22.81	3.68	37.51
1987	122.71	55.26	27.42	3.38	36.66
1988	138.57	74.05	23.12	5.07	36.33
1989	156.05	83.81	27.32	5.32	39.60
1990	180.53	89.19	32.05	7.13	52.17
1991	215.64	121.41	33.77	6.68	53.77
1992	360.24	236.34	43.83	9.39	70.68
1993	604.64	439.69	57.55	14.47	92.92
1994	791.43	584.66	63.06	22.51	121.20
1995	1 124.78	871.20	69.41	23.85	160.32
1996	1 287.25	1 044.41	80.33	29.35	133.16
1997	1 530.43	1 256.09	90.59	40.54	143.21
1998	2 460.41	2 168.23	89.80	53.93	148.45
1999	2 460.52	2 189.49	89.44	53.34	128.26
2000	2 571.73	2 315.82	81.62	54.46	119.83
2001	2 967.94	2 670.37	125.19	50.50	121.88
2002	3 491.47	3 211.73	138.43	39.95	101.36
2003	4 136.16	3 714.91	240.56	53.79	126.90
2004	5 314.07	4 702.28	336.42	71.39	203.98
2005	6 445.04	5 484.97	576.24	112.53	271.30
2006	7 383.82	6 231.05	707.97	161.22	283.58
2007	7 776.82	6 489.91	720.11	166.37	400.44
2008	8 335.42	6 880.64	793.49	193.85	467.44
2009	11 142.80	9 668.75	758.32	301.57	414.16
2010	13 212.78	11 482.28	836.87	334.53	559.10